21世纪 经济管理精品教材 工商管理系列

创新创业与企业成长管理

杨武◎编著

清华大学出版社
北京

内容简介

《创新创业与企业成长管理》共三篇,分别为创业篇、创新篇和成长篇。本书沿着创业、创新、企业成长的企业发展路径,全面介绍和阐述了相关的理论、方法、工具和案例。

教材中融入作者近 20 年来在清华大学、北京科技大学、社会培训机构从事工商管理教学、培训、研究的成果,理论探索与实践案例相融合,具有较强的可读性和应用性。

本教材不仅可以作为高等学校经济管理类专业师生、MBA、EMBA 的教材,也可作为职业经理人、企业中高层管理者的参考用书。

本书封面贴有清华大学出版社防伪标签,无标签者不得销售。
版权所有,侵权必究。举报:010-62782989,beiqinquan@tup.tsinghua.edu.cn。

图书在版编目(CIP)数据

创新创业与企业成长管理 / 杨武编著. —北京:清华大学出版社,2021.4
21 世纪经济管理精品教材. 工商管理系列
ISBN 978-7-302-57721-8

Ⅰ.①创… Ⅱ.①杨… Ⅲ.①企业管理—高等学校—教材 Ⅳ.① F272

中国版本图书馆 CIP 数据核字(2021)第 050111 号

责任编辑:徐永杰
封面设计:李召霞
责任校对:王荣静
责任印制:丛怀宇

出版发行:清华大学出版社
    网 址:http://www.tup.com.cn,http://www.wqbook.com
    地 址:北京清华大学学研大厦 A 座 邮 编:100084
    社 总 机:010-62770175 邮 购:010-62786544
    投稿与读者服务:010-62776969,c-service@tup.tsinghua.edu.cn
    质量反馈:010-62772015,zhiliang@tup.tsinghua.edu.cn
印 装 者:三河市君旺印务有限公司
经 销:全国新华书店
开 本:185mm×260mm 印 张:21.5 字 数:357 千字
版 次:2021 年 6 月第 1 版 印 次:2021 年 6 月第 1 次印刷
定 价:66.00 元

产品编号:087263-01

前　言

这是一本专门面向企业高层管理人员和科研人员的教材。目前，尽管创新创业管理方面的教材很多，但是有关企业成长管理的教材不多。

这是一本按照企业发展"三部曲"——创业、创新、企业成长编写的教材。全书分为三篇，分别是"创业篇""创新篇"和"成长篇"。

这是一本研究型教材。特别是教材中涉及的创新、创业与企业成长的基础理论和方法，对新的研究前沿和成果进行了归纳、总结。

这是一本学院派与实战派相结合的教材。学院派与实战派相结合教材的最大特点是既有基础的理论、方法、工具知识，又有前沿的学术研究内容和企业的实战案例分析。尽可能用企业管理人员和科研人员听得懂、看得明白的语言讲授知识。

在本教材的撰写中，感谢我的博士、硕士研究生的参与，博士研究生有许红丹、陈培、孙世强、杨大飞、田雪姣、杨淼，硕士研究生有王爽、胡倩、叶红、熊科、李晓丹、王雨轩、杨永峰、任雅琴等。还要感谢我的夫人井志英老师的支持和帮助。

由于编者水平有限，书中难免有不足之处，期待各位同仁的批评、指正。

杨武

2021 年 3 月于北京

目 录

绪 论 ·· 001

第1篇 创业篇

第1章 国际创业发展与创业教育 ·· 004
1.1 创业教育的提出 ··· 004
1.2 美国大学的创业教育 ··· 006
1.3 欧洲大学的创业教育 ··· 011
1.4 亚洲大学的创业教育 ··· 012
1.5 国际著名创业研究的代表性机构 ································ 016

第2章 创业基本理论与创业过程要素模型 ··································· 019
2.1 创业的基本概念与定义 ·· 019
2.2 创业的分类 ··· 021
2.3 创业过程模型 ·· 025
2.4 创业资源需求 ·· 028

第3章 创业机会的来源、识别与开发 ·· 032
3.1 创业机会的来源与分类 ·· 032
3.2 创业机会的产业分析 ··· 039
3.3 创业机会的市场分析 ··· 042
3.4 机会开发的时间之窗理论 ··· 046

第4章 创业者与企业家 ·· 050
4.1 创业者 ··· 050
4.2 企业家 ··· 054
4.3 创业团队 ·· 058
4.4 企业家精神 ··· 059

第 5 章　新企业的创立与治理结构 ··· 062
- 5.1　企业理论的演化 ·· 062
- 5.2　企业制度 ·· 065
- 5.3　现代企业制度 ·· 066
- 5.4　新创企业的注册流程与创建条件 ·································· 069

第 6 章　创业企业融资 ··· 071
- 6.1　创业企业的资金需求 ·· 071
- 6.2　创业企业的融资分类 ·· 071
- 6.3　企业融资渠道 ·· 074
- 6.4　不同创业时期的融资渠道 ·· 078
- 6.5　创业企业融资需要考虑的因素 ···································· 079
- 6.6　案例分析：亚信科技创业融资案例分析 ···························· 080
- 6.7　创业企业的融资技巧 ·· 083

第 7 章　创业商业计划书 ··· 085
- 7.1　商业计划书的内涵与功能 ·· 085
- 7.2　商业计划书的主要内容和结构 ···································· 086
- 7.3　商业计划书重点内容的撰写方法与工具 ···························· 089
- 7.4　撰写商业计划书的注意事项 ······································ 099

第 2 篇　创新篇

第 8 章　企业技术创新 ··· 102
- 8.1　技术创新理论的演化 ·· 102
- 8.2　技术创新的分类 ·· 113
- 8.3　产品创新与工艺创新 ·· 117
- 8.4　制造业服务创新 ·· 124
- 8.5　技术创新成功的因素 ·· 128

第 9 章　技术创新过程与组织 ··· 131
- 9.1　技术创新过程 ·· 131
- 9.2　技术创新组织 ·· 139
- 9.3　企业技术创新组织模式案例 ······································ 142

第10章　技术创新思维来源与方法 …… 146
- 10.1　技术创新动力源 …… 146
- 10.2　企业获取技术创新来源的途径 …… 152
- 10.3　跨越创新产品"死亡谷" …… 154
- 10.4　创造性思维方法 …… 158
- 10.5　创新构思的评价和筛选因素 …… 160

第11章　企业创新文化 …… 161
- 11.1　企业创新文化的基本概念 …… 161
- 11.2　企业创新文化的作用 …… 164
- 11.3　案例分析 …… 167

第12章　企业创新资源与能力 …… 171
- 12.1　创新资源论 …… 171
- 12.2　创新能力论 …… 177
- 12.3　企业技术创新统计 …… 179
- 12.4　创新型企业的评估与培育 …… 180

第13章　企业技术创新战略 …… 186
- 13.1　企业技术创新战略及其分类 …… 186
- 13.2　开放式创新战略 …… 191
- 13.3　产业技术创新联盟战略 …… 194
- 13.4　自主创新战略 …… 200

第14章　企业技术创新体系建设 …… 204
- 14.1　企业技术创新体系的内涵 …… 205
- 14.2　企业技术创新体系的主要特征 …… 210
- 14.3　案例分析：华为技术创新体系建设30年 …… 211

第3篇　成长篇

第15章　企业成长理论与实践 …… 220
- 15.1　企业成长中的最大烦恼 …… 220
- 15.2　企业成长理论 …… 225

15.3　中国企业成长40年历程 233
　　15.4　基于资源观的企业成长 239
　　15.5　创新与企业可持续发展 241

第16章　企业技术创新管理体系 248
　　16.1　企业技术创新管理体系的内涵与模式 248
　　16.2　企业技术创新激励的机制与管理 250
　　16.3　技术创新成果转化管理 252
　　16.4　影响科技成果转化成功的主要问题 264

第17章　商业模式创新 267
　　17.1　问题的提出 267
　　17.2　如何设计企业的商业模式 270
　　17.3　商业模式设计案例 272

第18章　企业知识管理 278
　　18.1　知识经济时代的企业新财富观 278
　　18.2　企业知识管理 282
　　18.3　企业知识管理案例 285

第19章　企业知识产权管理 288
　　19.1　企业创新与知识产权保护 288
　　19.2　知识产权体系 294
　　19.3　企业知识产权管理体系的内容 297
　　19.4　华为的知识产权管理案例 306

第20章　企业核心能力理论 310
　　20.1　中国企业成长中的一类现象 310
　　20.2　企业扩张理论的发展演化 313
　　20.3　深入解读核心能力理论 317
　　20.4　企业核心能力的识别与培育 321
　　20.5　案例分析：生死攸关的竞争 322

参考文献 324

绪 论

1. 为什么要学习创新创业与企业成长管理？

著名的经营学教授彼得·杜拉克（Peter F. Drucker）指出：如果你理解管理理论但不具备管理技术和管理工具的运用能力，你还不是一个有效的管理者。反之，如果你具备管理技巧和能力而不掌握管理理论，那么你充其量只是一个技术员。作为企业管理者，我们经常面对两种做事的方法：正确地去做事（do things right）、做正确的事（do right things）。

显然，做正确的事是第一位的，其次才是正确地去做事。

同样，著名的战略学家安浓乃慕斯（Andrew Moses）也指出，有三类企业家，他们面对企业的发展时表现出三个特点，见表0-1。

表 0-1 三类企业家及其特点

企业家的类型	企业家的特点
令事情发生者	具有创新战略头脑，能够正确地把握企业未来发展的方向，并制定出适合动态竞争环境下的企业战略，使企业按照既定的发展战略良性发展
观望事情发生者	没有创新战略头脑，只会观望企业的发展，在企业发展变化时再进行战略调整
惊讶于已发生的事情者	既没有战略头脑，也没有判断企业发展是否良性的能力

因此，作为企业的管理者，学习企业创新创业与企业成长管理就是为了使我们具备创新的战略头脑，做一个"做正确事情、令事情发生的企业家"。

2. 本教材的特点

学习企业的创新管理，不仅是理论学习，也是实践学习。因此，不同于一般的大学教材或社会培训教材，本教材的主旨是努力地把学院派和实战派的知识紧密结合，在教学内容上突出以下特点：知识面广一点、内容新一点、理论浅一点、实践性强一点、案例多样化一点。

3. 本教材的学习方法

管理科学的学习，具有很强的学科特征，不同于基础课的学习。我们提倡《中庸》的学习方法，那就是博学、审问、慎思、明辨、笃行。

第1篇 创 业 篇

　　20世纪,创业教育的缺失被认为是世界面临的共同难题。创业教育在20世纪80年代后期得到快速发展。进入21世纪,创业教育已经成为工商管理学科的重要内容。

第1章　国际创业发展与创业教育

本章的核心内容：
➢ 世界创业发展与创业教育的兴起
➢ 工商管理中的创业教育及其宗旨
➢ 不同国家和区域创业教育的发展模式

1.1　创业教育的提出

1.1.1　创业教育的兴起

1989年12月，联合国教科文组织在北京召开了面向21世纪教育国际研讨会，会上正式提出了"创业教育"这一概念。会议提出，21世纪大众除了具备学历证书、职业技能证书外，还需要创业教育证书。创业学历教育起源于商学院，之后，政府、大学、就业培训机构面向社会和企业开展了广泛的创业教育与培训。总体来看，目前各国创业教育课程的开展60%以上是在商学院进行的。创业教育和创业研究已经成为工商管理学科的重要内容之一。

1.1.2　创业教育的宗旨

1991年日本东京创新创业教育国际会议，首次从广义上把"创新创业教育"界定为"培养最具有开创性个性的人"，包括首创精神、冒险精神、创业能力、独立工作能力以及技术、社交和管理技能的培养。1998年，联合国教科文组织在《21世纪的高等教育：展望与行动世界宣言》中提出："高等学校必须将创业技能和创业精神作为高等教育的基本目标，创业教育首先培养创业的意识和企业家精神。"联合国教科文组织认为创业教育从广义上来说就是培养创业的个人。国际劳工组织认为创业教育的目的主要在于培养创业意识、正确认识企业在社会中的作用和自我雇用的益处、提供创办和经营小企业所需的知识和技能、提高就业能力 4 个方面。美国考夫曼企业家精神研究中心认为创业教育是向个体传授理念和技能，以使其能识别被他人忽略的机会、勇于做他人犹豫的事情，包括机会认知、风险性资源整合、开创新企业和新创企业管理等内容。

由于我国的创业教育突出强调创新性，所以通常称之为创新创业教育（双创教育）。其核心是培养受教育者的创新和创业意识、创新和创业精神、创新和创业能力，注重对受教育者综合素质的培养。大学创业教育的开展主要是由商学院承担的，国际上部分著名商学院创业教育的培养目标，见表1-1。

表1-1 国际上部分著名商学院创业教育的培养目标

院校名称	创业教育的培养目标
巴布森商学院	理论联系实践，通过课程和创业实践活动把学生时刻浸泡在创业思想和创业行为中，培养能够塑造创业机会、评估财务可行性、有创业心态的学生
斯坦福大学商学院	研究创业公司和相关企业家，帮助了解创业公司和创业精神，为准备创业的学生和校友提供资源，与当地社区企业建立关系
帝国理工学院田中商学院	加强创业文化建设，并为学生提供机会探索创业思想和创业实践技能，帮助学生实现创业梦想
加州大学洛杉矶分校安德森商学院	评估潜在的机会和环境，获取抓住机会的关键性资源，开发占领市场的策略，控制组织的运营、转变和成长
加州大学伯克利分校哈斯商学院	给学生和教职员工以灵感，促使他们学做企业家的事，并力争做得最好。从本质上看问题，用新方法创新企业，发现新的价值源泉，促进世界向更好的方面转变
麻省理工学院斯隆商学院	培育能使高科技企业成功的领导者。通过跨学科中心，培植新思想、新方法和先进的科学技术，孕育持续竞争力，乃至国家和全球的繁荣昌盛
剑桥大学贾奇管理学院	培养能够识别并抓住创业机会，或者创造机会的潜在创业者，促使他们增强能力，为有创业兴趣的人提供良好的背景
欧洲工商管理学院	促进创业知识的产生和传播，使本校的创业研究和创业教育在国内外达到最好。设计并实施创业支持性活动，团结创业股东，提升创业投资方案的质量

什么是创业教育的本质？创业教育之父杰弗里·蒂蒙斯（Jeffry A. Timmons）教授认为：创业教育应当着眼于"为未来的几代人设定创业遗传代码"，以造就最具革命性的创业一代作为其基本的价值取向。

世界银行开展的创业教育与培训项目（EETP）明确指出：创业作为一种教育，其本质反映人的综合成长，而非简单的技能生成培养。美国斯坦福大学、麻省理工学院（MIT）更是将重点培养学生运用创业的思维和能力来解决问题作为创业教育的重点。

因此，国际创业教育的发展方向，其定位主要集中在创业精神的启迪者、创业能力的培养者和创业起步的支持者。

1.2 美国大学的创业教育

1.2.1 美国创业教育在高等教育中的发展

据埃温玛瑞恩考夫曼基金会（Ewing Marion Kauffman Foundation）统计，进入21世纪在美国提供创业教育的大学数量急剧增长。1947年，哈佛商学院开设的"新企业管理"课程，是美国大学开展创新创业教育的开端。据统计，到2003年，美国1 600所大学开设了2 200多门创业课程、44种相关英语学术刊物以及多个创业研究中心，大学在创业教育中发挥了领军作用。近年来，美国大学加快了向创业型大学的发展。创业型大学"将过去的教学、科研、决策咨询使命与促进经济社会发展的新使命结合起来"。美国最优秀的股市专家和高新技术企业主有86%接受过创业教育，而哈佛大学与斯坦福大学的MBA学生几乎有一半希望自己创业或在新创公司工作。为了鼓励创业教育的发展，美国建立了诸如美国创业投资协会（NVCA）创业孵化机构等全国性的组织。

自20世纪80年代以来，创业学在西方发达国家产生并不断发展，目前已经成为一个相对独立的管理学分支，成为MBA的必修课程之一。美国大学创业学科每年都进行排名，以下是2020年US News美国大学研究生创业学专业排名，见表1-2。

表1-2 2020年US News美国大学研究生创业学专业排名

排　　名	学　　校	专　　业
1	巴布森学院	创业管理
2	斯坦福大学	创业管理
3	麻省理工学院	创业管理
3	哈佛大学	创业管理
5	加州大学伯克利分校	创业管理
6	宾夕法尼亚大学沃顿商学院	创业管理
7	密歇根大学安娜堡分校	创业管理
8	印第安纳大学伯明顿分校	创业管理
9	南加州大学马歇尔商学院	创业管理
10	得州大学奥斯汀分校	创业管理

注：US News排名，是由美国新闻与世界报道（US News & World Report）发布的一项美国大学排名。US News的排名始于1983年，自1987年以后每年发布。

1.2.2 美国创业教育的翘楚——巴布森学院

特别值得关注的是，巴布森学院（Babson College）已经连续32年排名第一。巴布森学院是美国的一所私立商学院，自1919年成立以来，始终是创业学领域的领导者，在创业管理教育方面为世界所公认。在其他商学院关注传统商科之时，巴布森学院审时度势，最早确立了以创业为核心的办学思路，涌现出杰弗里·蒂蒙斯（Jeffry A. Timmons）这样的学术领军人物，并且发起了诸如"创业者旗舰项目""创业教育专业人士的终身学习计划"等多个全球有影响力的旗舰项目。

巴布森学院的创业教育理念具有前瞻性，以杰弗里·蒂蒙斯教授为代表的领军人远见卓识地意识到20世纪60年代的美国创业一代将兴起，于是率先在巴布森学院提出了创业教育的新思路：培养适应社会发展的创业型人才而非单纯地为企业提供人力资源。学院的创业教育不是"企业家速成"教育，而是注重"为未来的几代人设定'创业遗传代码'，以造就最具革命性的创业一代作为基本的价值取向"。学院有一套自主开发的富有创新精神并曾获大奖的课程体系，巴布森学院开设本科、MBA和专业性的硕士学位教育，并向全球企业管理人员提供高级管理培训课程。早在1967年，巴布森学院就在全球首开创业管理研究生课程。在欧美国家历经20多年的发展历程中，巴布森学院在创业教育和培训方面创造了很多"第一"和"名列前茅"，如图1-1所示。

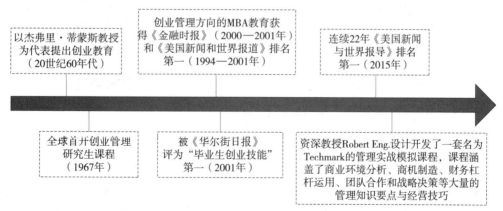

图1-1 巴布森学院创业教育成绩

巴布森学院为各大著名公司专门定制MBA课程。例如，为英特尔公司定制了独特的MBA课程，为朗讯公司打造专门的管理硕士课程。巴布森学院这些富有创新意识的课程开发和设置,充分体现了巴布森学院本身就是一所极富创业意识和创新精神的商学院。

巴布森学院创业教育长期保持第一的重要因素是其对教师素质的严格要求。巴布森学院拥有世界上最强大的创业教育师资队伍,共有165名全职教授,其中90%具有博士学位或同等学力。在巴布森学院,如果没有创业实践经验,是没有资格成为巴布森学院创业课程教授的。学院对教授的考核也不同于传统的方法:巴布森学院的教授没有一位是靠编书、著书而当上创业导师、创业学教授的,也不会出现没有创业经历就敢编写创业教育教材的现象。巴布森学院重视培养敬业的师资队伍,不仅热心于创业教育,而且注重不断提高自己的业务水平。

1.2.3 美国其他重点大学的创业教育

对于未来培养创业型人才,美国著名的大学都对创业教育倾注了大量的关注和重视。

1947年,哈佛商学院开设的"新企业管理"课程,是美国大学开展创新创业教育的开端。哈佛大学商学院崇尚"创业精神",共开设了15门创业管理课程。

麻省理工学院(MIT)提出"教师和学生一起创业",MIT在企业家培训方面取得的成就引人注目,这在波士顿银行的研究报告《MIT:创新的冲击》中有详细的描述。该研究由波士顿银行的经济部门于1997年提供,研究称:如果由MIT的毕业生和老师创业而成立公司并形成独立的国家,那么这个国家由这些公司带来的收入将会使它名列1996年世界最大经济实体的第24位。世界上现存的约5 000家公司加上MIT相关的公司雇用了110万人,拥有2 320亿美元的销售额,这个数字大概等于1 160亿美元的GDP。这个数字可以和1996年南非或泰国的GDP相媲美。而且MIT的影响将远远超出马萨诸塞州的边界。

无独有偶,斯坦福大学的创业教育始于1949年,被誉为"创业者的摇篮"。1996年以商学院成立了"创业教育研究中心"为标志,学院的创业教育达到了一个新高度,目前共开设25门创业管理课程。斯坦福大学在科技成果转化方面被公认为世界上的领导者,开创了硅谷的高技术产业,在美国乃至世界上,孕育了一批在物理、生命科学领域具有巨大影响力的企业,斯坦福大学科技成果转化的成就显然改变了我们的世界。2016年是斯坦福大学成立125周年,其不无自豪地宣布,建校以来,大学科技人员创办了近4万个企业,为社会提供了500多万个工作岗位,创业企业每年给世界带来2.7万亿美元收入,如果聚合为一个独立的国家,将是世界上第十大经济体(Stanford University,2016)。

1.2.4 美国创业教育的典型模式

1. 美国创业教育的模式

在美国,尽管各个大学的创业教育形式不一,但其创业教育主要有以下三类模式(见表1-3)。

表1-3 美国大学三种主要的创业教育模式

创业教育模式	聚焦模式	辐射模式	磁石模式
代表性大学	哈佛大学、伊利诺斯大学、宾夕法尼亚大学、西北大学	康纳尔大学、仁斯利尔大学	巴布森学院、麻省理工学院、斯坦福大学、贝勒大学、马里兰大学
管理机构与职能	由隶属于商学院和管理学院的创业教育中心管理	全校范围内成立创业教育委员会,由所有参与学院共同管理	由隶属于商学院和管理学院的创业教育中心管理
资源	商学院和管理学院负责	所有参与学院分别负责	商学院和管理学院负责
师资	商学院和管理学院负责	所有参与学院分别负责	商学院和管理学院负责
学生	只针对商学院和管理学院学生	针对全校学生	针对全校学生

(1)聚焦模式(focused-model),传统的创业教育模式,以创业学学科建设为目标的发展路径。起源于哈佛大学的创业教育课程,以创业学学科建设为目标的发展路径。教学活动主要在商学院和管理学院进行,培养专业化的创业人才。

(2)辐射模式(radiant-model),以提升学生创业素养和创业能力为本位的路径。教学活动主要在全校范围内展开,主要培养学生的创业精神和创业意识,为学生从事各种职业打下良好的基础。

(3)磁石模式(magnet-model),介于以上两者之间。麻省理工学院的创新创业教育采用了这种模式,该校的创新创业教学最早可以追溯到1958年,学院内有着浓厚的创新创业气氛。

2. 创业课程设置的分类与教学模式

在课程体系的开发方面,大部分学校的创业课程设置为显性课程与隐性课程两大类(见表1-4)。

表 1-4 两类课程的设置内容

设置内容	类别	课程名称
显性课程	学科课程	创业启蒙教育、创业基础知识
	活动课程	创意设计大赛、SIYB 课程、创业沙盘演练、企业参观
	实践课程	创业实训、创业实践
隐性课程	环境课程	创业讲座、创新创业大赛

（1）显性课程。显性课程主要负责向学生传授专业知识。主要包括学科课程、活动课程和实践课程。这些课程体现了创业教育的特点、性质和培养目标。从创业环境、创业知识、创业技能以及创业风险等方面对大学生进行基本的创业素养和技能的培训。

（2）隐性课程。隐性课程是由美国著名的课程理论专家杰克逊提出来的，他把学生从学校生活的经验中获得态度、动机、价值和其他心理状态的成长这些无法控制的教育因素称为隐性课程。也就是说，隐性课程是指在学校教育中没有被列入课程计划，以间接的、内隐的方式呈现，影响学生身心发展的一切学校文化要素的统称。

经历了创业教育长期的发展，美国总结了三种典型的创业课程教学模式：

1）"强化意识"模式，巴布森学院是这一模式的典型。

2）"注重经验"模式，哈佛大学是这一模式的典型。

3）"系统思考"模式，斯坦福大学则是这一模式的典型。

美国大学创业教育课程的设置主要从创业意识、创业知识、创业能力素质和创业实务操作等 4 个方面着力加强创业者的素质和能力培养（见表 1-5）。

表 1-5 美国大学创业教育课程设置的主要类型

课程设置类型	主要学习内容
创业意识	创造性开发、创意激发、信息检索、商业机会判断和机会评估等
创业知识	创新战略、组织设计、供应链管理、市场营销、风险投资、资本市场、电子商务、税务制度、知识产权、合同与交易和市场竞争结构等
创业能力素质	将创意发展为创业流程、新公司的设立与开办、信息检索与处理、团队组织、应变能力、管理沟通和产品开发等
创业实务操作	商业机会选择、制订商业计划书、资本筹集、创业竞赛、组织创业团队、创业企业设立、创业经验积累和危机管理等

1.3 欧洲大学的创业教育

1.3.1 欧洲大学与研究机构的创业教育

创业的发展在欧洲具有非常悠久的历史。"创业"（Entrepreneurship）一词，最早是由法国经济学家坎蒂隆（Cantillon）在18世纪提出的。之后法国学者萨伊（Jean Baptiste Say）和美籍奥地利学者熊彼特（Schumpeter）都在创业研究方面作出了杰出的贡献。然而，长期以来欧洲各国政府并未对创业的重要性给予更多的重视。20世纪末，受到全球经济危机的影响，欧洲经济开始下滑，2008年以来欧洲更是出现了50年以来最严重的失业现象，失业人口多达2 500万。经济重振成为摆在欧洲各国面前的头等大事。在此背景下，欧洲各国开始认识到创业对促进就业和提升欧洲竞争力的重要性。以欧盟为主要代表的机构和组织开始在欧洲大力发展创业教育。之后，在欧盟和各成员国政府的大力推动下，欧洲先后出台多项政策和战略措施来搭建欧洲创业教育体系。从2000年欧盟提出"里斯本战略"，创业和创业教育正式被纳入政治议程，到2006年欧盟正式发布《欧洲创业教育奥斯陆议程》，2013年欧盟发布《创业2020行动计划》将创业精神提升为重新振兴欧洲的关键，创业教育被置于培养创业精神的三大行动计划之首，再到2016年欧盟提出《创业素养框架》，以欧盟为代表的欧洲各级组织试图在欧洲范围内发起关于创业教育的改革，将创业精神融入包含中小学阶段教育、职业教育以及高等教育在内的整个教育体系，使欧洲人具有创业思维，最终在欧洲形成创业型社会。

目前，在欧洲大学里创业教育正蓬勃开展，已有17个国家或地区制定了专门的创业教育战略，法国也专门成立了创业计划培训中心（CEPAC）。欧洲最突出的是英国的创业教育。英国高校传统的教育理念是培养学生成为大公司的职业经理人和政府人员。20世纪80年代初，高校毕业生中很少有人创办自己的企业。据相关部门统计，1979年英国大学生的失业率为4.5%，到1982年失业率就上升了将近3倍，为12.1%。根据这个统计结果，社会已经认识到传统的教育理念已经不适应社会的长期稳定和发展，而创业教育的号召犹如春雨般滋润着干涸的就业道路。1983年，斯特林大学为毕业生设计了创业项目，这个项目一经启动就在英国各高校普遍开展，旨在激发大学生的创业意识。2001年，英国政府开设了高等教育创业基金，设立目的之一是支持大学老师参加创业活动，为从事创业教育的老师积累创业经验。牛津大学、剑桥大学、英国政府与几个国际机构一起开发了"培养大学创业精神"项目,所有英国的一流大学都参与到了这个创业领导的项目中来。英国政府拨款建立了全国大学生创业委员会(NCGE),全面负责国内的创业教育。

伦敦商学院 Levie 教授对英格兰 133 所大学的创业教育进行了调查,明确区分了"为创业的课程"和"关于创业的课程"两个不同的概念,对两类课程师资方面的比例进行了统计(见表 1-6)。在英国,61% 的创业课程是由商学院主导的。

表 1-6 两类不同创业课程师资安排 %

教授者	为创业的课程	关于创业的课程
社会兼职教师	21	7
具有实践管理经验的教授	98	61
已创办企业的教授	70	36
创业为其主讲课程	29	44
创业教育为主要研究方向	47	28

1.3.2 政府机构大力推行的创业教育培训

欧盟创业教育和培训的主要发起部门是欧盟企业与工业总司(Directorate-General for Enterprise and Industry)。进入 20 世纪后,该部门先后主导和资助过系列围绕创业教育核心问题的研讨会以及调研项目,如 2010 年围绕"创业教育合作以及一致性的研讨会",2011 年围绕创业教师教育的研讨会以及 2012 年针对创业教育在高等教育中开展情况进行的系列调研等均由该部门所推动和倡导。除了欧盟企业与工业总司直接发布或者授权发布外,欧盟委员会下设的教育部门也会参与到创业教育中来。教育领域所涉及的创业教育政策主要是通过 Eurydice Network 所发布的一系列比较研究,如《欧洲终身学习核心素养建议框架 2006》以及《欧洲终身学习核心素养建议框架 2018》。这些文件代表了欧盟的官方政策导向。目前欧盟官方机构陆续发布了 20 余项的官方政策和报告。

1.4 亚洲大学的创业教育

1.4.1 日本的创业教育

日本开展创新创业教育相对于美国和英国较晚。2000 年,日本在教育改革国民会议上提出了创业家精神的概念,强调创业教育应培养学生的创业家精神、生存能力和思维方式，创业教育已经成为日本基础的教育。日本的创业教育有以下两个基点。

（1）基于"官、产、学"密切配合的支撑体系。日本的创新创业教育是典型的政府主导的发展模式。"官、产、学"模式是日本创业教育的特色之一。"官"代表了政府对创新创业教育的支持，"学"代表了高校的创业教育，"产"代表了企业对创新创业教育的支持。日本政府通过这种模式，充分地调动了社会各界的资源。

（2）不同的学校开展创业教育时存在着理念定位或者说培养目标上的差异（见表1-7）。

表1-7　日本创业教育人才培养的理念

定位类型	人才培养理念	典型学校
创业重视型	提供创业教育必要的科目、学生创业的支援体系	政法大学、早稻田大学、日本大学
地域连接型	培养振兴地域产业的人才	关系学院大学、龙谷大学、大阪大学
全球战略型	全球化活跃中的经营型人才	青山大学、一桥大学、庆应大学
日本本土型	适合日本企业和产业的经营型人才	神户大学、筑波大学、一桥大学
理论活用型	理工学部的理论和技术的活动	大阪大学

目前，日本社会构建了不同层次的创业教育与培训体系。日本工商管理创业教育模式的4种类型及其主要特点见表1-8。

表1-8　日本工商管理创业教育模式的4种类型及其主要特点

模　式	主　要　特　点
创业家教育模式	注重提升受训者的管理经验
经营能力综合培养型模式	提升受训者整体的经营能力、知识
创业能力与专业结合型模式	创业能力与专业相结合
企业家精神涵养型模式	注重提升受训者的创新思想及创业意识，专业性比较强

1.4.2　韩国的创业教育

2017—2018年全球创业观察报告显示，韩国政府在创业方面的政策支持在整个亚洲和大洋洲54个经济体中位列第4位，并且在主要发达经济体中排名第1位，其中有很多政策都是着眼于促进高校创业教育发展的（GEM，2018）。韩国创业教育发展的三重动因：韩国政府的主导作用、产业界的积极参与和高校自身主动寻求变革。

韩国政府于20世纪60年代起就开始重视提高高校的科学研究水平和培养具有创新精神的人才。韩国大学创业教育的历史可以从20世纪80年代初开始追溯，韩国政府开始制订相应的计划，支持部分高校开展创业教育，其中最重要的是第2个大学创业教育五年计划和产学合作工程+项目（leaders in industry-university cooperation plus，LINC+），并孵化出了不少优秀的企业家和中小企业。在韩国的每一所大学里面，都有"创业支援中心"建立扶持基金，扶持120多个优秀大学生创业小组，提供"一条龙"式服务。韩国创业教育的特色之一是产学合作的大力推广促进了"产教融合"型创业教育的形成。韩国目前形成了非常成熟的产学合作模式（见表1-9）。

表1-9 韩国产学合作发展历程

主要内容	初创期 20世纪90年代	投入期 2003—2011年	成长期 2012—2016年	成熟期 2017—2020年
基本概念	以供给者为中心	以需求者为中心均衡分配	强调竞争与卓越	互助相长可持续发展
目标	研究与开发	研发并商业化	发挥知识的市场价值	提高企业的竞争力并扩大就业
教育	以理论和研究为主	以现场、实习为中心	扩大创业教育	兼顾理论与实务，强调就业与创业教育
评价	以高水平科技论文为主	以技术转移及商业化成果为主	以产学合作先导模型创出成果为主	以地区经济发展与独立成果为主
合作方向	以大学为中心的单向合作（大学→产业）	以大学为中心的单向合作（大学→产业）	以互助为目标的单向合作（大学→产业）	产学之间的双向发展（大学↔产业）

资料来源：한국교육부산학협력사이트，2018。

韩国高校创业教育近40年的发展，逐渐形成了三大模式：以创业支援中心为平台的社会实践教育模式，以创业学科建设为主导的专业化教育模式以及以产学研三维互动的生态化教育模式，即产教融合型创业教育。

1.4.3 中国创业教育的发展

1. 中国大学创新创业教育的兴起

高等教育从精英教育向大众教育的转变，中国创业学建设恰逢其时。1998年第一届"清华创业计划"大赛、1999年首届"挑战杯"中国大学生创业计划竞赛，开启了我国创业教育的启蒙阶段。2002年，教育部将清华大学、中国人民大学、北京航空航天大学、上海交通大学等9所高校作为创业教育的试点院校，创业教育在我国正式启动。自2004年以来，我国陆续在国内高校推进联合国国际劳工组织开发的SYB、KAB[①]系列创业教育课程。

2010年，《教育部关于大力推进高等学校创新创业教育和大学生自主创业工作的意见》正式采用了创新创业教育的提法，明确将创新创业教育定义为"是适应经济社会和国家发展战略需要而产生的一种教学理念与模式"。创新创业教育以"提升学生的社会责任感、创新精神、创业意识和创业能力"为核心，掀开了中国大学创新创业教育的高潮。

2. 中国"双创"的兴起

2014年9月夏季达沃斯论坛上，李克强总理讲话中提出，要在960万km^2的土地上掀起"大众创业""万众创新"（双创）的新势态。2018年9月18日，国务院下发《关于推动创新创业高质量发展打造"双创"升级版的意见》，创新创业成为时代潮流，汇聚起经济社会发展的强大新动能。中国的创新创业已经融入全球发展的大环境中，成为国际创新创业生态的重要平台之一，如图1-2所示。

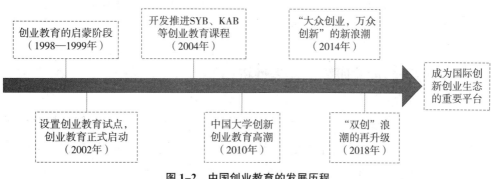

图1-2 中国创业教育的发展历程

在引进国际劳工组织的培训技术KAB计划之前，据不完全统计，我国创业的失败率高达70%以上，而大学生创业成功率只有2%~3%，远低于一般企业的创业

---

① SYB的全称是"start your business"，意为"创办你的企业"，它是"创办和改善你的企业"（SIYB）系列培训教材的重要组成部分，由联合国国际劳工组织开发，为有意愿开办中小企业的朋友量身定制的培训项目。KAB的全称是"know about business"，意为"了解企业"，是国际劳工组织为培养大学生的创业意识和创业能力而专门开发的教育项目。

成功率。曾经，英国引入 KAB 计划后，参加过创业培训、政府计划与王子基金资助的大学生创业成功率高达 60%。KAB 创业教育项目引进中国后，2004—2007 年全国共有 76 万人参加了这个培训，培训合格率平均在 90% 以上，创业成功率平均在 60%、累计创造就业岗位 200 多万个。截至 2017 年 2 月，KAB 项目已培训来自中国 1 500 多所高校的 9 100 多名教师，在 330 多所高校创设大学生 KAB 创业俱乐部，上百万名大学生参加了学习实践。

3. 中国创业教育的模式

我国的创业教育主要有 4 个层次，具有不同的模式和特点，见表 1-10。

表 1-10　中国创业教育的模式及特点

创业教育模式	界定及特点
基于素质教育的创业教育	和学历教育有关，为提高开展创业教育的质量、素质、能力而进行系统的教育
基于专业教育的创业教育	结合不同的专业，开展以专业为核心的创业教育和培训
基于就业指导为目的创业教育	短期性：一般包括十几次讲座 操作性：强调实际创办企业所涉及的问题 公益性：一般都会得到政府的资助，通过考核者将在创业时得到一定的融资便利 开放性：一般由高校与外部的公益培训组织合作
基于社会公益的创业培训	大学成立类似"创业者训练营"这样的培训机构，为社会提供"双创"培训

1.5　国际著名创业研究的代表性机构

创业教育在全球全面兴起，国际上有很多国际组织也针对全球创业教育展开了系列、专门研究。尽管各国际组织针对创业研究的视角、目的不尽相同，但是它们发布的文献资料也为国家间创业教育和培训的比较研究提供了重要参考。

1.5.1　全球创业观察

全球创业观察（global entrepreneurship monitor，GEM）始于 1999 年，由美国巴布森学院和英国伦敦商学院（London Business School）联合发起，初衷是比较国家间创业表现的不同。经过近 20 年的发展，GEM 现已成为拥有 18 年的数据资源，每年 20 余万受访者、100 余个经济体、500 余名专家、300 个科研机构参与其中的权威创业数据发布机构。GEM 在我国的合作单位为清华大学中国创业研究中心。

GEM 长期关注两方面的内容：①个体的创业行为和态度。②国家环境如何对创业产生影响。

1.5.2　经济合作与发展组织

经济合作与发展组织（Economic Co-operation and Development，OECD）也是国际上最早关注创业的国际权威组织。OECD 关注的视角大多从地区区域合作和发展的视角出发，在 OECD 系列报告中，我们比较熟悉的应该是柯林·博尔（Colin Ball）三张教育"通行证"的思想，即将"事业心和开拓技能""学术资历"与"职业技能"并列为学习的三张通行证。这一思想被联合国教科文组织亚太地区办事处在报告中采纳，成为 20 世纪 80 年代末 90 年代初期在中国非常流行的学术话语之一。

1.5.3　联合国教科文组织

进入 21 世纪，联合国教科文组织大力推动创业教育。联合国教科文组织亚太地区教育局成立了"联合国教科文组织创业教育联盟"，每年都会召开联盟年会，围绕"亚洲创业教育"进行讨论。2014 年 11 月 26 日，联合国教科文组织中国创业教育联盟在浙江杭州成立，并落户浙江大学。浙江大学为联盟主席单位，负责联盟的组织与筹建、对分支机构的领导和协调等工作。

1.5.4　联合国国际劳工组织

为了对发展中国家的广大求职者进行创业内涵、方法和技能的基础性训练，联合国国际劳工组织开发了 SYB、KAB 系列创业教育课程，主要针对国际社会中的就业与创业问题，现阶段在全球范围内已经有众多国家实施。

1. KAB 计划

国际劳工组织的培训技术 KAB（know about business）计划，中文名为"创办和改善你的企业"，是国际劳工组织创设的一个世界范围内的公益性项目，KAB 创业教育项目目前已在全球 30 多个国家开展，是一种创业启蒙性教育。清华大学、中国青年政治学院、浙江大学等 600 多所高校设立了"学院 KAB 创业基金会"课程。

2. SYB 计划

SYB（start your business）意为"创办你的企业"，它是"创办和改善你的企业"

（SIYB）系列培训教材的重要组成部分，由联合国国际劳工组织开发，是为有意愿开办中小企业的朋友量身定制的培训项目。其中包括4个培训模块，帮助潜在企业家创造可行的创业想法（GYB），逐步引导学生创办小企业并提供企业建议成长战略（EYB），帮助企业家建立基本的企业管理体系（IYB），目的是加强就业，培训经营小微企业，创造就业机会，促进经济增长，发展中小企业帮助发展中国家。SYB 培训课程使用的教科书包括创业培训书、商业计划培训书和商业计划书。

1.5.5 欧盟企业与工业总司

欧盟企业与工业总司（Directorate-General for Enterprise and Industry）是欧盟创业教育和培训的主要发起部门，欧盟官方机构的权威政策和调研报告主要源于此。进入20世纪后，该部门先后主导和资助过系列围绕创业教育核心问题的研讨会以及调研项目。例如，2010年围绕"创业教育合作以及一致性的研讨会"，2011年围绕创业教师教育的研讨会以及2012年针对创业教育在高等教育中开展情况进行的系列调研等均是由该部门所推动和倡导。欧盟委员会也会通过其他渠道下发设计创业的指导性文件，如《欧洲终身学习核心素养建议框架2006》以及《欧洲终身学习核心素养建议框架2018》。

本章思考题

1. 为什么说创新创业教育是21世纪不可缺失的教育？
2. 联合国教科文组织对高等学校创业教育提出了什么样的宗旨？
3. 合格的创业教育和培训的导师应该具备什么样的素质和资质？
4. 美国大学创业教育的模式及特点是什么？
5. 对中小企业开展创新创业管理培训有什么意义？

第 2 章 创业基本理论与创业过程要素模型

本章的核心内容：
- ➢ 创业的基本概念与界定
- ➢ 创业的分类
- ➢ 创业的过程与模型
- ➢ 创业中的资源需求

2.1 创业的基本概念与定义

创业是一个涉及经济、管理、社会、心理等学科的领域。从管理学科的视角关注创业，主要聚焦于创业的概念与定义、创业的分类、创业过程、创业资源、创业组织和创业机会。

2.1.1 创业概念的起源与内涵

创业这个词最早出现在法语中，15 世纪的一本法语字典收录了 entrepreneur（企业家）这个词，意为承担。18 世纪法国经济学家理查德·坎蒂隆（Richard Cantillon）将其定义为从事在某个价格购买商品，在将来以某个未知的价格出售商品、承担风险的人。他们所从事的活动则被称为 entrepreneurship（创业）。关于创业，他提出：狭义的创业指"从零开始创建新企业"，广义的创业也包含"让一个企业重焕生机"。

随着时代的发展，学者们赋予该词很多新的含义，如萨伊（Jean Baptiste Say）将生产要素的整合加入其中；熊彼特（Schumpeter）将创新的概念与创业相联系；史蒂文森（Stevenson）和萨尔曼（Sahlman）认为创业是一个动态过程，指一种无视现有资源掌握情况对机会难以遏制的追逐；史蒂文森和拜格拉夫（Bygrave）则认为"创业过程的核心部分是机会的创造及识别"。

2.1.2 德鲁克的定义

德鲁克（Drucker）认为，创业是一种行为，而不只是一种性格特质。这种行为中需要蕴含新价值的创造。换言之，创业者关注创新，创新源于创造变化并赋予现有资源创造新财富的能力。德鲁克对于创业的定义有其特定的侧重——创新。因此，他将创业企业分为有创新的和没有创新的两种。例如：开发并营销新产品是有创新的创业，而一个街角的杂货店老板则不是。该定义的关键词是创新资源与创造新价值。

2.1.3 谢恩和维卡塔拉曼的定义

谢恩（Shane）和维卡塔拉曼（Venkataraman）认为，作为一个商业领域，创业致力于理解创造新事务的机会是如何出现并被特定的个体所发现或创造的。这些人如何利用各种方法去利用或开发它，然后产生各种结果。

该定义的关键词有以下三个。

（1）商业领域。创业活动是一个商业活动，商业活动是人类最基本的实践活动，它的目的、方式和意义，大卫·李嘉图以他的"比较优势说"（the theory of comparative advantage）给出了极为简单明确的证明：商业活动是"双赢"或"多赢"的。现代经济理论也证明：商业活动有竞争，但它是合作竞争、诚信竞争，不是"兵不厌诈"的军事竞争。商业活动有博弈，但它是非零和博弈，不是"你死我活"的零和博弈。

（2）创造新事物。创业需要创新，如新产品或服务、新市场、新市场过程或原材料、组织现有技术的新方法等（熊彼特，1934）。

（3）机会。创业的核心是发现、识别、利用机会，并得到结果。

结合各类定义，创业具有以下特征。

（1）创新性：无论是熊彼特的创业要创造新事物还是德鲁克的创业要创造新价值，都表明创业活动的关键和核心特征就是创新。

（2）风险性：创业活动具有不确定性，创业者由此要承担这种不确定性所带来的风险，风险性是创业活动的一个本质特性。

（3）商业性：毫无疑问，创业活动是一个商业性活动，是以创造价值、实现盈利为目的的商业活动。

学者们对创业的定义，见表2-1。

表 2-1 学者们对创业的定义

学 者	定 义	关 键 词
奈特	创业的过程就是创业者主动承担风险并获取利润的活动	风险、利润
熊彼特	创业的主要内容是要进行资源的创新利用。创业者以企业为载体，将资源进行重新组合和利用，即为创业行为	资源组合、创新利用
德鲁克	创业是一种行为，而不只是一种性格特质。这种行为中需要蕴含新价值的创造	创新、资源、创造新价值
谢恩和维卡塔拉曼	作为一个商业领域，创业致力于理解创造新事物的机会是如何出现并被特定的个体所发现或创造的。这些人如何利用各种方法去利用或开发它，然后产生各种结果	商业领域、创造新事物、机会
霍华德	创业是一种管理风格：它不考虑目前控制的资源去寻找机会	机会寻找
杰弗瑞·蒂蒙斯	创业是一种思考、推理和行动的方式，它为机会所驱动，需要在方法上全盘考虑并拥有和谐的领导能力	机会驱动、领导力
本书作者	创业者通过发现、识别和利用适当的创业机会，组合各种生产要素资源，提供产品或服务，创立新的事业，以获得新的商业成功的过程或活动	商业机会、要素资源、新事业、商业活动

2.2 创业的分类

全球创业活动呈现多样化的发展趋势，对创业进行分类是我们研究创业、选择创业路径的基础和前提。

2.2.1 阿玛尔·毕海德基于创业初始条件的分类

芝加哥大学教授阿玛尔·毕海德（Amar V. Bhde）曾在哈佛商学院讲授创业课程，为了整理出清晰的授课计划，他带领学生对1996年进入美国Inc.500（*Inc.*杂志评选出的成长速度最快的500家企业）的企业主进行深入访谈，并于2000年出版了专著《新企业的起源与演变》。在该书中，他从不确定性和投资两个维度构建了一个投资、不确定性与利润的动态模型。毕海德教授强调创业并不单纯指企业家或创业团队创建新的企业，大企业同样有创业行为。在这个模型中，毕海德教授根据创业的初始条件，将原创性的创业概括为5种类型，并对这5种类型的创业进行了比较（见表2-2）。

2.2.2 克里斯汀等人基于价值创造的分类

克里斯汀（B. Christian）等人从创业对个人影响程度和新价值的创造两个维度，把创业分为4种基本类型，即复制型创业、模仿型创业、安家型创业和冒险型创业。

表 2-2　5 种创业类型的比较

因素/类型	边缘企业创业	冒险型的创业	与风险投资融合的创业	大公司的内部创业	革命性的创业
有利因素	所需投入的资金和人力资本都不大	创业的机会成本低、技术进步等因素使得创业机会增多	有竞争力的管理团队、清晰的创业计划	拥有大量的资金、创新绩效直接影响晋升、市场调研能力强、对R&D的投资大	无与伦比的创业计划、财富与创业精神集于一身
不利因素	竞争对手众多，盈利能力不强，难以发展成为大企业	缺乏信用、难以从外部筹措资金、缺乏技术管理和创业经验	经历避免不确定性、追求短期快速回报、市场机会有限、资源有限	企业的空盒子系统不鼓励创新精神、缺乏对不确定性机会的识别和把握能力	大量的资金需求、大量的前期投资
获取资源	进入门槛较低	固定成本低、竞争不是很激烈	个人的信誉、股票及个人所得等激励措施	良好的信誉和承诺、资源提供者的转移成本	富有野心的创业计划
吸引客户的途径	重视创新、质量、品牌、服务标准化和管理规范化等	上门销售和服务、了解客户的真正需求、全力满足客户需要	目标市场清晰	信誉、广告宣传、质量服务等多方面的承诺	集中全力吸引少数大客户
取得成功的基本因素	企业家的雄心壮志、管理才能、风险承担能力	企业家及其团队的智慧、面对面的销售技巧	企业家团队的创业计划和专业化管理能力	组织能力、跨部门的协调及团队精神	创业者的超强能力、确保成功的创业计划
创业的特点	关注创新和管理规范化	关注不确定性程度高但投资需求少的市场机会	关注不确定性程度低、广阔且发展快速的市场、产品或技术	关注少量的、经过认真评估的、有丰厚利润的市场机会，回避不确定性程度高的市场	技术生产经营过程方面实现巨大的创新、向客户提供超额价值的产品和服务

资料来源：阿玛尔·毕海德的《新企业的起源与演变》，2004 年版。

表 2-3　基于价值创造对创业的分类

类　型	特　点	弊　端
复制型创业	现有经营模式基础上的简单复制，数量较多，成功的可能性更高	创新贡献较低，缺乏创业精神的内涵，并不是创业管理研究的主流
模仿型创业	对创业者命运的改变较大，具有较大的不确定性，学习过程较长	很少能给客户带来新创造的价值，创新的成分不高，经营失败的可能性较大
安家型创业	强调个人创业精神的最大程度实现，不对原有组织结构进行重新设计和调整，不断地为市场创造新价值，为消费者带来实惠	创业者个人命运的改变并不大，所从事的仍旧是原先熟悉的工作
冒险型创业	需要创业者具备较强的个人能力、适当的创业时机、合理的创业方案、科学的创业管理，是创造新价值的活动	风险较大，个人前途的不确定性也很大，失败的可能性也很大

2.2.3 戴维森基于创业效果的分类

戴维森（P. Davidson）基于创业效果在组织层面和社会层面的产出对创业进行了分类，见表2-4。

表2-4 基于创业效果对创业的分类

类　型	特　点	案　例
失败的创业	组织层面和社会层面都是负的创业行为	破产的污染企业
催化剂式创业	组织层面为负而社会层面为正的创业行为	万燕VCD的创业
重新分配式创业	组织层面为正而社会层面为负的创业行为	钢铁行业低水平的重复建设
成功的创业	组织层面和社会层面都为正的创业行为	星巴克、戴尔

2.2.4 甘特等基于创业元素的分类

高德纳（Gartner）1985年回顾了创业研究的文献后，提出创业者和新创企业之间同样存在着巨大的差异，甚至不亚于创业者和非创业者、新创企业和既有企业（established firms）之间的差异。他在研究中提出了创业者、环境、创业过程和组织四大元素构成的概念框架，元素的差异可以成为划分创业类型的依据。在此模型的基础上，Gartner、Mitchell和Vesper（1989）通过对106位创业者进行问卷调查，根据个人、组织、环境、过程等4个维度把创业活动分为8种类型。

（1）离职创办新企业，且新企业与原企业处于不同的行业。

（2）原行业中的精英组成创业团队，发挥竞争优势。

（3）利用原有技术和客户资源创建新企业。

（4）经营一家现有的小企业。

（5）凭借专业技术，判断市场和客户需求的变化趋势，利用新机会创建新企业。

（6）发现特殊市场，为了更好地服务该市场而创建新企业。

（7）成为新市场中的领先者，追求创业理想。

（8）创立与原企业业务相似的企业，但在流程和营销上进行创新。

他们的分类有助于潜在创业者根据自身的实际情况选择创业类型，但分类的标准主观性较强，对理论发展的贡献不足。

2.2.5 GEM基于初始创业动机的分类

GEM（全球创业观察）在2001年的报告2中首先提出了生存型和机会型创业

分类法。尽管这两个概念出现的时间不长,但在各种创业类型划分法中仍是使用最为广泛的一种。这可能得益于它的简洁性和划分标准的合理性。在 GEM(2002)的报告中,Reynolds 等人指出生存型创业是那些由于没有其他就业选择或对其他就业选择不满意而从事创业的创业活动。机会型创业是指那些为了追求一个商业机会而从事创业的活动。GEM(2003)的报告进一步对这一定义进行了丰富,"生存"意指创建一个新企业的选择是迫不得已的。机会型创业者是自愿地去开发感知到的商业机会。因此,机会型创业者是指为了追求一个机会而自觉自愿地创建新企业的创业者,他们往往有稳定的经济基础(GEM,2005)。

2.2.6 独立创业与内部创业的分类

总结前面对创业模式的分类,多是基于创建新企业,从零开始创建企业,我们称之为"独立创业"(又称外部创业)。但是,1978 年,美国学者吉福特和伊丽莎白在《企业内部创业》中最早提出了"内部创业"(Intrapreneurship)的概念,之后对内部创业的研究逐渐兴起。内部创业的学者观点,见表 2-5。

表 2-5 内部创业的学者观点

学者	主要的观点	关注的视角
拉希姆勒(1982)	在现存企业内部,为了实现现有工艺生产流程的优化,或者是为了实现产品开发而进行的正式创业活动或者其他创新活动	产品创新、工艺(流程)创新、创新与创业活动
伯格尔曼(1983)	现有企业为了实现多元化发展战略而进行的企业内部活动,多元化发展战略需要企业将资源进行重新整合,从而将那些原本与企业的业务相关性很小甚至不相关的业务活动能够纳入现有的资源和能力之中	多元化发展、资源整合、拓展新业务
吉福德(1985)	企业为了能够获得新的发展机会,或者是建立新的组织,而在其现存组织内进行的具有风险性质的活动,这一活动能够使参与创业的员工和公司都能够获得收益,同时也共担风险	探求新机会、建立新组织、共担风险
古思、金斯堡(1990)	企业进行创业的一种过程和形式,目的在于帮助企业搭建起新的业务单元、新的组织,或者是企业依托于企业创业来实现业务转型	新业务单元、新的组织、业务转型
科文、斯莱文(1991)	企业依托创业将内部资源进行整合利用,提高资源利用效率,从而强化和提升企业的核心竞争力,以便能够促进企业的长期、稳定发展	资源整合、核心竞争力
普里姆、里昂、德斯(1999)	进行新业务的拓展,组织流程的改进或者进行战略调整,以现有资源的整合利用提升企业的利润水平	业务拓展、组织改进、战略调整、资源整合、利润提升
库拉特科、霍杰茨(2007)	由现有的企业提供资源、技术、市场等各种支持,而在现有企业内部开展的如同初创时所进行的创业活动	现有企业资源支持、创建新组织

内部创业是以现存企业为平台，以相对独立的组织单元开创新的事业。不同的学者对于这一活动的关注视角是不同的。独立创业与内部创业的分类与最早提出创业概念的 18 世纪法国经济学家理查德·坎蒂隆（Richard Cantillon）的狭义创业和广义创业的概念相吻合。他认为，"让一个企业重焕生机"这种广义的创业，对现存企业的成长和发展是十分重要的。20 世纪八九十年代，美国企业为了夺回竞争优势，开始大规模推进业务流程再造与结构重组，以建立学习型组织、组织扁平化等为核心理念的组织变革，为内部创业的诞生提供了基础。在这一背景下，3M、杜邦、GE 等引入了内部创业机制。此后，松下、富士通等企业也开始推行内部创业。在中国，以华为为首的一批企业在 2000 年前后也开始内部创业实验。据统计，世界 500 强企业前 100 名，超过 65% 采用了内部创业的方式。

2.3 创业过程模型

高德纳（Gartner，1985）提出的创业概念框架综合了创业个体、环境、过程和新企业这 4 个维度。此后，创业过程的研究成为创业研究的焦点领域之一。Carter、Gartner 和 Reynolds（1996）认为，创业过程包括一项商业计划成为一个现实中的企业组织这一过程中的所有事件。Gartner（1985）认为创业过程实际上就是新组织的创建过程。

众多学者挖掘创业过程的内涵与边界，在此基础上形成了以下有价值的理论模型[①]。

模型 1：谢恩创业模型

核心思想：谢恩于 2000 年提出"创业发现理论"，他认为真正的创业过程始于企业家对机会的发现，而影响创业机会的关键是个人与环境因素，如图 2-1 所示。

模型 2：蒂蒙斯创业模型

核心思想：蒂蒙斯于 1974 年在他所著的《创业创造》一书中提出一个创业管理模式[②]。他认为创业过程是一个具有高度不确定性的动态过程，其中商机、资源、创业团队是创业过程最重要的驱动因素，他们的存在和成长，决定了创业过程向

---

① 巴隆，谢恩. 创业管理——基于过程的观点 [M]. 北京：机械工业出版社，2005.
② 杰弗里·蒂蒙斯. 创业学 [M]. 第 6 版. 北京：人民邮电出版社，2011.

图 2-1　谢恩创业模型

什么方向发展。蒂蒙斯创业模型强调创业领导人要使商业机会、创业者和资源三个要素相匹配和平衡的结果，而实现这种匹配和平衡的是创业团队应具备的领导力、沟通力和创造力，如图 2-2 所示。

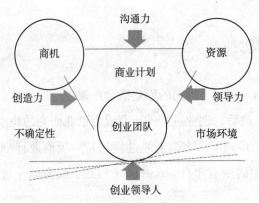

图 2-2　蒂蒙斯创业模型

模型 3：萨尔曼创业模型

核心思想：萨尔曼（Sahlman）强调各要素之间的适应性，共同促进创业的成功。在创业的过程中，为了更好地开发商业机会、提升企业价值，创业者需要把握 4 个关键要素：人、机会、外部环境以及创业者的交易行为，如图 2-3 所示。

模型 4：菲利普·威克汉姆创业模型[1]

核心思想：菲利普·威克汉姆（Philip A. Wickham）在其名篇《战略企业家成功之路》一文中提出了基于学习过程的创业模型。创业活动包括创业者、机会、组织和资源 4 个要素，这 4 个要素互相联系。创业者任务的本质就是有效地处理机会、资源和组织之间的关系，实现要素间的动态协调和匹配。创业过程是一个

---

[1] Philip A. Wickham, Strategic Entrepreneurship[M]. London: Pitman Publishing, 1998.

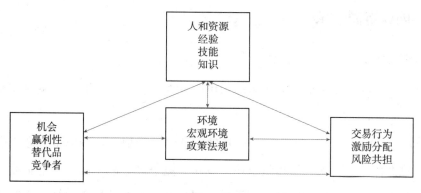

图 2-3 萨尔曼创业模型

不断学习的过程,而创业型组织是一个学习型组织。通过学习,不断地变换要素间的关系,实现动态平衡,成功地完成创业,如图 2-4 所示。

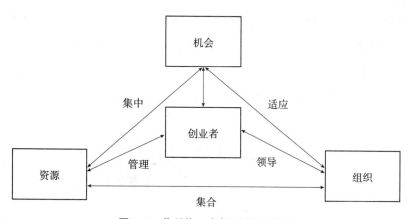

图 2-4 菲利普·威克汉姆创业模型

4 种创业模型的比较,见表 2-6。

表 2-6 4 种创业模型的比较

模 型	核 心 思 想
谢恩创业模型	真正的创业过程始于企业家对机会的发现
蒂蒙斯创业模型	创业过程是主要由商机、资源、创业团队驱动的高度动态过程
萨尔曼创业模型	在创业的过程中,为了更好地开发商业机会、提升企业价值,创业者需要把握 4 个关键要素:人、机会、外部环境以及创业者的交易行为
菲利普·威克汉姆创业模型	创业活动包括创业者、机会、组织和资源 4 个要素,通过学习,不断地变换要素间的关系,实现动态平衡,成功完成创业

2.4 创业资源需求

2.4.1 创业资源论

在创业的过程中，必然要依赖和利用各种资源。创业资源的状况将影响和制约创业和企业的成长。

彭罗斯（Penrose，1959）等资源基础论学派学者把企业看成是有形资产与无形资产的集合体，其核心思想是企业的成功与竞争优势的来源是一个企业独特的资源与在特定的竞争环境中这些资源的配置方式。企业的卓越业绩最终取决于对竞争性稀缺资源的巧妙配置。柯斯纳（Kirzner，1973）认为，机会代表着一种通过资源整合、满足市场需求以实现市场价值的可能性。沃纳菲尔特（B.Wernerfelt）也认为企业是资源的集合体而非一组"产品—市场"位置。他界定的资源很广泛，包括品牌、技术、优秀的员工、交易合同、机器、有效的程序和资本等。他指出资源的供应商、产品的购买者、替代品会影响资源的获利能力。独特的资源如厂房规模、忠诚的客户、生产经验、领先的技术等也能提高企业的获利能力，兼并与收购可以帮助企业获得资源。

总结创业资源学派的观点，构建创业资源维度表，见表2-7。

表2-7 创业资源维度表

学　者	维度个数	维度划分
巴尼（1991）	3	组织资源、人力资源和物质资源
爱尔兰（1991）	2	无形资产（组织、技术和组织声誉等资源）；有形资产（人力、财务和物质）
蒂蒙斯（1999）	3	基础资源、核心资源和其他资源
阿迪奇维利（2002）	4	人力资源、财务资源、物质资源和社会资源
威尔逊（2002）	2	内部资源和外部资源
托尔尼科斯基和纽伯特（2007）	5	人力资源、物质资源、组织资源、财务资源和知识资源
林嵩（2005）	2	要素资源（财务、场地、技术、人力和管理）、环境资源（信息、文化、政策和品牌）
蔡莉（2007）	5	人力资源、技术资源、财务资源、物质资源和市场资源

资料来源：王艺.创业资源基础、创业机会开发与新创企业绩效[D].北京：北京交通大学硕士论文，2019.

2.4.2 创业需求的基础资源

在创业的过程中,对资源的需求大致可以分为两大类(见表2-8)。

表 2-8 创业的资源

资源分类		资源内容
要素资源	场地资源	场地内部的基础设施、通信系统、物业管理和生活交通等
	资金资源	银行贷款、风险投资、政府低息与无偿扶持基金
	人才资源	科技人才、管理人才、专家顾问和员工队伍
	管理资源	企业策划、营销管理策划、制度化管理和流程管理
	科技资源	研发团队、科技成果与知识产权、试验设备资料等
环境资源	政策资源	创新激励政策和企业税收政策
	信息资源	市场信息、良好的市场采购和销售渠道信息
	文化资源	合作与支持文化、集体学习文化
	品牌资源	企业商标和企业形象

资料来源:林嵩,张伟,林强,高科技创业企业资源整合模式研究 [J]. 科学学与科学技术管理,2005(3).

1. 要素资源

要素资源是促进新创企业成长的直接资源,主要包括场地资源、资金资源、人才资源、管理资源和科技资源。

2. 环境资源

环境资源是影响要素资源,并间接促进新创企业成长的资源,主要包括政策资源、信息资源、文化资源和品牌资源。

2.4.3 不同的资源对不同类别的企业竞争的影响

在不同类别的企业中,持久竞争优势的来源是不同的,高技术企业与服务业的竞争优势来源比较,见表2-9。

表 2-9 高技术企业与服务业的竞争优势来源比较　　　　　%

因　素	高新技术企业	服务类企业
质量和声誉	38	44
客户服务/产品支持	34	35
品牌认同/企业形象	12	37

续表

因　素	高新技术企业	服务类企业
良好管理	25	38
低成本生产	25	13
财务资源	16	23
客户定位/市场研究	19	23
技术优越性	44	6
现有用户群中的满意客户	28	19
产品创新	22	18

注：数字代表被调查者提及该因素的频率，数字之和可超过100。

显然，对高新技术企业来说，技术的优越性是最重要的资源，其次是质量和声誉。而对服务型企业来说，质量和声誉是第一位的，其次是良好的管理，技术的优越性则是排在最后的因素。这表明不同类别的企业，创业所需资源的重要性是不同的。

2.4.3　不同时期创业企业的资源需求

在企业生命周期中，不同时期的企业对资源重要性的要求也不同（见图2-5）。

（1）初创期：把握创业的商业机会和确定企业发展的定位是最重要的因素，人才是企业最重要的因素。

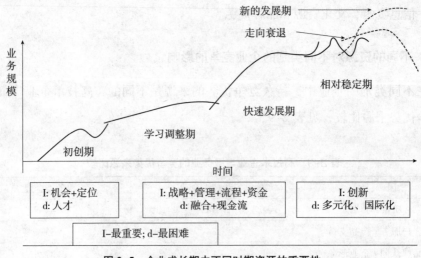

图2-5　企业成长期内不同时期资源的重要性

（2）学习调整和快速发展期：该发展期对企业资源和能力的需求更广泛，重点关注战略、管理、流程和资金四大要素，最重要的因素是资源的融合和保持企业的现金流不断。

（3）相对稳定期：企业面临激烈的产业竞争和市场竞争，要么走向衰亡，要么开辟新的发展，创新成为企业走向新发展的唯一重要因素，不创新是等死成为企业的共识。企业开辟新发展中最难的是把握好企业多元化经营与国际化发展的协调与发展。

本章思考题

1. 什么是创业？
2. 如何理解内部创业？
3. 创业过程的阶段划分及其核心内容是什么？
4. 创业需要什么样的资源？
5. 企业创业的不同时期，不同资源的重要性如何？

第 3 章 创业机会的来源、识别与开发

本章的核心内容：
- 创业机会的界定和内涵
- 创业机会的来源和识别方法
- 创业机会的分类
- 创业机会的产业分析方法
- 创业机会的市场分析方法
- 机会开发的"时间之窗"理论

3.1 创业机会的来源与分类

根据 GEM（全球创业观察）的数据，我国全员创业活动指数（TEA）2014 年为 15.5%，说明中国创业活动比较活跃。从我国创业活动的结构特征来看，机会型创业的比例由 2009 年的 50.87% 提高到 2016—2017 年度的 70.75%，说明创业者更加重视创业机会的识别与开发。

3.1.1 什么是创业机会

以谢恩和维卡塔拉曼（2000）为代表的学者认为以机会为核心的创业研究能够作为一个独特的领域（Short 等人，2010；Casson 等人，2013），他们指出，解释如何发现和开发创业机会是创业研究领域的关键问题。

创业的概念告诉我们，创业过程模型的核心是机会的识别、开发和利用。创业机会的定义，见表 3-1。

表 3-1 创业机会的定义

学　者	创业机会的定义	关 键 概 念
熊彼特	创业机会是市场需求出现空白，需要创造产品和服务来弥补这种空白的一种客观存在的市场状态，创业机会与经济价值息息相关	对资源进行创造性结合，以满足市场需求、创造价值
谢恩和文卡塔拉曼	机会是指发现新的手段—目的关系，可以导致新的商品、服务、原材料，甚至是一种新的组织方法的引入，使得销售价格远大于生产成本。创业就是创业者识别、评价、开发和利用创业机会的过程	强调创新、创业机会的利用、资源组合
蒂蒙斯	一个创业机会，其最重要的特征是因为其具有吸引力、持久性和适时性，并且可以为购买者或者使用者创造或增加使用价值的产品或服务	提供市场需求的产品或服务，创造价值
卡森	在新的生产方式、新的产出或新的生产方式与产出之间形成的过程中，引进新的产品、服务、原材料和组织方式，得到比生产成本更高价值的情形	强调创新、商业化过程、创造价值
本书	创业机会是创业者可以利用的，并可以在一段时间内据此为客户提供有价值的产品或服务，满足市场需求，并同时使创业者自身实现经济利益的商业机会	强调创业机会是商业机会，为客户提供价值、满足市场需求，以实现经济利益

3.1.2 创业机会的形成

创业机会大都产生于不断变化的市场环境。环境变了，市场需求、市场结构必然发生变化。目前，创业机会形成主要有两类基本观点，见表 3-2。

表 3-2 创业机会形成的两类基本观点

基本观点	概　念	代表人物
机会发现观	创业机会来源于不均衡的市场，创业机会是客观存在于市场之中的，产品或服务市场的不完全竞争带来了创业机会，等待个体去发现。机会是受到来自先前已存在于市场或行业的外部因素冲击而被发现的	奥地利学派
机会创造观	机会是内生的，创业者在主观感知外部环境的变化特征后，采取一定的措施构建的创业机会。机会是创业者的主观想法，通过创业者的想象和外界环境的影响被创造出来	Alvarez S A、Barney J B、Anderson P

3.1.3 创业机会的来源

1. 机会来源于信息

机会发现观认为，创业机会是客观存在的，如何发现这些创业机会，是创业机会来源的关键。纽约大学经济学家科兹纳认为：创业机会来源于非均衡市场环境中发现被疏忽的机会，创业机会的存在是因为人们拥有不同的信息，不同的信息导致了不同的创业决策，更好的信息导致更好的决策。

因此，创业机会首先来源于创业者对有价值的商业信息的收集和开发，并从中发现创业机会。

2. 机会来源于变化

机会创造观认为，真正有价值的创业机会来自外部变化：管理学大师德鲁克（Drucker）认为，创新创业机会应该可以被系统地研究、找寻和发现。因此，他在《创新与企业家精神》中认为创新创业机会来自7个方面：①出乎意料的情况。②实际与预期的不一致。③以程序需要为基础的创新。④基于产业和市场结构的改变。⑤人口统计特性。⑥认知、情绪和意义上的改变。⑦科学及非科学的新知识。

毫无疑问，通过对上述7个方面的信息和变化的观察，以发现、识别、开发带来的商业机会，是创业者把握创业机会来源的重要路径。

3.1.4 创业机会的识别

市场的混乱或不协调导致信息的滞后，环境变化的多样性使得无论是从社会信息还是从社会变化中发现的机会，都需要经过识别，以找出真正需要的"好机会"。识别的方法主要有以下两种。

方法一：观察趋势

只有符合经济发展、社会力量发展、技术进步和政治体制变革的趋势，才是我们需要的创业机会，如图3-1所示。

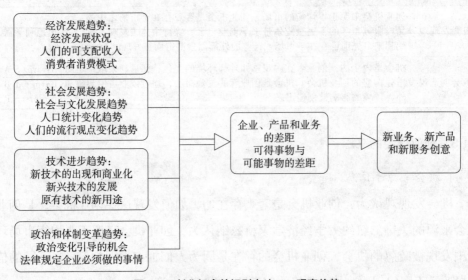

图 3-1 创业机会的识别方法——观察趋势

（1）经济发展趋势。主要包括经济发展状况、人们的可支配收入、消费者消费模式等带来的市场商业机会，往往称为市场机会。

（2）社会发展趋势。主要包括社会与文化发展趋势、人口统计变化趋势、人们的流行观点变化趋势等带来的商业机会。例如，我国人口老年化的趋势十分明显，预示着未来我国养老产业的发展充满机会，这往往被称为社会机会。

（3）技术进步趋势。新技术的出现和商业化、新兴技术的发展、原有技术的新用途等带来的商业机会，往往称为技术机会。

（4）政治和体制变革趋势。政策变化引导的机会（国家倡导新兴产业发展政策）、法律规定企业必须做的事情（如加强环保和生态保护）等带来的商业机会，往往称为政策机会。

上述各类趋势的变化引发的创业机会往往会形成新的产业和优秀的企业，见表3-3。

表3-3 由趋势变化引发的创业机会

趋　　势	引发的新业务、产品和服务机会	创立的企业
青少年拥有更多的可支配收入	网络聊天、MP3、DVD播放机和游戏机	腾讯、华旗、征途等
社会政治发展趋势	对市场需求、舆情的调查需要，对政治、政策等进行分析和咨询	零点、赛迪、麦肯锡等
双薪家庭	餐馆、可加热食品、外卖	麦当劳、肯德基
健身、美容	健身中心、室内锻炼器材、减肥中心、健康食品店	阿迪达斯、李宁、汤臣倍健、养生堂
技术发展趋势	从2G到5G通信	华为、中兴通讯、高通（美）
互联网（互联网+）	电子商务、供应链管理、通信技术、网络安全等	搜狐、新浪、阿里巴巴
生物技术	相关的医药、食品、兽药	长春高新、康泰生物
节能环保	环保产业、各类节能产品的发展	三达膜、蓝晓科技、伟明环保

方法二：解决问题

解决社会、经济发展中的问题，是驱动市场机会最重要的因素。许多创业者和企业，正是把握了这种机会，才开始创业并使企业不断成长壮大，见表3-4。

要解决的问题，通常有以下三类。

（1）技术发展中的问题。

表 3-4 由解决问题引发的创业机会

创业者	年份	问题	解决方案	企业名称
罗布·格拉泽	1995	无法在互联网上播放音频和视频	开发在网上播放音频和视频的软件	Real, Networks
杨致远等人	1994	没有办法找到喜欢的网站	创建网络导航仪发现和收藏喜欢的网站	雅虎网站
库克	1982	对传统的支付账单、查看个人财务状况的过程不满	开发使这个过程更简易的软件程序（Quicken）	Intuit
罗迪克	1976	购买大瓶商品前，难以找到小包装面霜或者溶液	创办提供小包装的浴液和护肤品	The Body Shop
弗雷德·史密斯	1973	不满于邮递业务的速度	建立提供隔夜到达服务的公司	联邦快递

（2）市场需求变化产生的问题。

（3）新政策提出的各类问题。

创业机会的来源和识别，是创业过程中的关键因素，总结机会来源与识别方法，见表 3-5。

表 3-5 创业机会的来源与识别总结

机会来源发现方法	机会识别方法
机会来源于信息：不同价值的信息导致不同的创业决策，更好的信息与分析导致更好的决策	观察趋势：经济发展趋势，社会发展趋势，技术发展趋势，政策发展趋势
机会来源于变化：使以前不能做的事情现在可以做，使以前能做的事情现在做得更加有价值	解决问题：解决技术发展中的问题，解决市场需求变化产生的问题，解决新政策提出的各类问题

3.1.5 创业机会的分类

创业机会产生于社会经济系统中供应组合关系的变化，这使得产生于不同变化来源的创业机会存在着不同属性的差异，因此产生了不同的创业机会分类。

蒂蒙斯（Timmons）认为创业机会来自改变、混乱或是不连续的状况，主要有 7 种来源：法规的改变；技术的快速变革；价值链重组；技术创新；现有管理者或投资者管理不善；战略型企业家；市场领导者短视，忽视下一波客户需要。谢恩（Shane）和维卡塔拉曼（Venkataraman）将这种由各类社会经济系统中的环境变化产生的创业机会划分为三大类：技术套利型机会、市场套利型机会和政策套利型机会，见表 3-6。

表 3-6　谢恩和维卡塔拉曼关于创业机会的分类

名　称	概　念	举　例
技术套利型机会	由于技术变化产生的创业机会	通过技术创新，采用全新的技术开发出全新的产品和服务，或者改进现有技术、改进产品
市场套利型机会	由于市场需求变化产生的机会	打破市场平衡，创造新市场，挖掘现有市场，开发潜在市场
政策套利型机会	由于政策变化产生的机会	由国家法律、政府政策调整造成的新的创业机会

3.1.6　经典案例分析：马基斯法——危机下的创新突围

政策法律变化往往会引起社会的深刻变革，不仅影响政治，也会对产业和企业产生重大的影响。例如，目前对环保、节能减排的严格要求和法律约束，往往被一些产业和企业认为是巨大的压力和负担。但是，好的企业往往将此转化为创新的动力。日本本田公司曾经面对美国严苛的限制汽车排放的马基斯法，实现了危机下的创新突围，将危机转化成了商机。

1970 年，全世界的汽车工业受到了巨大的冲击。当时，控诉汽车排气公害的运动风起云涌，人们高呼"汽车是罪魁祸首"，向汽车产业发起了猛烈的攻击。的确，有充分的证据表明，汽车排出的大量废气使气喘病人显著增多，在欧洲，废气正使森林日益严重枯萎。美国国会收到一份关于限制汽车排气的法案——马基斯法案，该法案十分严厉地要求：从 1975—1976 年开始，汽车排除的一氧化碳、碳氢化合物、氮氧化合物必须减少到 1/10，这项法案如果通过，当时正在公路上行驶的汽车几乎全部都得停驶。汽车产业受到了有史以来最大的威胁，美国的汽车企业战栗了。

美国是汽车王国，仅美国通用汽车公司一家的年销售额，就轻易地超过了一些小国的国家预算。如果算上零配件产业的销售额则超过美国全产业总和的 10%。要汽车全部停驶，对他们来说简直是晴天霹雳。

当时的日本汽车产业好不容易才走上正轨，正要扬帆起程向美国出口，被这当头一棒打得晕头转向。不言而喻，日本的各个汽车生产厂家也开始拼命地研发新技术。但是，马基斯法案的 NOx 规定值对日本同样是苛刻的。不仅如此，与美国车相比，日本车属小型车，安装防止公害的附加装置更加困难，焦急、疑虑使日本汽车产业陷入一片混乱之中。

日本本田公司以生产摩托车闻名于世的本田技研工业公司也面临同样的困境。

本田刚从二轮摩托车进入四轮汽车领域，对它来说，这项排气限制规定简直是关系生死存亡的障碍，怎么办？本田公司连续召开会议研究对策，对大量收集到的有关排气规定的技术文献进行逐一研究，最后把焦点集中在"哪个是最有效的技术"上。但是，各种方案都不能令人满意，几天的会议下来，人们都有些泄气了。正在这时，专利部的一项报告引起了大家的注意："我们调查了包括美国在内的全世界所有有关净化排气的专利文献后得知，数年前，美国的个人发明家取得了几项有趣的专利，其结构简单，是以防止排气公害为目的的发明。"这些发明被称作"附带副燃烧室火花点火发动机"，可用来取代传统的发动机。从这项发明中，本田公司得到启示：关于汽油燃烧室的问题，与其胡乱添加些辅助燃烧装置，不如在发动机的燃烧室中解决。本田公司有一种良好的氛围，在技术开发问题上不论职位高低，人人平等。无论是科长、科员，还是总经理，大家都一样，谁都可以自由地发表意见。不久，捷报传来，技术班子成功地研制出排出废气中有毒物质低于马斯基法案规定值的发动机。本田公司上下一片欢腾，马上给发动机起名叫"CVCC"。可是这时，从专利部传来了严厉的命令："高兴的心情可以理解，但是在提出专利申请之前，必须控制言论，保持秘密。"沸腾的本田公司安静了下来，但是专利部却开始忙碌起来。它们开始制订严密的专利申请计划，重新绘制专利图表，制作出大量的专利申请文件，并填满专利图表中的空白。接着，专利部又请来几十名精明强干的专利申请代理人，把他们召集在帝国饭店里，一一布置了任务，并对如何制作申请书、说明书提出了具体的要求。不过，本田公司要求他们"从现在起，一直到完成说明书之前，不许迈出帝国饭店一步"。一位代理人埋怨，"这不是将我们软禁在豪华的城堡中吗？"他们真不愧为本田公司挑选出的优秀的专利代理人，很快，他们就制作出一份份巧妙、高超的说明书，几天后，大量的申请书、说明书被一批批运到特许厅。紧接着，本田公司开始向美国、欧洲提出专利申请。不久，本田技研工业公司召开记者招待会，公布了这一开发结果。

开发出针对马基斯法案的CVCC发动机的消息不胫而走，不仅传遍了日本汽车产业，也传遍了美国汽车工业界，起初谁都不相信这是真的。没过多久，大家都明白了这的确是事实。美国通用公司、福特公司胆战心惊，就连马基斯法案也受到冲击，险些无法成立。接着，各厂家争先恐后地开始研制，想追上本田公司。这时，堆在特许厅的那一整套专利申请文件大显神威了：能轻松地仿造吗？休想！这正是本田公司专利战略的绝妙之处！

3.2 创业机会的产业分析

选择正确的产业是识别机会的重要因素。研究和分析一个产业，首先要看影响产业的发展因素。有些产业创业成功的机会更大，造成此种差异的产业四大特性包括：产业知识环境、产业市场需求、产业生命周期和产业结构。

3.2.1 产业知识环境差异

产业知识环境是指产业发展对特定产业知识环境的要求。创业企业选择进入产业时，需要考虑以下产业知识因素。

因素 1：生产过程技术的复杂程度。有些行业的发展，依赖于产品制造的产品技术或工艺技术。例如，芯片制造中，光刻机的技术复杂度很高，荷兰阿斯麦（ASML）一直垄断着不同时期的高端产品和技术，从 1978 年第一代光刻机工艺节点 1 500nm 技术开始，沿着 800nm、500nm、350nm、250nm、180nm、130nm、90nm、65nm、45nm、32nm、22nm、14nm、7nm 一共延续了十余代技术，进入该行业的难度十分大。

因素 2：对新知识的依赖程度。电子商务发展的前提是互联网技术的发展，没有互联网技术，就没有亚马逊、阿里巴巴和京东的创业和快速发展，正是互联网新技术的发展，使"互联网+"产业不断发展，如互联网教育、互联网医疗、互联网娱乐……

因素 3：产业对研发资金投入的要求。有些产业的竞争和发展，依赖于对研发的不断投入，这些产业被称为研发密集型产业，如生物医药产业。美国塔夫茨药品研究开发中心统计，研制一种新药所花费的时间在 20 世纪 80 年代约为 9 年，现在已延长到 11 年，在扣除通货膨胀因素之后，研制成本提高了一倍多，达到 8 亿美元。因此，这类产业一般不适合创业企业选择。

3.2.2 产业市场需求差异

产业市场需求是创业企业选择产业最重要的因素。

因素 1：客户需求量的大小。产业的市场需求量往往取决一国（区域）的人口数量和购买力因素。一个具有广阔市场需求的产业，将给创业企业带来较大的发展空间。

因素 2：产业市场需求的成长速度。由人口数量和购买力决定的需求，只是潜在的市场需求，这种需求往往需要随时间被逐步开发出来。创业企业宜选择市场已打开并步入成长期或快速成长期阶段的产业。

因素 3：不同客户的需求差异——市场细分。按照消费者欲望与需求把因规模过大导致企业难以服务的总体市场划分成若干具有共同特征的子市场，消费群可划分成若干客户群，每一个客户群构成一个子市场，不同的子市场之间，需求存在着明显的差别。因此，创业企业必须对市场进行细分，找到最适合创业的细分市场。例如，我国以鸭子为原料的细分市场巨大，著名的有北京烤鸭、南京盐水鸭、四川樟茶鸭……在这个竞争激烈的大产业里，上海财经大学毕业的顾青，从 50 万元起家，3 年时间在全国做到了 500 多家自营店并创出了全国知名品牌——久久丫。

3.2.3 产业生命周期

每个产业都会经历一个由成长到衰退的发展演变过程，即产业生命周期（industry life cycle）。一般地，产业生命周期可分为 4 个阶段，即导入期、成长期、成熟期和衰退期，如图 3-2 所示。

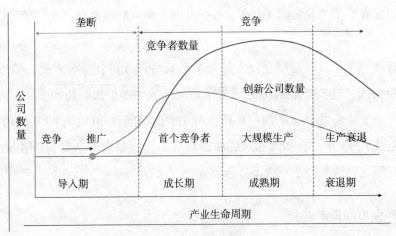

图 3-2 产业生命周期
（资料来源：领袖的生命周期）

作为创业企业，应选择处于成长期与成熟期的产业，避免选择处于衰退期的产业。选择进入导入期产业的创业企业，往往具备核心的技术和能力。

3.2.4 产业结构差异

产业结构差异是影响初创企业竞争和生存的重要因素。

因素1：资源密集程度。根据产业所投入的、占主要地位的资源的不同把产业划分为劳动密集型、资本密集型和技术密集型产业。创业企业需要根据自己的资源禀赋选择进入的产业。

因素2：产业集中度。产业集中度也叫市场集中度，是指市场上的某种产业内少数企业的生产量、销售量、资产总额等对某一产业的支配程度，它是衡量产业竞争性和垄断性的最常用指标。一个产业的市场集中度越高，垄断越强，新创企业越不容易生存。因此，创业企业宜选择市场集中度不大的产业发展。

因素3：产业规模。产业需要适度的规模：规模过大会导致产能过剩，造成资源浪费；规模过小不易形成规模效应，在一个完全竞争的环境中不易形成竞争优势。因此，创业企业不宜选择具有规模效益的产业。

3.2.5 创业机会的产业选择

1. 影响创业产业机会选择的因素

影响创业企业生存和发展的产业选择，见表3-7。

表 3-7 适合创业企业生存和发展的产业选择

产 业 特 征	产 业 选 择
产业的知识因素	选择生产过程技术复杂程度适度的产业
	选择已经掌握了对新知识依赖的产业
	根据创业企业具备的知识能力选择产业链的位置
	选择研发密集性适合创业企业的产业
产业的需求因素	选择具有一定市场规模的产业
	选择市场成长已经步入发展期或快速发展期的产业
	选择市场细分明确的产业
产业生命周期	选择处于成长期和成熟期的产业
	避免选择处于衰退期的产业
	选择导入期的创业企业，需要具备核心能力和资源（如掌握核心技术）
产业结构	根据创业企业的资源禀赋选择合适资源密集程度的产业
	选择产业集中程度比较低的产业
	选择对企业规模要求不大的产业，往往以中小微企业为主

2. 21世纪国际主流的产业

创业产业的选择不仅取决于产业的四大因素，还受到不同时代社会、经济发展要求的制约。21世纪，国际主流的产业有三大类型，见表3-8。

表3-8 21世纪国际主流发展的三大类型产业

主流产业类型	产业名称
提高经济效率的产业	通信、计算机及公众化网络、物联网、人工智能、智能化装备、资源的深度开发、节能、节电
提高生活质量的产业	种植业（绿色蔬菜、花卉等）、医药产业、娱乐文化产业、智能化家电、通信、计算机及公众化网、房地产、交通运输（轿车、越野车）、数字视听产品
创造优越环境的产业	通信、公众化网络、基础交通运输、新材料、新能源、环保产业

21世纪主流产业的特征和趋势是产业知识化、知识产业化。

3.3 创业机会的市场分析

3.3.1 创业市场

创业市场是指市场中那些创业企业本身没有涉及过的领域、没有生产过的产品和没有进入过的市场。而这些领域、产品和市场可能是其他企业已经进入过的，但是这些领域、产品和市场对创业企业本身具有极大的吸引力，而且创业企业本身也具备进入并获取较高利润的机会。

3.3.2 创业市场分析

1. 创业市场的特点和内涵

创业市场的特点和内涵，见表3-9。

2. 市场的生命周期

市场具有生命周期，由4个不同的阶段组成：兴起（emerge）、成长（growth）、成熟（maturity）及衰退（decline）。当消费者需求开始被实现且满足时，即为市场的兴起。市场的成长阶段可从销售和竞争的增加得到明证，所有的竞争者都试图发现并满足市场的需求。当每个细节的需求都已被满足，而竞争者开始抢夺彼此

表 3-9　创业市场的特点和内涵

创业市场的特点	内　涵
客观性和偶然性	机会是客观存在的，无论企业是否意识到，它都会客观地存在于一定的市场环境中
实践性和不稳定性	市场总是伴随着环境的变化而产生，并随着环境的变化而消失。如果创业者推迟对市场机会的发现和利用，便会因其他企业的抢先发展和利用而使企业机会利益减少或完全丧失
均等性和差异性	由于任何创业机会都是客观存在于创业市场中的，所以在一定范围内的创业机会被同一类企业发现和利用的机会又是均等的，每个企业都有可能最先发现或利用它
普遍性和地域性	受到地理位置、风俗习惯等各种社会和市场因素的影响，创业机会可能只存在于某区域市场，甚至是某区域市场的某部分

的销售额时，市场就迈入了成熟阶段。当对目前产品的需求渐减或是新科技开始侵蚀旧产品市场时，则表示市场已步入衰退阶段。

3. 市场的开拓发展

市场开拓必然要具体化到对处于某一阶段的市场的开拓。市场开拓是多方面的，因为市场本身的扩张收缩能力很强。

方式 1：市场外延的可拓展性。市场处在动态变化的过程中，影响市场发展的因素也处在动态变化之中。这两种动态过程的交互作用决定了市场外延的可扩展性。

方式 2：市场内涵的可细分。从区分消费者的不同需求出发，根据消费者的购买行为的差异性，把整体市场分为若干个具有类似需求的子市场。

市场细分的变量与因素，见表 3-10。

表 3-10　市场细分的变量与因素

细分变量	细分因素	细分结果举例
人口变量	年龄	老年、中年、青年、少年、婴儿等
	性别	男性、女性
	家庭规模	单身、两人、三人、多人
	收入水平	高收入、中等收入、一般收入、低收入等
	职业	工人、农民、教师、机关干部、白领、退休人员等
	教育程度	硕士及以上、本科、专科、初中等
	宗教信仰	佛教、基督教、伊斯兰教等
	兴趣爱好	书法、音乐、旅游、读书、运动等

续表

细分变量	细分因素	细分结果举例
心理变量	社会阶层	政府公务员、工薪收入者、打工仔等
	生活方式	时尚、简朴、刺激、冒险、谨慎等
	个性特点	自信、自主、支配、顺从、保守、适应等
消费行为	购买时机	渴求、必须购买、可有可无等
	追求利益	经济实惠、价格低廉、耐用可靠、品位高雅、服务便利等
	使用者情况	经常购买、首次购买等
	使用数量	大量使用者、中量使用者、少量使用者
	品牌忠诚度	品牌忠诚者、品牌转换者、品牌挑剔者、无品牌消费者等
地理变量	国家	中国、韩国、英国、美国等
	地区	城市、城乡接合处、农村等
	气候	干燥、潮湿、多雨、风沙、严寒等

资料来源：韩国文，陆菊春.创业学[M].武汉：武汉大学出版社，2015.

方式3：市场战略手段的科学运用。 除了市场细分外，企业还可以推行市场矫正战略和产业矫正战略。市场矫正是指利用各种市场手段来提高产品的形象，扩大产品的使用范围，从而为产品寻找新的客户，如在食品包装上写明多种不同的用途，以扩大消费者使用它的范围。产品矫正则是通过改进产品质量、增加产品特点、改善产品风格等，来重新引起消费者的兴趣。

3.3.3 创业市场调查

1. 市场调查的主要内容

市场调查的主要内容，见表3-11。

表3-11 市场调查的主要内容

主要内容	细分内容	具体事项
经营环境调查	政策、法律环境调查	与所经营的业务、开展的服务项目等有关的政策法律信息；当地政府如何执行国家有关的法律法规和政策，对你的业务有何有利和不利的影响
	行业环境调查	所经营的业务、开展的服务项目所属行业的发展状况、发展趋势、行业规则及行业管理措施
经营环境调查	宏观经济状况调查	了解客观经济形势，掌握经济状况信息。宏观经济状况直接影响购买力。经济景气时宜采取积极进取型经营方针，经济不景气时也有挣钱的行业，也孕育着潜在的市场机遇，关键在如何把握和判断

续表

主要内容	细分内容	具体事项
市场需求调查	市场规模、市场增长速度调查	通过市场调查,对产品进行市场定位。了解市场对某种产品或服务项目的长期需求态势
客户情况调查	客户需求调查	购买某种产品(或服务项目)的客户是什么人(或社会团体、企业),他们希望从中得到哪方面的满足和需求(如效用、心理满足、技术、价格、交货期和安全感等),现有产品(或服务项目)为什么能够较好地满足他们某些方面的需要
	客户的分类调查	重点了解客户的数量、特点及分布,明确目标客户,掌握他们的详细资料
竞争对手调查	竞争对手分布、竞争者优劣势比较	了解竞争对手的情况,包括竞争对手的数量与规模、分布与构成、优缺点及营销策略
市场销售策略调查	市场分布、营销手段	重点了解目前市场上的促销手段、营销策略和销售方式

2. 常见的市场调查方法

按不同的分类标准,市场调查方法可分为不同的类型,见表 3-12。

表 3-12 市场调查方法

分类标准	调查方法	内 涵	特 点
调查范围	市场普查	对市场进行一次性的全面调查	调查量大、面广、费用高、周期长、难度大,但调查结果全面、真实、可靠
	抽样调查	通过抽样调查,推断总体的状况	经济性好、实效性强、适应面广
	典型调查	从总体中挑选典型个体进行调查分析,据此推算出总体的一般情况	例如,对竞争对手的调查,可以选出一两个典型代表深入研究,剖析它的内在运行机制和经营管理的优缺点、价格水平和经营方式,而不必对所有的竞争对手进行调查
调查方式	访问法	事先拟定调查项目,通过面谈、信访、电话等方式向被调查者提出询问,以获取所需要的调查资料	简单易行,有时也不一定要很正规,如在与人闲谈时,就可以把调查内容穿插进去,在不知不觉中进行市场调查
调查方式	观察法	调查人员亲临客户购物现场	亲临服务项目现场,如在饭店内,直接观察和记录客户的类别、购买动机和特点,这样取得的一手资料更真实、可靠
	试销或试营法	对拿不准的业务,可以通过产品试销来了解客户的反映和市场需求情况	实施快捷、费用低,一次或数次模拟试销的结果可用以评估新产品或其营销方案的效果

3.3.4 创业市场测试

常常通过以下 7 个问题检验创业市场是否有效。

问题 1:你的产品能解决消费者的什么难题?消费者购买你的产品的动机有多么强烈?

问题 2：有难题的消费者是谁？

问题 3：你的产品能提供其他解决方案所不能提供的什么利益？

问题 4：你能提供什么样的证据证明消费者会购买你的产品？

问题 5：你能提供什么样的证据来证明你的目标市场有发展潜力？

问题 6：有其他细分市场可以从相关产品中获益吗？

问题 7：有能力开发出新的细分市场吗？

3.4 机会开发的时间之窗理论

3.4.1 机会之窗理论

尽管创业机会具备了产业特征，也满足了市场需求特征，但是何时开发这种机会，也需要时间的检验，机会之窗理论就是很好的检验方法。

管理学家杜拉克根据产业的发展，提出机会之窗理论。它是指产业发展有一个生命周期，而在产业刚刚产生时，人们并不了解这个产品，所以在市场上只有很小或者几乎没有客户群，而到了大家开始认识到时，会出现爆发式的增长，这时产品和产业都进入了高速成长期。对于创业者来说，进入期是最难的时期，这个时期最大的问题就是如何生存下去，一方面要完善产品，一方面要宣传产品。这时的机会非常少，而到了成长期，机会会突然增加，杜拉克把它比喻为机会像打开了一扇窗户一样，并取名为"机会之窗"。成长期结束前，会有更多的企业涌入，这时企业成长的空间越来越小，机会之窗开始逐渐关闭。

对于过早进入产业的初创企业，由于初期市场是关闭的，企业需要承受亏损、现金流短缺等多种问题，使得很多进入的企业没有等到机会窗口打开就倒闭了，这一现象被称为"死亡谷"（见图3-3）。

产业中的例子有很多，杜拉克就曾举过当年火车诞生后，英国由100多家铁路公司经过大淘汰后仅存了几

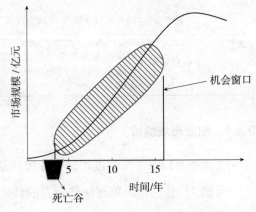

图3-3 创业机会的时间之窗

个寡头。中国近30年中这样的例子就更多,电视机、VCD、DVD等产业都是这样。进入成熟期后,这个产业对于创业者来说,机会之窗关闭,没有再进入的价值了。

3.4.2 影响机会之窗大小的因素

明确影响机会之窗打开时间和速度的因素,对于创业是否成功十分重要。机会之窗开启的时间与速度,与以下因素有关。

(1)进入市场的壁垒大小,壁垒越大,机会之窗打开的时间越慢。

(2)创新先行者如果限制其他创业者对机会的模仿,如利用专利、商业秘密、垄断合同等形成进入市场的壁垒,将会延迟机会之窗打开的时间和速度。

(3)创新信息扩散的程度。减缓创新信息扩散的速度或他人在认识创新信息方面存在延滞,将会延迟机会之窗的打开速度。

(4)对特殊资源的管控。采取其他人无法模仿、替代、交易或获得稀有的资源,也会减缓机会之窗打开的时间和速度。

3.4.3 案例分析:我国互联网创业先锋——瀛海威创业的失败

瀛海威的前身为北京科技有限责任公司,成立于1995年5月,公司总经理为张树新,出资人为张树新和她的丈夫姜作贤。公司最初的业务是代销美国的PC机,张树新到美国考察时接触到互联网,回国后即着手从事互联网业务,瀛海威由此而诞生。

1996年10月,中兴发正式参股瀛海威,瀛海威的注册资本增加到8 000万元。张树新夫妇占26.5%的股份。中兴发总裁梁冶萍出任瀛海威董事长,张树新仍然留任总经理。

1997年2月,瀛海威全国大网开通,3个月内在8个城市开设分站。

1997年4月,相传有国际风险投资基金愿意参股瀛海威,但因政策限制而放弃。

1997年6月,邮电投资70亿元的169全国多媒体通信网启动,瀛海威受到明显的冲击。

1997年8月,瀛海威提出转型,从"百姓网"向金融服务方向转型。

1997年,网易、四通利方论坛(新浪的前身)、china byte和搜狐的崛起对瀛海威形成挑战。

1997年,瀛海威的全年收入为963万元,而仅广告宣传费即为3 000万元。由于香港金融危机，1997年12月，中策公司终止了参股瀛海威的想法，瀛海威开始收缩战线。

1998年6月，张树新辞职。

1998年11月，除了总经理以外的全体瀛海威中高级管理人员集体辞职。

1999年11月，瀛海威融资成功，新瀛海威在香港注册成立。

2001年8月，瀛海威弃守ISP，宣布"大转型"，大股东意科控股在香港联交所发表公告，以4800万港元的价格收购国内著名的ERP软件生产商珠海天心。

2001年9月，瀛海威开始裁员。此后，公司的业务一直止步不前，三年后，瀛海威彻底从人们的视野中消失了。

1997年，瀛海威还做了一个名叫"新闻夜总汇"的项目，汇集当天各大报纸的新闻，其形式类似在1998年后才兴起的王志东的利方在线（新浪网前身）以及张朝阳、丁磊更晚开办的搜狐、网易等新闻门户网站。她甚至还希望瀛海威发展电子购物，并有预见性地发行了用作网上交易的中国最早的虚拟货币"信用点"，那时马云还没开始做阿里巴巴，没有支付宝。

对于瀛海威创业的失败，张树新总结为"它太早了"。时间之窗没有打开，它掉进了"死亡谷"。

《21世纪创业》的作者杰夫里·A.蒂蒙斯教授提出，好的商业机会有以下4个特征。

（1）很能吸引客户。

（2）能在商业环境中行得通。

(3)必须在"机会之窗"存在的期间被实施。

(4)必须有资源(人、财、物、信息、时间)和技能才能创立业务。

本章思考题

1. 什么是创业机会?

2. 创业机会的主要来源有哪两种?

3. 识别创业机会的方法有哪两种?

4. 创业机会如何分类?

5. 如何进行创业机会的产业分析?

6. 如何进行创业机会的市场分析?

7. 请用"机会之窗"理论解释为什么许多高新技术企业创业掉进了"死亡谷"?

第 4 章　创业者与企业家

本章的核心内容：
- ➢ 创业者应具备的素质及其特征
- ➢ 企业家的内涵及其特质
- ➢ 创业团队和团队精神的本质
- ➢ 企业家精神的内涵

4.1 创业者

4.1.1 创业者的定义

创业者一词由法国经济学家坎蒂隆（Richard Cantillon）于 1755 年首次引入经济学，他认为创业者是以固定价格买入商品并以不确定的价格将其卖出并承担风险的人。1800 年，法国经济学家萨伊（Say）也给出了创业者的定义，他将创业者描述为将经济资源从生产率较低的区域转移到生产率较高区域的人，并认为创业者是经济活动过程中的代理人。其后，具有代表性的学者给出了不同的界定，见表 4–1。

表 4–1　创业者的定义

代表学者	创业者	核　心
奈特	创业者是"有更好管理才能（远见力和领导他人的能力）的人具有控制权，而其他人则在他们的指挥下工作"。创业者是企业中的一个特殊阶层，其在创业活动中起主要作用，自信且敢于冒险	赋予创业者不确定性决策者的角色，揭示了创业者所具备的素质和能力特征
熊彼特	创业者是推动社会进步的核心因素之一，创业者的不断出现是社会繁荣发展的象征，是创新和经济转型与发展的主体	创业者应为创新者

续表

代表学者	创 业 者	核 心
德鲁克	创业者就是赋予资源以生产财富的、有能力的人——创建企业、创业先锋。创业者把变化视作市场上机遇的来源:他们欣然接受变化,而不是退避三舍	创新是体现创业的特定工具,是赋予资源新的能力,使之成为财富创造的活动
本书	创业者是指某个人发现某种信息、资源、机会或掌握某种技术,利用或借用相应的平台或载体,以一定的方式,转化、创造成更多的财富、价值,并实现某种追求或目标的过程的人	创业者的实质是具有发现和引入新的、更好的且能赚钱的产品、服务和过程的能力

4.1.2 创业者的个人素质

创业者素质是指创业者所具备的能力和品质。品质通过创业者在创业过程中的行为表现出来,是驱使创业者能够实现创业成功的独特的内在特质。创业者的能力素质是创业者内在素质的外在表现,是指创业者解决创业过程中遇到的各种复杂问题的能力。

总体来说,创业者需要具备的是综合素质,主要有以下 4 个方面。

1. 心理素质

心理素质是指创业者的心理条件,包括自我意识、性格、气质、情感等心理构成要素。作为创业者,他的自我意识特征应为自信和自主,他的性格应刚强、坚持、果断和开朗,他的情感应更富有理性色彩。成功的创业者大多不以物喜,不以己悲。

2. 身体素质

身体素质是指身体健康、体力充沛、精力旺盛、思维敏捷。现代小企业的创业与经营是艰苦而复杂的,创业者工作繁忙、时间长、压力大,如果身体不好,必然会力不从心,难以承受创业的重任。

3. 知识素质

创业者的知识素质对创业起着举足轻重的作用。创业者应该具有:①用足、用活政策,依法行事,用法律维护自己的合法权益。②了解科学的经营管理知识和方法,提高管理水平。③掌握与本产业、本企业相关的科学技术知识,依靠科技进步增强竞争能力。④具备市场经济方面,如财务会计、市场营销、国际贸易、国际金融等的知识。

4. 能力素质

创业者必备的能力素质,如图 4-1 所示。

图 4-1 创业者必备的能力素质

当然,并不是要求创业者必须完全具备这些素质才能去创业,但创业者要有不断提高自身素质的自觉性和实际行动。创业者最重要的能力,可归纳为"五力模型",如图 4-2 所示。

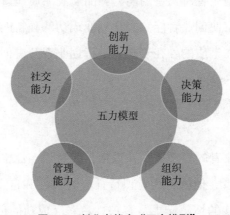

图 4-2 创业者能力"五力模型"

创业者提高素质的途径,一靠学习,二靠改造。学者对创业者素质的阐释见表 4-2。

表 4-2 学者对创业者综合素质的阐释

代 表 学 者	创业者素质阐释
沙佩罗(1975)	具备更高的内部控制能力,对自己充满信心,并具有极强的主动性
贝格利和博伊德(1987)	具备更高的风险承受能力和更强的忍耐力
米顿(1989)	具备战略眼光;机会发现能力;热爱自己的事业;大局观,能够培养下属;在实践中不断判断感觉的正确性,能够灵活改变现有观点;敢于承担并能够驾驭风险;能够维持社会网络关系,并通过这一关系获取支持和帮助;尊重人才,善于吸引和雇用优秀人才;了解创业者的隐性知识
朱布卡(1999)	能够实现创业成功,创业者特征包括成就欲、控制能力、创造能力和忍受力
托马斯和穆勒(2000)	创业成功受到创业动机强度、创业牺牲、成就欲以及创业者个人特质的影响

续表

代表学者	创业者素质阐释
铃木（2002）	创业者的个人特征会影响新创企业的发展，这些个人特征包括创业者的成就动机、创业技巧、价值观、创业者的背景和接受培训等
威廉·D.拜格雷夫	将创业者的能力素质归纳为 10 个 "D"：理想（dream）、果断（decisiveness）、实干（doers）、决心（determination）、奉献（dedication）、热爱（devotion）、细节（details）、机遇（destiny）、资金（dollar）和分享（distribute）
格伦德（1997）	成功的创业者需要具备的素质有：兴趣、明确目标、持续学习、与成功者为伍、自信、发挥自己的专长、不墨守成规和努力工作等
科林·琼斯（Colin Jones）	他将自己的教学理念概括为"希望学习者能够获得创业知识，进而获得创业智慧。能够在生活中发现自我。能够对学习保持积极性且不畏失败。能够在大学期间及毕业之后创造机会从而获得自我满足感"
《科学投资》杂志	中国创业者成功的十大素质有欲望、忍耐、眼界、明势、敏感、人脉、谋略、胆量、分享和反省
本书	4 个方面：心理素质、身体素质、知识素质、能力素质

4.1.3 中国创业者的特征和品格

中国创业者的十大特征，如图 4-3 所示。

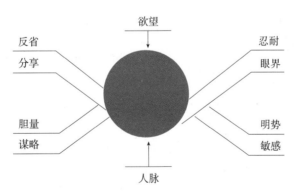

图 4-3 中国创业者的十大特征
（资料来源：《科学投资》）

对于成功创业者的品格，我国学者调查研究也提出了十大品格（见图 4-4）。

创业者必须注重培养自己的综合素质，才能在创业中取得成功。正如美国哈佛大学杜拉克教授指出的："对大多数人而言，创业是一件极具诱惑的事情，同时也是一件极具挑战的事。并不是每个人都可以成功，也并非想象中那么困难。但任何一个有梦想的人，倘若他知道创业需要策划、技术及创意，那么成功已离他不远了。"

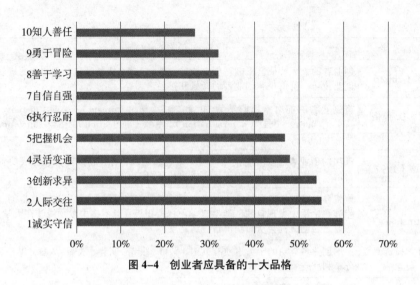

图 4-4 创业者应具备的十大品格

4.2 企业家

1730年，法国经济学者理查德·坎蒂隆（Richard Cantillon）在他的书中提出entrepreneur（企业家）这个词，并将其定义为"在商业活动中承担风险的经营者或组织者"。它包括两种含义，一个是创办人，一个是公司中有决策经营权的人。但是，创业者并不等于企业家，多数创业者并不可能完全具备企业家必备的个人品格。创业者只有不断完善个人素质，带领企业获得商业上的成功，才可能逐步转变为真正的企业家。美国前总统威尔逊说"企业家是企业的灵魂"。1815年，萨伊在《政治经济学概论》中第一次将企业家列为经济发展的要素之一。

现代企业中，企业家大体分为两类：一类是企业所有者企业家，作为所有者他们仍从事企业的经营管理工作。另一类是受雇于所有者的职业企业家。在更多的情况下，企业家只指第一种类型，第二种类型被称作职业经理人。

4.2.1 企业家的内涵

20世纪50年代以前，企业家的大多数定义和引用都来自于经济学。著名的法国经济学家巴普蒂丝塔以及经济学家熊彼特曾论述过企业家及其对经济发展的影响，"企业家"的概念是18世纪由经济学家引进的，直到20世纪经济学家仍对其持有较浓厚的兴趣。人们普遍认为企业家是带来改变的原动力，他们给企业带来创造性的想法，并帮助企业增长、盈利。

1. 从不同的视角界定企业家

（1）从产权的视角界定。科斯的《企业的性质》使我们可以从产权决定的角度研究企业和企业家，根据产权理论，企业的经营权与所有权分离，产生委托代理关系，企业家就是资产的代理人，拥有企业法人财产所有权。尽管萨伊忽略了资本形成的创造性和责任心——企业家精神重要的两翼。

（2）从创新的视角界定。1942年"创新主义经济学之父"美籍奥地利经济学家熊彼特在《资本主义、社会主义与民主主义》中，将"企业家"这一独特的生产力要素作为最重要的要素。熊彼特指出，创新就是企业家对新产品、新市场、新的生产方式、新组织的开拓以及新的原材料来源的控制调配，企业家被称为"创新的灵魂"，创新是企业家精神的内核。

熊彼特在其《经济发展理论》中指出，企业家对生产要素的重新组合才是经济增长的基本动力、内在因素，也就是说，创新是增长的灵魂，创新是公司迅速成长的原因。

（3）从"企业家判断"功能的视角界定。卡森（Casson Mark）认为，企业家的功能是"企业家判断"（entrepreneurial judgement），企业家就是专为稀缺资源协调作出判断的人。在企业家功能方面，除了肯定熊彼特的创新功能外，他还提出企业家判断套利功能和创造市场的功能，即企业家通过中介和内部化两种方式降低交易成本，改进交易制度，促使市场的形成。

2. 不同的时代对企业家的理解

（1）初期阶段。最早把企业家定义为中间人。他们是与政府签订固定价格合同并承担盈利（亏损）风险的人。1725年，理查德·坎蒂隆（Richard Cantillon）提出，企业家是承担了与资本供应人不同风险的人。

【案例】马可·波罗试图建立一条去远东的贸易路线，作为中间人，马可·波罗与"有钱人"（今天风险资本的鼻祖）签订合同，出售自己的产品。在他那个时代，一个典型的合同往往以22.5%的利润率为商人——冒险家提供贷款，其中还包括保险。资本家是被动的风险承担人，商人——冒险家在贸易的过程中扮演积极的角色，承担所有生理的和心理的风险，当他成功地出售了产品后就要分配利润，资本家拿走大部分（高达75%）的利润，而商人则获取剩下的25%的利润。

（2）中世纪。企业家被描述为管理一个大型生产项目的人。这个人无须承担风险，只是运用已有的、通常由政府提供的资源来管理此项目。

（3）17世纪。企业家与风险关系的再次联系，在17世纪得到了发展。企业家就是那些与政府有着合约安排，从事服务或提供定制产品的人，由于合约价格是固定的，因此最终的盈亏都由企业家承担。

（4）18世纪。拥有资本的人不同于需要资本的人，换句话说，企业家有别于资本提供者（即今天的风险资本家）。例如，爱迪生通过私人渠道获取了资本继续在电子和化学领域进行开发和实验，他是资本的使用者（企业家）而非供应者（风险资本家）。

（5）19世纪。企业家与管理人员曾经常常被混为一谈，而且更多的是从经济的角度去考察。企业家组织和经营一家企业以谋取个人收益，他按照现价支付企业中消耗的各种原材料、土地、雇员工资以及所需的资金，他贡献出自己所有的积极性、技能和独创性，计划、组织和管理企业，在扣除了各种已付成本后的净剩余就留给了企业家自己。因此，1803年，简·巴帕提斯（Jean Baptiste Say）提出，要把企业家的利润从资本利润中分离出来。

3. 现代企业家的界定

20世纪，许多经济学家都对现代企业家作出了不同的界定，见表4-3。

表4-3 20世纪的学者对企业家的定义

年份	学者	企业家的定义
1934	约瑟夫·熊彼特	企业家是创新者，是开发从未尝试过的技术的人
1961	戴维·麦克莱兰	企业家是精力旺盛、适度承担风险的人
1964	彼得·德鲁克	企业家是使机会最大化的人
1975	奥尔波特·夏皮罗	企业家是发起人，主持社会和经济机构，并接受失败的风险
1980	卡尔·维斯帕	企业家不同于经济学家、心理学家、企业经营人员和政治家
1983	基福德·品考特	内部企业家是在现有企业内部的企业家
1985	罗伯特·希斯里克	企业家通过付诸必要的时间和努力去创造一些不同的价值，承担相应的经济、心理和社会风险，并获取相应的金钱报酬和个人满足

进入21世纪，确立了企业家作为一名创新者的说法。企业家的职能是改变和创新生产形式，这可以通过引入一种发明，或是通过引入一种新的技术方法来生产一种新产品，或以新的方式生产老产品，开发一条原材料供应的新渠道或产品的新销路，或组织一个新产业。

作为 20 世纪最著名的管理大师,德鲁克在其经典著作《创新与创业》中,针对美国 20 世纪七八十年代创业经济的发展状况,概括地说,"在一个快速变革的时代里,一家企业想要能够创新,想要拥有成功和繁荣的机会,就必须在自己的体系中构建创业管理(entrepreneurial management)。"

例如,安德鲁·卡内基从未有过任何发明,而是采用和开发了创造产品的新技术从而取得经济活力。他使美国钢铁工业成为工业世界的一个奇迹,主要靠的是他永不停歇的奋斗精神和创新的管理能力,而非他的发明或创造能力。

4.2.2 企业家的特征

从 18 世纪开始,社会、学者对企业家的定义都离不开对企业家特征的研究,见表 4-4。

表 4-4 企业家特征

企业家特征	对企业家特征的阐释
创新是灵魂	创新必须成为一个企业家的本能,因为企业最大的隐患就是创新精神的消亡。熊彼特认为企业家是从事"创造性破坏"的创新者,这指明了企业家精神的实质
冒险是天性	企业家必须有甘冒风险和承担风险的魄力。坎迪隆(Richard Cantillon)和奈特(Frank Knight)将企业家精神与风险(risk)或不确定性(uncertainty)联系在一起
合作是精华	独木不成林,正如艾伯特·赫希曼所言:企业家在重大决策中实行集体行为而非个人行为。真正的企业家应该擅长合作,而且这种合作精神需要扩展到企业的每个员工。企业家既不可能也没有必要成为一个超人(superman),但企业家应努力成为蜘蛛人(spiderman),要有非常强的"结网"的能力和意识
敬业是动力	财富只是成功的标志之一,对事业的忠诚和责任,才是企业家的不竭动力。正如马克斯·韦伯在《新教伦理与资本主义精神》中所写:"这种需要人们不停地工作的事业,成为他们生活中不可或缺的组成部分。"
学习是关键	不管是企业家,还是到企业,必须是持续学习、全员学习、团队学习和终身学习
执着是本色	"锲而不舍,金石可镂。锲而舍之,朽木不折。"英特尔总裁葛洛夫曾言:"只有偏执狂才能生存。"资本家可以变卖股票退出企业,劳动者亦可以退出企业,然而企业家却是唯一不能退出企业的人。企业家需要持续不断地创新,以夸父追日般的执着,咬定青山不放松,才有可能稳操胜券
诚信是基石	凡勃伦在其名著《企业论》中指出:"有远见的企业家非常重视包括诚信在内的商誉。"市场经济是法制经济,更是信用经济、诚信经济。诚信是企业家的立身之本,是绝对不能妥协的原则。诺贝尔经济学奖得主弗利曼也明确指明:"企业家只有一个责任,就是在符合游戏的规则下,运用生产资源从事利润的活动。亦即须从事公开和自由的竞争,不能有欺瞒和诈欺。"

4.3 创业团队

4.3.1 创业团队的概念

创业团队不同于一般意义上的社会团体,它是为创业而形成的,存在于企业之中,行为上彼此影响,心理上相互归属。优秀的创业团队具备三个基本因素:一个胜任的团队带头人;一群能够有效地相互配合的团队成员;创业所必需的足够的相关技能。

斯蒂芬·罗宾斯把团队解释为:为了实现某一目标而由相互协作的个体所组成的正式群体。他在1994年首次提出了团队的概念,此后,关于团队合作的理念风靡全球。

曾经,当戈尔、沃尔沃、通用食品等引入团队进行生产时,曾成为轰动一时的新闻热点。因为当时没有几家公司这样做。目前,80%的500强企业中,至少一半的员工以团队方式工作。68%的美国小型制造公司,在生产领域中运用团队。

团队通过成员的共同努力产生协同作用,努力的结果使团队的绩效水平远大于个体成员绩效的总和。

团队强调集体绩效、共同的责任、积极的合作、相互补充的技能。

没有完美的个人,只有完美的团队。

相传佛教创始人释迦牟尼曾问他的弟子:"一滴水怎样才能不干涸?"弟子们面面相觑,无人回答。释迦牟尼说:"把它放到大海里去。"个人再完美,也只是一滴水。一个团队、一个优秀的团队就是大海。可能没有完美的个人,但要有完美的团队。

4.3.2 优秀创业团队的特征

优秀创业团队的特征,见表4-5。

表4-5 优秀创业团队的特征

团队特征	团队特征的阐释
共同的价值观和理想	团队成员致力于创造新企业的价值,认为创造新企业价值才是创业活动的主要目标,并认识到唯有企业不断增值,参与者才有可能分享到其中的利益。一个成功的团队必须是有理想的团队。而只有有理想的团队,才能建设好有理想的企业

续表

团队特征	团队特征的阐释
实干精神	团队成员应清楚企业在成功前要面临的风险，并作出承诺，不会因为一时的利益或困难而退出。团队成员应对企业的长期经营保持信心，并同意将股票集中管理，若因特殊情况而提前离队，必须以票面价将股权转让给原公司团队
有好的团队带头人	在一个团队中，各级领导者和管理者都起着至关重要的作用，所以，在团队中，每一级的负责人在达到以上几条要求之外，还应该具备两个非常重要的自觉意识：一是以身作则。要求每一个工作伙伴做到的，管理者必须首先要做到。每一个工作伙伴能做到的，管理者必须要做得更好
协同发展	好的创业团队，成员间的能力通常都能形成良好的互补，而这种能力互补也会有助于强化团队成员间彼此的合作。当然创业团队也并非一蹴而就，往往是在新企业发展过程中才逐渐孕育形成完美组合的创业团队
注重充分沟通	一个成功的团队要求无论是上下级之间还是同事之间都应该以开诚布公的心态做充分有效的沟通。有人统计，在美国，创业团队成员的"分手率"要高于离婚率，由此可见团队组成的不易
按规则公平办事	平均主义并非合理，团队成员的股权分配不一定要均等，但需要合理、透明与公平。通常创始人与主要贡献者会拥有比较多的股权，但只要与他们所创造价值、贡献上能相配套，就是一种合理的股权分配
学习型组织	成功的团队必须是善于学习的团队。提倡不断进步的目标和不断学习的精神。善于思考、勇于创新，做有创意的人，做有创意的事。最新的企业组织理论认为，成功的企业应该是学习型组织、创新型组织
彼此信任	创业团队内部不团结是企业瓦解的一个重要原因。创业者在选择合伙人时注重考查两个因素：能力和品德。相对于合伙人是否具备相应的能力来说，品德更为关键，因为这是团队成员之间建立信任的基础、合作有效的关键保证

4.4 企业家精神

世界著名的管理咨询公司埃森哲，曾在 26 个国家和地区与几十万名企业家交谈。其中 79% 的企业领导认为，企业家精神对于企业的成功非常重要。全球最大的科技顾问公司 Accenture 的研究报告也指出，在全球高级主管的心目中，企业家精神是组织健康长寿的基因。正是企业家精神造就了二战后日本经济的奇迹，引发了 20 余年美国新经济的兴起。那么，什么是企业家精神？

4.4.1 企业家精神的内涵

1. 企业家精神

法国经济学家理查德·坎蒂隆在 1800 年首次提出企业家精神是企业家特殊技能（包括精神和技巧）的集合。或者说，企业家精神指企业家组织建立和经营管理企业的综合才能的表述方式，它是一种重要而特殊的无形生产要素。

近代，政治经济学家熊彼特（1934）指出企业家精神是从事创新性的破坏，是对个人价值的实现。管理大师德鲁克（1985）持有相似的观点，认为创新是企业家精神的核心。

传统的对企业家精神的讨论可以划分为三个相互联系但又各有侧重的流派，见表4-6。

表4-6 传统企业家精神的主要流派

企业家精神流派	代表学者	内涵
企业家的创新精神	以熊彼特、鲍莫尔和德鲁克为代表的创新学派	认为创新是企业发展的决定因素，是企业家精神的灵魂
企业家的风险承担能力和冒险精神	以奈特和舒尔茨为代表的新古典学派	主要表现在企业家在寻求效益最大化的过程中勇于冒险、承担风险以及诚信、敬业的道德品质
企业家对市场机会的识别能力	以米塞斯和克里兹纳为代表的奥地利学派	企业家只有保持敏锐的洞察力和警觉性去发现新的市场，才能获得赢利机会

2. 企业家精神内涵的发展

随着社会经济的发展，上述传统的企业家精神主要侧重于经济发展层面的弊端不断呈现出来。例如，人类在大力发展生产的过程中，能源和使用自然资源的方式上需要发生根本转变（Hall，Dan eke 和 Lenox，2010）。一些学者认为是由于企业家精神的趋利性导致了环境的退化（Cohen 和 Winn，2007；Dean 和 McMullen，2007）。特别是企业社会责任（corporate social responsibility，CSR）观点的提出，对企业家精神提出了更高的要求。CSR 是指企业在其商业运作中对其利害关系人应负的责任。企业社会责任是基于商业运作必须符合可持续发展的想法，企业除了考虑自身的财政和经营状况外，还要加入其对社会和自然环境所造成的影响的考虑。帕特泽尔（Patzelt）和谢泼德（Shepherd）（2011）认为企业家行动是一种承诺未来整体发展的重要工具。正如霍尔等人所说"企业家精神可能是解决许多社会和环境问题的灵丹妙药"。此外，帕切科等人（2010）也认为企业家是社会和生态可持续发展的重要力量。大量的研究表明，可持续发展离不开企业家的可持续性理念，以此为背景，可持续性企业家精神（sustainable entrepreneurship）被提出来，成为企业家精神研究的新兴领域（Gibbs，2009；Hall 等人，2010；Hockerts 和 Wüstenhagen，2010）。其核心是经济价值、生态（环境）价值和社会价值，拓展了企业家精神的内涵。

4.4.2 企业家精神的诠释

发展到19世纪,人们将企业家具有的某些特征归纳为企业家精神。

例如,索尼公司创始人盛田昭夫和井深大创造的最伟大的"产品"不是收录机,也不是栅条彩色显像管,而是索尼公司和它所代表的一切。沃尔特·迪士尼最伟大的创造不是《木偶奇遇记》,也不是《白雪公主》,甚至不是迪士尼乐园,而是沃尔特·迪士尼公司及其使观众快乐的超凡能力。山姆·沃尔玛最伟大的创造不是"持之以恒的天天平价",而是沃尔玛公司——一个能够以最出色的方式把零售要领变成行动的组织。

将上述企业的企业家精神抽象出来,表现为以下几个方面。

(1)索尼公司的企业家精神是索尼公司和它所代表的一切优秀的企业行为,而不是具体的产品。

(2)迪士尼乐园的企业家精神是使观众快乐的超凡能力,而不是具体的主题公园的内容。

(3)沃尔玛公司的企业家精神是能够以最出色的方式把零售要领变成行动的组织,而不是具体的天天平价活动。

北京大学汪丁丁教授指出,在中国,企业家是短缺资源,企业家精神更是稀缺资源。

本章思考题

1. 创业者的素质包括哪些内容?
2. 什么是企业家?创业者与企业家的异同体现在哪里?
3. 企业团队的特征是什么?什么是团队精神的本质?
4. 企业家精神的本质是什么?

第 5 章　新企业的创立与治理结构

本章的核心内容：
- ➤ 企业理论的演化，掌握企业的本质
- ➤ 企业制度及其分类
- ➤ 现代企业制度及其特征和功能
- ➤ 新创企业的注册及其流程

5.1 企业理论的演化

5.1.1 企业存在形式的演变

1. 早期企业

人类社会的经济发展从自给自足逐渐发展到产品交易。从产品交易出现到工业革命之前，人类个体生产的基本形式为个体式的手工业。这些作坊存在的目的是为了满足自身的需要，这些作坊不具有企业的基本属性。然而，企业的萌芽却是由此种作坊产生的。随着资本结构的变化，小作坊与小手工业者逐渐消失，工场式组织模式产生。工场式组织的产生加快了分工的速度，使得社会生产开始向商品化发展。生产组织模式的改变，提高了生产效率。马克思在《资本论》中指出："以分工为基础的协作，在工场手工业上取得了自己的典型形态。这种协作，作为资本主义生产过程的特殊形式，在真正的工场手工业时期占统治地位。这个时期大约从 16 世纪中叶到 18 世纪末叶。"生产组织形式由自给自足的个人（家庭）到工场，分工程度得到了提高，生产效率飞速提升。从此，现代意义上的企业产生。

2. 近代企业

随着社会制度与科学技术的发展，"工厂"式企业形式出现，1914 年开始的福特生产方式就是此种企业形式的代表。"机械化"生产的发展使得劳动生产效率进一步提高，社会生产分工程度提高。机械化程度的提高，使得生产规模逐渐增大。企业生产分工以及规模的提高，使得生产经营等活动日益复杂化，从而使得资本所有者从生产活动中脱离，只扮演经营管理者的角色，从而实现了所有者从早期企业向近代企业的身份转变。分工的扩大在提高生产效率的同时，也使得协调成本上升，所以企业内部出现了协调机制——管理层。企业形式的转变，使得企业与外界经济主体的关系日益紧密，互补性增大，分工与专业化的经济性使得企业内部"小而全"模式被"开放式"取代，企业由此开始转变为内部生产与外部经营的双系统。

3. 现代企业

现代企业的最主要特点是层级制的出现，在企业内部出现由高、中层经理人员构成的管理层。钱德勒（Chandler）在《看得见的手——美国企业的管理革命》中指出，现代企业是大规模生产与销售的结合体，企业内部存在的层级管理制度比由市场机制协调带来的效率更高，可以为企业带来持久的成长动力。现代企业拥有先进的技术，生产高度社会化，劳动分工更加精细，协调机制更加发达。企业生产活动与外界的联系更加紧密，出现了经济联合体、企业集团等形式的组织。现代企业的产权结构实行多元模式，使其法人资本与企业经营权分离。现代企业形式进一步提高了生产效率。

4. 后现代企业

20世纪70年代出现了科技革命的第三次浪潮，改变了人类的生活与生产方式，使人类进入到信息化、网络化、全球化与知识化的时代。在此背景下，后现代企业模式出现，发展动力以信息科技为先导，发展方向主要包括生命科技、新材料、新能源，发展观念打破了现代企业机械主义的自然观。后现代企业的产权模式与现代企业存在较大的差别，管理者与普通生产者分享部分剩余的企业股份，从而使得所有者、经营者与生产者的界限模糊化。后现代企业多采用扁平式的内部组织结构，在内部形成多中心的发展模式。企业内部的权力结构发生改变，知识获得"权力话语"。后现代企业在知识化的社会环境下，企业成为文化创新的主体。后现代企业之间形成一种处于企业组织与市场之间的虚拟组织或技术联盟，从而提高企业的发展速度以及面对不确定性的适应能力，见表5-1。

表 5-1 企业存在形式的演变

不同的时代	企业存在形式的演变特点
早期企业	由手工业作坊到工场式组织
近代企业	"工厂"式企业形式出现、机械化程度提高、企业内部出现了协调机制——管理层
现代企业	出现层级制,有限责任制度被确立,出现职业经理人,企业法人资本与企业经营权开始分离,经济联合体、企业集团等形式开始出现
后现代企业	发展动力以信息科技为先导,所有者、经营者与生产者的界限模糊化,多采用扁平式的内部组织结构、内部形成多中心的发展模式

由以上企业存在形式的改变,可以发现其变动与社会环境、技术进步、制度演变之间的紧密联系。虽然存在形式在不断地演变,但企业作为其事物基本属性的本质,并未发生根本的改变。总结以上企业外在的表现形式,可以简单地概括企业的本质,即企业是通过组合要素,在利润的驱动下从事生产与交易行为的组织。

5.1.2 对企业本质的认识

德鲁克认为:企业存在的目的只有一个,那就是创造客户。

企业具有三个基本属性:经济性、营利性、独立性,见表 5-2。

表 5-2 企业的三个基本属性

基本属性	内涵
经济性	企业是从事商品生产和商品流动的经济组织,经济性是企业的首要特征
营利性	企业是为营利而经营的经济组织,营利性是构成企业的根本性标志
独立性	企业必须能够独立核算、自负盈亏、自主经营,并且是一个独立的法人组织

陈春花认为:如果从最基本的企业定义去看,企业存在的理由其实只有 4 个。

(1)提供好产品。过去,很多企业为了追求规模,没有把产品做好。从任何一个角度讲,企业最重要的就是通过真正提供一个非常好的产品来占领市场。如果连产品都做不好,企业存在的意义是什么呢?

(2)获得利润。作为一家企业,国家或者说市场提供了机会、资金、劳动等资源,那么企业就要解决一件最重要的事情,即应该有能力营利。因为当有能力营利的时候,企业才能够承担最基础的依法纳税的社会责任,为社会公共事业的发展提供帮助。

（3）提供就业机会。要有能力让更多的人借助于企业对资源、对市场的理解，来改善他们的生活。

（4）实现社会期望价值。企业今天要面对的更直接的挑战，是怎么实现社会对企业的期望价值。

5.2 企业制度

5.2.1 企业制度的分类

企业制度是产权制度、组织形式和经营管理制度的总和。企业制度的核心是产权制度，组织形式和经营管理制度是以产权制度为基础的，三者分别构成企业制度的不同层次。企业制度是一个动态的范畴，随着商品经济的发展而不断创新和演进。代表性的企业制度有三种：业主制、合伙制和公司制。

5.2.2 业主制

这一企业制度的物质载体是小规模的企业组织，即通常所说的独资企业。在业主制企业中，出资人既是财产的唯一所有者，又是经营者。企业主可以按照自己的意志经营，并独自获得全部的经营收益。这类企业一般规模小、经营灵活。这些优点使得业主制这一古老的企业制度一直延续至今。但业主制也有其缺陷，如资本来源有限、企业发展受限制。企业对企业的全部债务承担无限责任，经营风险大。企业的存在与解散完全取决于企业主，企业存续期限短。因此，业主制难以适应社会化商品经济发展和企业规模不断扩大的要求。

5.2.3 合伙制

这是一种由两个或两个以上的合伙人共同投资，并分享剩余、共同监督和管理的企业制度。合伙企业的资本由合伙人共同筹集，扩大了资金来源。合伙人共同对企业承担无限责任，可以分散投资风险。合伙人共同管理企业，有助于提高决策能力。合伙人在经营决策上容易产生意见分歧，合伙人之间可能出现偷懒的道德风险。所以，合伙制企业一般局限于较小的合伙范围，以小规模企业居多。

5.2.4 公司制

现代公司制企业的主要形式是有限责任公司和股份有限公司。公司制的特点是企业的资本来源广泛,使大规模生产成为可能。出资人对企业只负有限责任,投资风险相对降低。企业拥有独立的法人财产权,保证了企业决策的独立性、连续性和完整性。所有权与经营权相分离,为科学管理奠定了基础。

5.3 现代企业制度

5.3.1 现代企业制度的内涵

现代企业制度(modern enterprise system)是新创企业创建的基础。现代企业制度是以市场经济为基础,以企业法人制度为主体,以公司制度为核心,以"产权清晰、权责明确、政企分开、管理科学"为条件的新型企业依法规范的制度[①]。现代企业制度包括以下三个方面的内容。

(1)企业法人制度。依照法律建立起来的使其人格化和获得独立法人地位的企业制度,它是现代企业制度的核心。

(2)有限责任制度。企业只以全部法人财产为限,对债务承担有限的责任。当企业破产清偿债务时,出资者只以投入企业的资本为限,对企业承担有限的责任。

(3)科学的组织制度。建立科学的组织制度,协调所有者与经营者之间的关系。

现代企业制度有以下几种阐释。

(1)企业资产具有明确的实物边界和价值边界,具有确定的政府机构代表国家行使所有者职能,切实承担起相应的出资者的责任。

(2)企业通常实行公司制度,即有限责任公司和股份有限公司制度,按照《公司法》的要求,形成由股东代表大会、董事会、监事会等组成的相互依赖、相互制衡的公司治理结构(见图5-1),并有效运转。

(3)企业以生产经营为主要职能,有明确的营利目标,各级管理人员和一般职工按经营业绩和劳动贡献获取收益,住房分配、养老、医疗及其他福利由市场、社会或政府机构承担。

---

① 1999年9月党的十五届四中全会再次重申了对现代企业制度基本特征"十六字"的总体要求。

图 5-1　公司治理结构

（4）企业具有合理的组织结构，在生产、供销、财务、研究开发、质量控制、劳动人事等方面形成了行之有效的企业内部管理制度。

（5）企业有着刚性的预算约束和合理的财务结构，可以通过收购、兼并、联合等方式谋求企业的扩展，经营不善难以为继时，可通过破产、被兼并等方式寻求资产和其他生产要素的再配置。

5.3.2　现代企业制度的基本特征

现代企业制度的基本特征可用"十六字"的总体要求加以阐述。

1. 产权清晰

现代企业制度的典型形式是公司制，公司制企业的产权关系明晰。产权包含占有权、使用权、收益权和处分权等，是涵盖一组权利的整体，从这个意义上讲，产权的总和相当于所有权的概念。在这组财产权利中，所有权处于核心地位，其他一切财产权利都是从所有权中派生出来的。产权以两种形式存在：①产权的法律形式，即法权，这是指法律上的财产所有权，它明确了财产的归属问题。②产权的实现形式，即财产的营运权利（也称为企业产权或法人产权），是指经济上的所有权，它回答的是财产的经营问题。

产权清晰是指要以法律形式明确企业投资者与企业的基本财产关系责任，即企业在产权关系方面的资产所有权及相关权利的归属要明确、清晰，它是现代企业制度在产权方面体现出来的特征。

2. 权责明确

权责明确是指企业资产的最终所有者与企业法人财产权的拥有者，在企业中享有的权利和承担的责任清楚、明确、具体。就是要合理区分和确定企业所有者、经营者和劳动者各自的权利和责任。所有者、经营者、劳动者在企业中的地位和作用是不同的,因此其权利和责任也是不同的。

3. 政企分开

政企分开是指政企关系要合理,即政府与企业在权利和义务等方面的关系明确,政府行政管理职能、宏观和产业管理职能与企业经营职能分开。

4. 管理科学

管理科学是企业管理制度、管理方法和管理手段等要科学合理,符合市场经济规律的客观要求。管理科学是一个含义宽泛的概念,包括企业组织合理化的含义。从狭义上说,管理科学要求企业管理的各个方面,如质量管理、生产管理、供应管理、销售管理、研究开发管理、人事管理等方面的科学化。管理致力于调动人的积极性、创造性,其核心是激励、约束机制。管理是否科学,虽然可以从企业所采取的管理方式的"先进性"上来判断,但最终还要从管理的经济效率,即管理成本和管理收益的比较上作出评判,见表5-3。

表5-3 现代企业制度的基本特征

基本特征	内 涵
产权清晰	企业资产所有权及相关权利的归属要明确、清晰
权责明确	合理区分和确定企业所有者、经营者和劳动者各自的权利和责任
政企分开	政企关系要合理,即政府与企业在权利和责任等方面的关系明确
管理科学	企业管理的制度、方法和手段等要科学、合理,符合市场经济规律的客观要求

5.3.3 现代企业制度的功能

以产权为核心的现代企业制度,具有以下功能。

(1)保障产权主体的合法权益。产权具有排他性,产权所有者的权益受法律保护,他人不得侵犯。产权的这种功能是维护社会的所有制与生产关系,稳定社会经济结构的重要法权支撑和基础。

(2)有利于资源的优化配置。产权具有可让渡性和可分性。任何一项交易活动实质上就是不同产权之间的交易,明确界定的产权可以提供一种对经济行为的规范或约束。

(3)为规范市场交易行为提供制度基础。产权强调的是规则或行为规范,规定了财产的存在及其使用过程中不同权利主体的行为权利界限和约束关系。产权关系的复杂化和明晰化是市场经济的重要特征，也是其顺利运行的法权基础。

（4）有助于解决外部性问题。外部性是指经济当事人之间一方对另一方或其他诸方利益造成的损失或提供的便利，不能用价格来准确衡量，也难以通过市场价格进行补偿或支付。对一些外部性问题，通过明晰产权，并在此基础上进行谈判，当事人有可能找到各自利益损失最小化的合约安排。

5.4 新创企业的注册流程与创建条件

5.4.1 新创企业的注册流程

一般情况下，在中国，创业者申办一家企业须要经历下述环节：核准名称→银行入资→验资→企业设立登记→刻制印章→办理企业代码→银行开户→划转注册资金→进行基本统计单位登记→进行税务登记（国税登记、地税登记和一般纳税人登记）。

政府工商管理部门对创业者的申请进行核准登记，一般要经历如下程序：审查（受理）→核准→打照→发照→公告→建档。

5.4.2 新创企业的创建条件

创建新企业，在什么时候更为适合呢？"天时、地利、人和"是理想状态，即创业者识别到了具有潜力和商业价值的创业机会，组建好了创业团队，并且整合到了创业所需要的各类资源。虽然现实情况很难达到理想状态,但创业不能草率，创业者需要综合考虑外部条件和内部条件。

1. 外部条件

外部条件主要包括：创业者识别到了有利的商业机会并进行了初步的分析评价；具备创立新企业的经济技术条件；具有能源和原材料等必要条件。

2. 内部条件

内部条件主要包括：创业者具有一定的创业能力和素质；具有成为创业者的动机；具有较小的创业机会成本；已经获得了某种特许权或者已经开发出了能够创造市场的产品；创立新企业能够形成某种特有的竞争优势。

本章思考题

1. 企业的本质是什么?
2. 企业制度有哪几种?各有什么特点?
3. 什么是现代企业制度?其基本特征和功能是什么?
4. 创建新企业的注册流程和创建条件是什么?

第6章 创业企业融资

本章的核心内容：
- 理解现金流对企业经营的重要性
- 掌握企业融资的分类和渠道
- 了解影响企业融资的因素
- 学习企业融资需要掌握的技巧

6.1 创业企业的资金需求

创业企业始终面临较大的融资压力，融资是保证创业企业持续经营的必备条件。权威研究表明，将近80%的破产企业是盈利企业，倒闭不是因为亏损，而是因为现金"贫血"，即"盈利性破产"。因此，创业企业必须以现金流作为管理重心，同时兼顾收益，保持现金流入与现金流出的平衡。现金流管理包括现金预算管理、现金流入与流出管理、现金使用效率管理和现金结算管理等。

6.2 创业企业的融资分类

6.2.1 内源融资与外源融资

按照融资过程中资金来源的不同，企业融资分为内源融资和外源融资（见表6-1）。

（1）内源融资。内源融资是企业创办过程中原始资本积累和运行过程中剩余价值的资本化，也就是财务上的自由资本及权益。在市场经济体制中，企业的内源融资是由初始投资形成的股本、折旧基金以及留存收益（包括各种形式的公积金、公益金和未分配利润等）构成的。

(2)外源融资。外源融资是企业通过一定的方式向企业之外的其他经济主体筹集资金,包括发行股票、企业债券和向银行借款等,从某种意义上说,企业的商业信用、融资租赁等也属于外源融资的范畴。

表 6-1 内源融资与外源融资

融资分类	资金来源	特 点
内源融资	由企业初始投资形成的股本、折旧基金以及留存收益(包括各种形式的公积金、公益金和未分配利润等)构成	自主性、有限性、低成本性、低风险性
外源融资	向企业之外的其他经济主体筹集资金,包括发行股票、企业债券和向银行借款等	高效性、有偿性、高风险、不稳定性

6.2.2 直接融资与间接融资

按照融资过程中资金运动的不同,企业融资分为直接融资和间接融资,见表 6-2。

(1)直接融资。直接融资是指企业自己或通过证券公司向金融投资者出售股票或债券而获得资金的融资方式。直接融资需要借助金融工具(如股票和债券),资金供给方与需求方会直接见面,不需要银行作为媒介。

(2)间接融资。与直接融资不同,间接融资通过银行(包括信用社)作为中介,把分散的储蓄集中起来,然后再供应给融资者。融资者只能通过银行间接获得投资者的资金。

表 6-2 直接融资与间接融资

融资类别	资金来源	特 点
直接融资	通过证券公司向金融投资者出售股票或债券而获得资金的融资方式	直接性、长期性、流通性、不可逆性
间接融资	通过银行(包括信用社)作为中介,把分散的储蓄集中起来,然后再供应给融资者	间接性、短期性、非流通性、可逆性

6.2.3 股权融资与债权融资

按照融资过程中形成的资金产权关系的不同,可以把企业融资分为股权融资和债权融资,见表 6-3。

(1)股权融资。股权融资是指企业股东愿意让出部分企业所有权,通过企业增资的方式引进新的股东,同时使总股本增加的融资方式。股权融资所获得的资金,企业无须还本付息，但新股东将与老股东同样分享企业的赢利与增长。股权融资获得的资金就是企业的资本，由于其代表着对企业的所有权，所以也叫做所有权资金。股权融资有以下几个特点。

　　1）长期性：筹措的资金具有永久性，无到期日，不须归还。

　　2）不可逆性：企业无须还本，投资人欲收回本金，需借助流通市场。

　　3）无负担性：没有固定的股利负担，股利的支付视企业的经营需要而定。

（2）债权融资。债权融资是一种有偿使用企业外部资金、项目主体按法定程序发行、承诺按期向债券持有者支付利息和偿还本金的融资行为。债权融资是利用发行债券、银行借贷方式向企业的债权人筹集资金，可以发生在企业生命

表6-3　股权融资与债权融资

融资类别	股权融资	债权融资
内涵	企业股东通过出让部分企业所有权或通过企业增资的方式引进新的股东，同时使总股本增加的融资方式，反映的是一种产权关系	企业有偿使用企业外部资金的融资方式。债权融资获得的只是资金的使用权而不是所有权，债务到期时须归还本金和利息。一般不会产生债权人对企业的控制权问题
主要方式	股权质押、股权转让、股权增资扩股、股权私募等	银行贷款、银行短期融资、企业短期融资券、企业债券等
优点	①需要建立较为完善的企业法人治理结构。相互之间形成多重风险约束和权力制衡机制，降低了企业的经营风险 ②在金融交易中，证券市场在信息公开性和资金价格的竞争性方面优于信贷市场 ③如果借贷者在企业股权结构中占较大的份额，那么他运用企业借款从事高风险投资和产生道德风险的可能性就将大为减小，银行债务拖欠和损失的可能性就越小	①资本成本较低。与股票的股利相比，债券的利息允许在所得税前支付，企业可享受税收上的利益，故企业实际负担的债券成本一般低于股票成本 ②可利用财务杠杆。持券者一般只收取固定的利息，若企业用债后收益丰厚，增加的收益大于支付的债息额，会增加股东财富和企业价值 ③保障企业的控制权。发行债券一般不会分散企业的控制权 ④便于调整资本结构。在企业发行可转换债券以及可提前赎回债券的情况下，便于企业主动合理调整资本结构
缺点	①企业的经营管理者可能进行各种非生产性消费，导致经营者和股东的利益冲突 ②代理人利用委托人的授权为增加自己的收益而损害和侵占委托人的利益时，就会产生严重的道德风险和逆向选择 ③当企业利用负债融资时，如果企业经营不善、经营状况恶化，债权人有权对企业进行破产清算，这时，企业经营管理者将承担因企业破产而带来的企业控制权的丧失	①财务风险较高。债券通常有固定的到期日，需要定期还本付息，财务上始终有压力。在经营不景气时，还本付息将成为企业严重的财务负担，有可能导致企业破产 ②限制条件多。发行债券的限制条件较长期借款、融资租赁的多且严格，从而限制了企业对债券融资的使用，甚至会影响企业以后的筹资能力 ③筹资规模受制约。企业利用债券筹资一般受一定额度的限制。发行企业流通在外的债券累计总额一般不得超过企业净产值的40%

周期的任何时期。债权融资获得的资金称为负债资金或负债资本，代表着对企业的债权。

债权融资有以下几个特点。

1）获得的只是资金的使用权而不是所有权，负债资金的使用是有成本的，企业必须支付利息，债务到期时须归还本金。

2）能够提高企业所有权资金的资金回报率，具有财务杠杆作用。

3）与股权融资相比，债权融资除在一些特定的情况下可能带来债权人对企业的控制和干预问题，一般不会产生对企业的控制权问题。

6.3 企业融资渠道

6.3.1 信贷融资

信贷融资属于间接融资，是企业融资的主要方式。它是指企业为满足自身生产经营的需要，同金融机构（主要是银行）签订协议，借入一定数额的资金，在约定的期限还本付息的融资方式。

表 6-4 信贷融资基本知识

信贷融资	主要内容
种类	（1）按期限长短不同，可分为短期贷款（1年以内）、中期贷款（1~5年）、长期贷款（5年以上） （2）按有无担保品，可分为信用贷款（凭借借款人的信誉）、担保贷款（保证贷款、抵押贷款和质押贷款） （3）按资金来源不同，可分为政策性银行贷款、商业银行贷款和保险公司贷款等
方式	（1）银行抵押贷款，直接贷给企业 （2）对个人的抵押贷款和消费信用贷款，贷给企业股东个人 （3）有担保的信用贷款，主要贷给附属于大企业、为大企业提供服务和配套产品的中小企业
优点	（1）贷款种类较多，便于企业根据需要进行选择 （2）弹性大、灵活性强 （3）贷款利息计入企业成本 （4）获得资金较为迅速 （5）融资费用相对较低
缺点	（1）没有融资主动权 （2）融资规模有限，不可能像证券融资那样一下子筹集到大量的资金 （3）到期必须归还，财务风险较大 （4）受国家政策影响大

6.3.2 天使投资

天使投资（angel investing）是指个人对创业企业进行投资以换取创业企业的股权。专业的投资机构通常不愿投资早期项目，天使投资则主要投资早期项目。天使投资家通常是那些成功的创业企业家、创业投资家或者大公司的高层管理人员，他们不仅拥有资本，而且拥有经营管理方面的经验和专长，能够在许多方面帮助创业者。

6.3.3 风险投资

风险投资（venture capital）是由专业投资机构投入到新兴的、快速成长的、有巨大潜力的企业中的与管理相结合的资本。风险投资通常投资于新兴产业与新兴企业，而且往往是那些尚未开始盈利、尚未开始销售产品的企业，但这并不意味着风险投资看重小企业，它们看重的是"褴褛中的大公司"。由于高新技术产业更具高成长性，因而风险投资更青睐高新技术企业。

1. 理解风险投资

风险投资是一种长期投资，一般经过3~7年才能通过退出获取收益，在此期间通常还要不断地对有成功希望的项目进行增资，因此也被称为"呆滞资金"。但是，风险投资家虽然关心创业者手中的技术，但他们更关注的是创业企业的盈利模式、财务状况和市场优势，因此，"等闲之辈"是很难获得风险投资家的青睐的，只有少数创业者才有机会接近那金光闪闪的"钱袋子"。

风险投资遵循"大拇指定律"，即如果投资10家创业企业，5年后，可能会有4家垮掉，3家停滞不前并最终被收购，2家能够上市并有不错的业绩，只有1家能迅速成长，上市后为社会看好，成为耀眼的明珠，给投资者以巨额回报。

风险投资家与创业者对待企业的态度是不尽相同的。创业者认为新创企业如同自己的"好孩子"将陪伴终身。风险投资家则认为新创企业是自己喂养的"好猪苗"，将来的目的是卖肉赚钱。因此，风险投资家在进入的时候，就会关注未来的退出机制（见图6-1）。

2. 风险投资关注的焦点

风险投资关注的焦点，见表6-5。

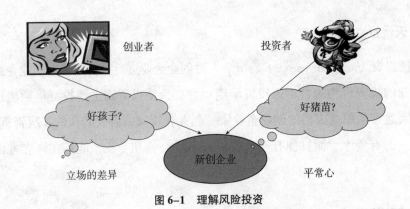

图 6-1 理解风险投资

表 6-5 风险投资关注的焦点

交 易 条 件	项 目 特 征	投 资 偏 好
需要多少资金,用于何处;交易条款是否足够刺激;风险是否得到了恰当的分配;交易方式是否适合交易各方的意愿	产业前景;项目前景;盈利模式;团队价值观的一致性;是否掌握核心技术;团队的易沟通性	不同的投资有不同的标准,大多数风险投资家瞄准最小的投资回报率(ROI)为25%,某些产业甚至能达到50%或更高。为了达到高回报的目的,风险投资家集中精力寻找那些产品或者服务有巨大市场潜力的企业,集中于他们熟悉和擅长的产业

6.3.4 战略投资

战略投资(strategic investment)就是向你所看好的项目或企业提供企业内部管理机制的转变。企业融资的目的,有时并不完全纯粹出于资金需要,往往还与企业的发展战略,以及与这种战略相配套的各种资源的吸纳与引入有关,如经营人才、管理经验、市场网络、国际化发展等因素。战略投资区别于单纯的财务投资,其特点是金额较大、持股时间较长、积极参与治理、投资者和企业之间在战略层面有一些合作。1999年7月,中国证监会颁布了《关于进一步完善股票发行方式的通知》,认为"战略投资者"是指与发行人业务联系紧密且欲长期持有发行人股票的法人。

6.3.5 公司融资

公司融资,又称企业融资,是指以企业的资产、权益和预期收益为基础,筹集项目建设、营运及业务拓展所需资金的行为过程。无论项目建成之前或之后,都不出现新的独立法人。

企业作为投资者,作出投资决策,承担投资风险,也承担决策责任。虽然贷款和其他债务资金实际上用于项目投资,但是债务方是企业而不是项目,整个企业的现金流量和资产都可用于偿还债务、提供担保。也就是说，债权人对债务有完全的追索权，即使项目失败也必须由企业还贷，因而贷款的风险程度相对较低。

6.3.6 项目融资

项目融资是金融术语，和通常所说的"为项目融资"不是一个概念。项目融资是指为建设和经营项目而成立新的独立法人的项目企业，由项目企业完成项目的投资建设、经营和还贷。国内的许多新建项目、房地产企业开发某一房地产项目、外商投资的三资企业等，一般都以项目融资的方式进行。

融资决策由项目发起人（企业或政府）作出，项目发起人与项目法人并非一体。项目企业承担投资风险，但因决策在先，法人在后，所以无法承担决策责任，只能承担建设责任。同样，由于先有融资者的筹资、注册，然后才有项目企业，所以项目法人也不可能负责筹资，只能是按融资者已经拟订的融资方案去具体实施（如签订合同等）。一般情况下，债权人对项目发起人没有追索权或只有有限追索权，项目只能以自身的盈利能力来偿还债务，并以自身的资产来做担保。

项目融资和公司融资的主要区别，见表6-6。

表6-6 公司融资与项目融资的主要区别

项 目	定 义	特 点
公司融资	以企业的资产、权益和预期收益为基础，筹集项目建设、营运及业务拓展所需资金的行为过程，不出现新的法人	企业承担投资风险和决策责任。债权人对债务有完全的追索权，即使项目失败也必须由公司还贷
项目融资	由项目企业完成项目的投资建设、经营和还贷。为建设和经营项目成立新的独立法人的项目企业	企业承担投资风险，但无法承担决策责任。债权人对项目发起人没有追索权或只有有限追索权，项目只能以自身的盈利能力来偿还债务，并以自身的资产来做担保

6.3.7 债券融资

债券融资是指企业依照法定程序向债权人发行、约定在一定期限还本付息的有价证券，从而获取资金的一种方式（见表6-7）。

表6-7 债券融资

内涵	债券是一种有价证券，是社会各类经济主体为筹措资金而向债券投资者出具的并且承诺按一定利率定期支付利息和到期偿还本金的债权债务凭证
基本特征	偿还性、流动性、收益性

续表

发行条件	规模达到国家规定的要求；财务会计制度符合国家规定；具有偿债能力；经济效益良好，发行企业债券前连续三年盈利；所筹资金的用途符合国家产业政策
发行价格	债券的发行价格是指债券发行时确定的价格。当债券的发行价格高于票面金额时，称溢价发行。当发行价格低于票面金额时，称折价发行。当发行价格等于票面金额时，称平价发行
偿还期限	从债券发行之日起至清偿本息之日止的时间。债券的偿还期限一般分为三类：偿还期限在一年或一年以内的，称为短期债券；偿还期限在一年以上、10年以下的，称为中期债券；偿还期限在 10 年以上的，称为长期债券
债券利率	债券利息与债券票面额的比率。影响债券利率的因素主要有：银行利率水平；发行者的资信状况；债券的偿还期限；资本市场资金的供求状况
优点	筹资成本低、保障股东控制权、发挥财务杠杆作用、便于调整资本结构
缺点	筹资条件多、筹资数量有限、限制条件多

6.3.8 企业首次上市融资（IPO）

企业首次公开募股（initial public offering，IPO）是指一家企业第一次将它的股份向公众出售，是股份公司首次向社会公众公开招股的发行方式。通常，上市企业的股份根据证券会出具的招股书或登记声明中约定的条款，通过经纪商或做市商进行销售。一般来说，一旦完成首次公开上市，这家企业就可以申请到证券交易所或报价系统挂牌交易。有限责任公司在申请 IPO 之前，应先变更为股份有限公司。

6.4 不同创业时期的融资渠道

不同创业时期融资的渠道，见表6-8。

表 6-8 不同创业时期融资的渠道

创业时期	企业状况	特征
种子期融资	拥有新创意、新技术的创业者寻找志同道合者搭建企业框架	资金的需求量不大，主要来源于自己或亲朋好友
创建期融资	发展创新产品直至符合市场需求	资金需求量大，主要来源于天使投资或风险投资，创业者应游说投资商，使其对自己的技术、市场和管理等产生信心
成长期融资	产品已进入市场，市场潜力可以估算出来，可以看出成功的概率	资金需求量大，主要来源于风险投资或战略投资
扩张期融资	不断赢得客户、扩大市场份额	资金需求量大，主要来源于战略投资或投资银行

不同创业期的融资渠道，见表 6-9。

表 6-9 不同创业期的融资渠道

融资渠道	种子期	创建期	成长期	扩张期	成熟退出
创业者自筹	■	■	□	□	□
朋友和家庭	■	■			
天使投资	■	■	■		
风险投资	■	■	■	■	
战略投资		■	■	■	■
银行贷款			■	■	■
融资租赁			■	■	■
商业信用			■	■	■
IPO					■
公募债券					■

注：■ 主要融资渠道；■ 次要融资渠道。

6.5 创业企业融资需要考虑的因素

当创业企业有了初步的发展，也不一定非融资不可，无论是间接融资还是直接融资，都要出让企业收益，"融资意味着卖血"。创业企业融资时机的选择，主要考虑以下因素。

6.5.1 宏观经济状况与趋势对融资的影响

宏观经济、产业发展和投融资产业的整体状况与趋势对融资具有较大的影响。

2000 年底，由于互联网泡沫破灭，融资变得越来越困难，易趣公司创始人为了能够及时获得融资，果断地将原先的企业股价减半，从而获得了 2 000 万美元的投资，挺过了互联网产业的严冬。

6.5.2 创业企业所处发展阶段与发展趋势对融资的影响

企业发展是不平衡的，但人们习惯于线性预测，因而在发展速度高、现金回流快的阶段进行融资有利于获得较好的融资条件。

在创业企业的不同发展阶段，融资条件也是不同的，如风险投资，越是早期，要求的回报越高，种子期要求的回报率为 50%~70%，第一期降到 40%~60%，因此需要综合把握与决策。

早在 2002 年,江苏大娘水饺餐饮有限公司吸引了 IDG 在内的多家风险投资机构,但公司却明确表示:"我们暂时不考虑风险投资。企业正处于高速发展的'青苗期',现在引入风险投资不合算。"

6.5.3 创业企业的财务状况与现金流压力对融资的影响

创业企业融资时的谈判力量与其资金紧张程度,即企业现金流能够维持多长时间是密切相关的。因此,应当未雨绸缪。

1999 年,深圳世纪人走到了破产的边缘,资产雄厚但资金链眼看就要断裂,从朋友处拆借的 200 万元已经到期,这时,深圳高新投为深圳世纪人担保,申请到了一笔贷款。虽然利率高,但有了这笔资金和一些订单,深圳世纪人终于得以喘息。"你必须清醒地认识到项目什么时候才能产生现金流,需要投入的资金是多少,你能融到的资金有多少,彼此必须能很好地匹配。"

6.5.4 创业企业的发展战略与融资策略对融资的影响

企业融资除了希望获得资金支持以外,也将考虑与企业发展战略相结合。通过融资,引进战略合作者,规范、促进企业的发展。

2007 年 8 月,创维集团成功地募集到总额达 3 000 万美元的国际风险投资,占整个创维股份的 17%。但是,黄宏生强调,这次融资并非为了解决资金问题,而是要通过产权改造、引入国际风险资金,带来管理和观念的更新,从而推动创维与国际经济一体化的接轨。

6.6 案例分析:亚信科技创业融资案例分析

6.6.1 亚信科技的创业过程

亚信科技是在美国 NASDAQ 上市的第一家中国高科技企业(交易代码:ASIA)。总部设在北京,年收入逾 10 亿元。

1991 年,田溯宁创办了一个有关中国环境问题的网站。1993 年,他萌生了把互联网信息服务引入中国的想法。但作为一个刚出校门的学生,一无启动资金,二无商业模式，三无管理经验。为了筹措启动资金，田溯宁奔波于华尔街的一些投资公司之间，向这些投资公司介绍在中国发展互联网技术所带来的光辉前景，然而总是被无情地拒绝。

6.6.2　第一次融资（天使融资）

几经周折，经中国驻美大使馆人员介绍，田溯宁结识了著名的华侨刘耀伦先生。刘耀伦自 1973 年便开始专事房地产开发，尽管他并不完全了解互联网，但把高科技带到中国去的夙愿以及对互联网产业趋势的理解，使得他欣然同意投资，不过却提出三个条件：①将来必须回国工作。②做高新技术但不能搞房地产。③要求创业者以家产作为担保。

1994 年，以 50 万美元天使投资为基础，田溯宁、丁健等几名中国留学生在美国达拉斯创建了亚信科技，刘耀伦先生出任董事长。对一直谨慎行事的刘耀伦来说，这是一个比较大的跳跃。

1995 年开始发展中国业务，先后承建了包括中国电信、中国联通、中国移动、中国网通等六大全国骨干网工程在内的近千项大型互联网项目。

6.6.3　第二次融资（不规范的风险融资）

1995 年，亚信科技移师北京，并从一家美国公司手中分包了部分中国电信互联网络建设工程，很快大批的项目找上门来。但系统集成商通行的预先垫付货款的行规，使得公司的流动资金很快出现严重不足。由于缺乏担保资产，亚信科技无法获得银行贷款，只能将希望寄托于向朋友借款。时任万通总裁的王功权认识了田溯宁，因看好亚信科技的发展前景，便以 25 万美元换取其 8% 的股份。但这一投资没有得到董事会的理解，8 个月后，迫于压力，王功权不得不提出撤资。直至一年后，亚信科技才勉强以 50 万美元回购了万通国际在亚信科技的股份。

6.6.4　第三次融资（引入规范的风险融资）

这次不规范的融资严重打击了亚信科技：一方面资金压力与日俱增；另一方面公司内部暴露出诸多弊病……危难之际，亚信科技的创业者将新融资计划纳入日程，那就是能够引入管理规范的风险投资。1997 年 6 月，亚信科技邀请美国投资银行 Robertson Stephens 作为融资中介，完善商业计划书，研究公司的市场、竞争、产品、核心竞争力等，同时确定了近十家风险投资机构作为目标。最后，亚信科技落定华平（Warburg Pincus）、中创（China Vest）、富达（Fidelity）三家作为联合投资者。为了更好地融资，亚信选择了投资银行罗伯特·史蒂文森公司（RSC）作为其融资活动中介机构。RSC具有丰富的投资经验和广泛的客户网络，曾经为LOTUS、EXCITE、SUN、DELL等世界知名信息企业成功地提供了金融服务。在双方的合作中，RSC协助亚信科技制订了完整的商业计划。这份成功的商业计划是亚信科技获得风险投资的敲门砖。其实，与RSC合作本身就增加了商业计划的可靠性和公司的可信赖性。投资者对RSC推荐的公司会产生爱屋及乌的感觉，这对羽翼未丰的亚信科技来说，无疑是不可多得的支持。1997—1999年，亚信科技成为中国最早引入风险投资的高科技企业，先后获得风险投资2 300万美元。引入风险资金的同时带来了规范的企业管理制度和体系，为公司的长远发展奠定了科学的治理结构。

6.6.5 第四次融资（引入战略融资）

1999年，亚信科技开始考虑挂牌上市。为保险起见，亚信科技决定以新一轮的融资作为上市铺垫，并如愿找到了战略型创投公司Intel Capital。除了遵循一般的原则，Intel Capital还强调被投资公司的业务发展是否符合Intel Capital本身的发展战略，此次投资即想通过亚信科技软件和应用的开发，提升英特尔架构的服务器性能，以进入电信产业，特别是中国市场。Intel Capital的加盟极大地帮助亚信科技实现产品升级、开阔市场思路。亚信科技明晰的财务状况和管理制度加速了尽职调查的进行，双方很快达成协议，Intel Capital投资2 000万美元，获得8%的股份。亚信科技单靠这笔资金就可支撑到2 000年底，正好是公司预期盈利的时间。

6.6.6 第五次融资（亚信科技IPO上市融资）

1998年4月，亚信科技被美国著名投资公司富达（Fidelity Ventures）评为"最有投资潜力的公司"之一；1999年5月，亚信科技被世界经济论坛评选为"全球500家高速成长的企业"之一，1999年，Intel公司以2 500万美元的风险投资成为亚信科技的战略投资人。

经过两年多的规范运作，亚信科技实现了快速发展，取得了优异的成绩并得到了社会各界的广泛认同。2000年3月3日，在美国摩根斯坦的协助下，亚信科技在美国 NASDAQ 成功首次发行上市。由于时机把握得相当好，亚信科技估价 12 亿美元，当日亚信科技的股价收盘于 99.56 美元，涨幅达到 314%，共计融资 1.38 亿美元。2000年入选《福布斯》"全球最优 300 小企业"，还被公认为是"新一代留学生回国创业"的典范。

6.6.7 亚信科技的其他融资

1998年，韩颖加盟亚信科技，成为 CFO。当时亚信科技自以为在银行还有 5 000 万美元的存款，但事实上几乎都是库存和应收账款。韩颖立即重组财务部门，并且开始频繁地和银行接触。最终获得中国银行美国分行的 500 万美元贷款（信贷融资），这为公司赢得了更多的生存空间。韩颖特别强调"在合适的时机从合适的渠道把钱拿过来"，因而"财务和计划不能分开"。如果 CFO（企业财务主管）没有计划，既无法知道企业在什么时间需要钱，也无法知道应该从什么渠道拿到钱，更无法知道什么时候从什么渠道可以最低的成本拿到企业发展所需要的资金。在亚信科技发展的历程中，都在关键的时间，拿到了企业发展所需要的融资。

6.7 创业企业的融资技巧

为了做好创业企业成长过程中的融资，业内形成了凝聚大家共识的 14 条军规。

军规第 1 条——把企业做好。

军规第 2 条——把财务做好。

军规第 3 条——千万不要等到急需资金时才抓紧融资。

军规第 4 条——确认自己的融资底线。

军规第 5 条——融资是要付出成本的。

军规第 6 条——不要在一棵树上吊死。

军规第 7 条——风险投资并不偏好风险。

军规第 8 条——选择最有可能帮助你成功的投资公司，而不是出价最高的投资公司。

军规第 9 条——嘴里的馒头比画出来的饼更实在。

军规第 10 条——高层要亲自出马。

军规第 11 条——态度决定一切。

军规第 12 条——权达变通。

军规第 13 条——不要寄希望于一锤子买卖。

军规第 14 条——融资后的投融资关系更重要。

本章思考题

1. 企业融资如何分类？融资渠道有哪些？
2. 创业不同时期的融资渠道各有哪些？
3. 融资需要考虑哪些因素，如何更好地融资？

第 7 章 创业商业计划书

本章的核心内容：
- 商业计划书的功能及类别
- 商业计划书的结构和内容
- 商业计划书撰写的方法与工具

7.1 商业计划书的内涵与功能

商业计划书（business plan，BP）是企业或项目单位为了融资或其他发展目标，在经过前期对项目科学地调研、分析、搜集与整理有关资料的基础上，根据一定的格式和内容要求而编辑整理的向投资者全面展示企业和项目目前状况、未来发展潜力的书面材料。它详尽地介绍了企业的产品或服务、生产工艺、市场和客户、营销策略、人力资源、组织架构、对基础设施和供给的需求、融资需求，以及资源和资金的利用情况。

华尔街的投资银行家们认为，商业计划书就是讲一个生动的故事，只要故事讲得好，自然就有投资者投钱。但是，"生动的故事"只反映了商业计划书的一个方面，它只强调商业计划书将创业企业推销给投资者的功能，而忽视了商业计划的书"计划"作用。"生动的故事"不只是要推销给投资者，首先必须打动自己。

调查表明，100 份商业计划书，可能只有 5 份被投资者读过。在 1 000 份商业计划书中，平均只有 6 份最终获得创业投资者的资助。

7.1.1 商业计划书的界定

商业计划书主要是对企业活动进行全方位的筹划，从企业内部的人员、制度、管理以及企业的产品、营销和市场等各方面展开分析。

本教材所说的商业计划书是狭义的,专指创业期的商业计划书。主要用于向投资方和创业投资者说明公司未来的发展战略与实施计划,展示自己实现战略和为投资者带来回报的能力,从而取得投资方或创业投资者的支持。创业商业计划书是对特定的创业活动进行详细思考、筹划后的系统描述。

7.1.2 商业计划书的功能

商业计划书的功能,见表7-1。

表7-1 商业计划书的功能

功 能	行 为 要 点
厘清思路	描述出企业的成长历史,展现出未来的成长方向和愿景,对可能存在的隐患做好预案,并能够提出行之有效的工作计划。厘清四大发展思路: ①创业机会与环境和挑战。②市场与价值客户定位。③资源与整合。④发展模式
沟通信息	通过商业计划书的扩散,介绍企业的价值,使与企业未来发展相关的主体:投资者、员工、关联企业、政府等其他利益相关者得到创业企业未来发展的信息并理解企业发展,以获得支持与合作
凝结团队	商业计划书使创业团队成员清晰地了解企业未来发展的前景,从而形成团队精神,获得目标认同、文化认同、价值认同、情感融合、合作互助等。企业与员工分享商业计划书,使团队更深刻地理解自己的业务到底走向何方。优秀的商业计划书将是一份有生命的文档,随着团队知识与经验的不断增加,它也会随之成长
吸引资源	商业计划书使创业企业获得不同资源拥有者的支持,特别是通过商业计划书,吸引投资者进行投资以获得企业创业与成长所需要的融资
争取支持	在企业创业发展的过程中,争取各种支持(如投资者、政府和合作者等),也需要企业制订清晰的商业计划书
管理工具	商业计划书也是一个计划、管理工具,它能引导企业发展的不同阶段。企业通过反复讨论和仔细推敲,最终确定组织未来的行动纲要和当年的行动计划,并让上级和下级的意志得到统一。商业计划书也能帮助企业跟踪、监督、反馈和度量业务流程,并在一个时间段后衡量实际的发展与开始的计划有什么不同。总结上一周期的成功与不足,以便调整集体的方向与步骤,并进而奖优罚劣,激励团队的成长

7.2 商业计划书的主要内容和结构

7.2.1 典型创业商业计划书的内容

所有的商业计划书都应该包括概要、主题、附录三个部分。

1. 概要

概要是对商业计划书的高度概括。概要的作用是以最精练的语言、最有吸引力和冲击力的方式突出重点，立刻吸引投资者的关注。

2. 主题

在主题部分，企业将向投资者一一展示他们要知道的所有内容。主体的功能是最终说服投资者，使他们充分相信你的项目是一个值得投资的好项目，以及管理团队有能力让他们的投资产生最佳的投资回报。

3. 附录

附录是对主体的补充，功能是提供更多、更详细的补充信息，完成主体中言有未尽的内容和证明，如专利证明、获奖证明、各类生产许可证和销售许可证等各类证明文件。

7.2.2 典型创业商业计划书示例

【案例】X 公司 YJB 多功能液氧储送器商业计划书[①]（以下简称 YJB 案例）

第 1 部分　商业计划书概要

 1. 项目概述

 2. 项目要点

  2.1　项目目标

  2.2　任务

  2.3　关键因素

  2.4　经济效益评价

 3. 项目实施的条件与时机

第 2 部分　商业计划书的主体内容

 1. 产品与服务

  1.1　现有的产品与服务

  1.2　YJB 系列多功能液氧储送器产品技术简介

  1.3　YJB 系列多功能液氧储送器产品技术与工艺参数

  1.4　YJB 系列多功能液氧储送器产品优势

  1.5　临床应用报告

 2. 生产条件与环境

[①] 该项目是作者为一家科技企业制作的商业计划书，企业用该商业计划书最终获得了融资。

    2.1　生产厂址选择与自然环境
    2.2　规模生产条件
        2.2.1　原料供应
        2.2.2　公用工程
    2.3　环境保护、劳动安全与消防
        2.3.1　环境保护
        2.3.2　消防安全
        2.3.3　劳动安全
    2.4　工业卫生
3. 市场分析
    3.1　市场调研依据
    3.2　市场组成
    3.3　市场需求分析
    4.4　需求量测算
4. 经营策略分析
    4.1　价值体现
    4.2　产品研发（R&D）策略
    4.3　市场竞争策略
    4.4　产品定价策略
    4.5　销售策略
    4.6　战略联盟策略
    4.7　知识产权策略
5. 企业发展与管理
    5.1　企业简况
    5.2　企业治理结构
    5.3　企业组织结构
    5.4　企业管理团队
6. 项目进度安排
    6.1　企业发展阶段
    6.2　产品生产销售计划

7. 财务分析

    7.1 财务分析的前提

    7.2 财务计算说明

    7.3 财务计算

    7.4 利润分析

    7.5 投资回收期

    7.6 盈亏平衡点分析

    7.7 融资计划安排

8. 风险因素与对策

    8.1 研发风险与对策

    8.2 经营风险与对策

    8.3 市场风险及对策

    8.4 仿制风险及对策

第3部分　附录

附录1：产品TGB—6升液氧储送器北京市医药总公司科学技术成果视同鉴定证书（京医械试字（96）第398117号）

附录2：YJB系列多功能液氧储送器企业标准（Q/DX JHT 001—2000）

附录3：TGB—6升液氧储送器临床试用及合格检测证明

附录4：北京市医药总公司医疗器械产品生产制造认可证书及医疗器械产品注册证

附录5：中华人民共和国专利局颁发的实用新型专利证书（ZL 96 2 03418.5）

附录6：X科技有限公司与中科院低温技术试验中心签订的技术转让合同

以上是一份复杂的制造业创业投资商业计划书的结构。对于争取他人加盟的商业计划书，还需要增加明确说明合伙人的出资方式、利益分享机制等内容。对于争取政府支持的商业计划书，需要增加对创业活动的经济和社会意义的说明，同时对于尽可能详细说明希望政府给予的支持。

7.3　商业计划书重点内容的撰写方法与工具

一份优秀的商业计划书在表述内容的方法和工具上具有突出的优点。

7.3.1 产品或服务

阐述清楚产品的特性、优缺点、技术指标。

除了应用简洁的语言外,应该尽量多采用图、表、公式、曲线、流程和技术指标等专业化的语言和工具阐述产品的性能和优劣势。

1. 对现有产品的介绍

YJB 案例采用表格的形式进行比较,见表 7-2 和表 7-3。

表 7-2 YJB 案例中对各类氧气储送器产品的比较

产品名称	产品的缺陷
医用钢氧气瓶	压力高(15 MPa),存在一定的危险,体积大,笨重,携带和搬运不方便,无法进入家庭,钢瓶内胆为碳钢材质,易与氧产生化学反应,造成二次污染,降低了氧气的纯度
家用小钢瓶	压力高(15MPa),容量小,使用时间短,病人长期使用时需频繁换气
机械制氧机	氧纯度达不到国家规定的医用氧标准,开启噪声大,价格昂贵,耗电量大,交换出的废气排放在室内,会污染室内空气
化学制氧	供氧量小,氧纯度达不到国家规定的医用氧标准,价格昂贵,使用成本高

表 7-3 各类氧气储送器产品性价比的对比

项目	名称	价格/元	换气/元	产氧量/L	吸氧时间/h	流量(L/min)	氧气纯度(%)	元/h
钢氧气瓶	护生 HS	1 010	50	1 200	10	2	99.5	5
送氧服务	中日医院	910	50	1 200	10	2	99.5	5
小气瓶	活力氧	28	3	8	20	0.4	99.0	9
化学制氧	氧立得	298	33	73.5	3.5	0.35	99.5	9.5
液氧	YJB—5	2 400	150	4 300	52	2	99.5	2.9

清华大学获得 2009 年世界大学生创业大赛金奖的项目"艾康医疗创业商业计划书"(以下简称"艾康医疗案例")是一份十分优秀的商业计划书,该创业计划书以研发新医学材料——骨钉为产品。

该商业计划书仅用三张图(见图 7-1~图 7-3)就形象地把骨钉产品的作用、现有种类(金属骨钉和 PLA 骨钉)、主要性能(可降解与不可降解)表述清楚了。特别是以世界著名篮球运动员姚明 13 处受伤、6 次手术为例,说明骨钉的广泛应用价值,具有典型意义,使用国内外通行的"专业语言"。

2. 产品优劣性比较

应用简洁的语言和图、表等专业的工具和语言描述产品的缺陷,见表 7-4。

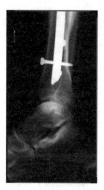
图 7-1 骨钉——固定断骨的钉子

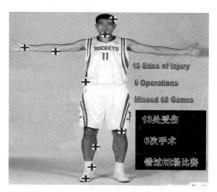
图 7-2 运动员受伤与骨钉的应用

图 7-3 现有产品（主要性能）

表 7-4 不同骨钉的性能比较

产　品	性能（缺点和优点）
金属骨钉	➢ 不可降解（金属骨钉最终必须从人体中取出） ➢ 两次创伤（金属骨钉不仅需要打进人体以固定骨头，最后还需要手术取出） ➢ 双次支付（打进骨钉手术和取出骨钉手术） ➢ 更大的风险 ➢ 更长时间的恢复
PLA 骨钉	➢ PLA 材料降解后为乳酸，会造成局部感染 ➢ 在 X 光下不能正常显影，不利于手术 ➢ 强度低，仅为人体骨头承载力的 40%，易断裂
MPHB 骨钉	➢ 没有副作用（用化学语言——材料降解后的分子式由二氧化碳和水构成呈现，见图 7-4） ➢ 具有合适的降解速度（用描述材料性能的语言——曲线表述，见图 7-5） ➢ 在 X 光下显影,有利于手术中骨钉的定位（用医学语言——X 光照片表述,见图 7-6） ➢ 可诱导新骨生长（用医学语言——显微镜下的观测表述，见图 7-7） ➢ 优良的力学性能（用力学语言——承载力表述最接近人的骨头，见表 7-5） ➢ 更低的成本（用经济成本比较法，见表 7-6） ➢ 产品具有很高的技术壁垒（采用权威机关颁发的证书表述，见图 7-9）

通过对现有产品缺陷的阐述，引入艾康医疗的新产品，采用艾康医疗的商标和产品图片，清晰地描绘了艾康医疗的产品和品牌形象。特别是"I Health 行！"（见图 7-8）表达了对创业产品的自信。

艾康 MPHB 骨钉优点的专业化、简洁描述：

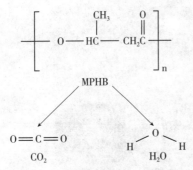
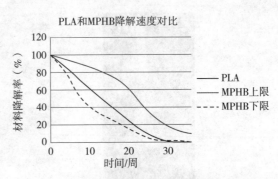

图 7-4　MPHB 骨钉降解分子式　　　　图 7-5　MPHB 骨钉降解速度

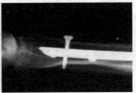
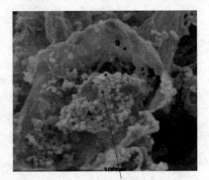

图 7-6　MPHB 骨钉 X 光下显影图　　　　图 7-7　显微镜下的细胞生长

图 7-8　爱康医疗的 MPHB 产品

表 7-5　不同骨钉的力学性能比较

力学性能对比				
产品	金属钉	PLA	MPHB	人骨
强度 /MPa	400	40	120	90~100

表 7-6　可降解骨钉的成本比较

材料成本（Costs of Raw Materials）		
产品名称	PLA	MPHB
价格（USD/g）	7.4	0.9

3. 对产品的资信阐述

方法：采用社会、行业等各类证书及客户评价等方法。

例如：YJB 案例采取了北京积水潭医院临床应用（15 例）、航天中心医院临床应用（15 例）、中国人民解放军第三〇四医院临床试用（30 例）、北京市海淀医院的临床实验（18 例）等数十家医院的临床使用证明。

清华大学艾康医疗案例展示出新骨钉的专利证书和获得国家技术发明奖的证书，如图 7-9 所示。

图 7-9　产品获得的专利证书和奖励证书

7.3.2　对产品市场的分析

市场分析是商业计划书的重点，包括以下几个方面。

1. 市场组成

YJB 案例中对液氧储送器产品的市场细分和定位为医疗市场和保健市场两大类。其消费者包括集团消费和个人消费：

2. 市场分析依据和数据来源

任何市场分析，必须建立在具有公信力的调查和数据来源的基础上。

YJB 案例的市场分析依据和数据来源于：《中国统计年鉴》1999 年版、《北京统计年鉴》1999 年版、北京市卫生局现有医院统计数据参数、《关于北京市社会养老设施的调查报告》（1998 年 8 月 22 日）、《1999 年中国环境状况公报》（2000 年 6 月 5 日）等。

3. 市场规模与增长速度分析

市场需求分析的重点是市场规模和增长速度。如何用简洁的语言和工具进行表述，以清华大学艾康医疗案例为例，对于 MPHB 骨钉的市场定位和规模，案例用了 4 张图进行了定性的描述（见图 7-10）。

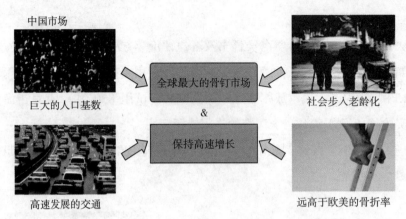

图 7-10 中国骨钉市场状况

这种表达的方法和工具能够给投资者带来极大的震撼。市场需求不仅需要定性分析,也需要定量测度(见图 7-11)。

中国市场富有巨大的潜力!

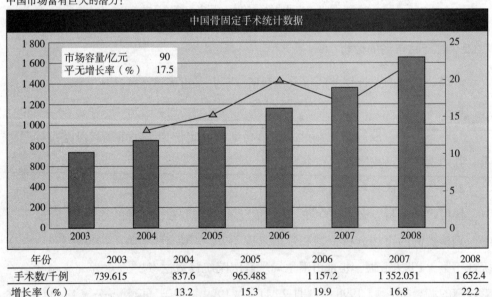

年份	2003	2004	2005	2006	2007	2008
手术数/千例	739.615	837.6	965.488	1 157.2	1 352.051	1 652.4
增长率(%)		13.2	15.3	19.9	16.8	22.2

图 7-11 中国骨钉需求市场规模与增长速度
(资料来源:中国卫生卫生统计年鉴 2004—2009)

图 7-11 不仅测算了中国骨钉市场的规模(每年近 90 亿元),还以年均 17.5% 左右的速度增长。但是,上述市场是中国骨钉的总体市场,对艾康医疗来说,实际市场、目标市场有多大,需要结合企业的发展和能力进行预测,见表 7-7。

表 7-7　艾康医疗北京市场的需求预测

医　　院	合 作 关 系	MPHB 占医院使用骨钉总额比例（第一年）	销售量（千颗）	MPHB 占医院使用骨钉总额比例（第二年）	销售量（千颗）
301 医院	合作研发、动物实验、临床试验	10%	3	20%	6
积水潭医院	临床试验	5%	2	7.5%	3
人民医院	动物实验	4%	1	8%	2
协和医院	动物实验、临床试验	10%	3	13%	4

表 7-7 中，艾康医疗做了两年的市场开拓计划，第一年的目标不超过 10%，第二年增长到 20%。

7.3.3　企业经营环境及策略分析

1. 企业经营环境分析

企业经营环境分析主要分为宏观、中观和微观分析。

（1）宏观环境分析工具——PEST 模型（见图 7-12）。PEST 分析用于企业宏观环境的分析，P 是政治（politics），E 是经济（economy），S 是社会（society），T 是技术（technology）。

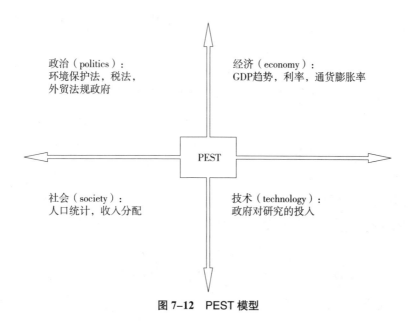

图 7-12　PEST 模型

（2）中观环境分析工具——波特五力模型（见图7-13）。波特五力模型由迈克尔·波特（Michael Porter）于20世纪80年代初提出，模型将大量的、不同的因素汇集在一个简单的模型中，以此分析一个行业的基本竞争态势。5种力量模型确定了竞争的5种主要来源，分别为同行业内现有竞争者的竞争能力、潜在竞争者进入的能力、替代品的替代能力、供应商的讨价还价能力、购买者的讨价还价能力。

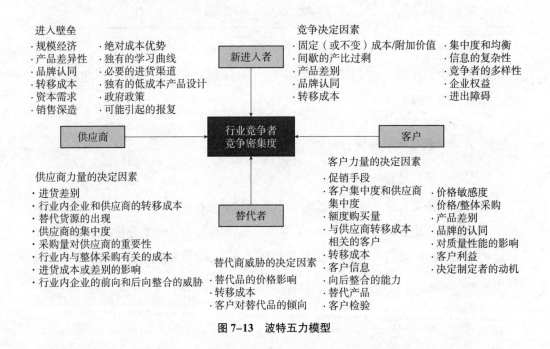

图7-13 波特五力模型

（3）微观环境分析工具——SWOT模型（见图7-14）。SWOT分析法，也称态势分析法，20世纪80年代初由美国旧金山大学的管理学教授韦里克提出，经常被用于企业战略制定、竞争对手分析等。麦肯锡将SWOT分析具体化为对企业的优势（strengths）、劣势（weaknesses）、机会（opportunities）和威胁（threats）的分析。因此，SWOT分析实际上是对企业内外部条件进行综合和概括，进而分析企业的优劣势、面临的机会和威胁的一种方法。

艾康医疗的SWOT分析如图7-15所示。

2. 企业营销策略分析

艾康医疗用一张全国地图将企业的营销布局和策略标注清晰。针对医疗产品营销的特点，艾康医疗提出了符合产品和清华大学创业特色的营销策略（见图7-16）。

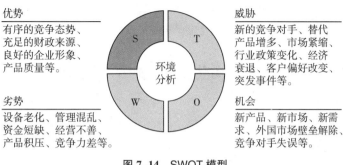

图 7-14 SWOT 模型

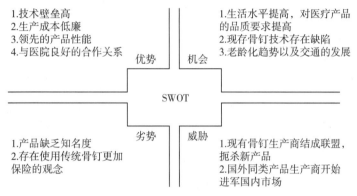

图 7-15 艾康医疗的 SWOT 分析

图 7-16 艾康医疗产品营销策略

7.3.4 竞争态势分析

企业竞争态势分析的核心内容包括竞争企业是谁？竞争产品有哪些？竞争者的市场占有率是多大？竞争者的优缺点是什么？艾康医疗用一张矩阵图回答了上述关键问题（见图 7-17）。

（1）目前市场上有三种竞争产品：金属骨钉、PLA 骨钉和 MPHB 骨钉（尚未进入市场）。

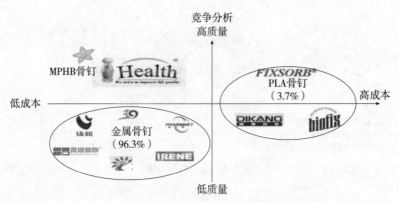

图 7-17 艾康医疗竞争态势分析

（2）三种产品的优劣势：金属骨钉的成本最低，但是性能最差。PLA 骨钉性能居中，但成本最高。MPHB 骨钉性能最好，成本大大低于 PLA 骨钉（仅为其 12%）。

（3）金属骨钉共有 100 多家厂商，其中北京白慕、上海瑞邦、天津康利民、艾瑞等 6 家企业是最重要的竞争者，市场占有率高达 96.3%。PLA 骨钉有三个竞争者：芬兰百优、日本他喜龙、四川迪康，市场占有率仅为 3.7%。

结论：金属骨钉市场行业集中度低、技术壁垒低、生产厂商规模小、易被攻击，是 MPHB 骨钉的主要竞争产品。PLA 骨钉市场行业集中度高、难以攻破。因此，艾康医疗将采取与 PLA 骨钉企业联盟，共同抢占金属骨钉市场份额的竞争策略。

7.3.5 财务分析

财务分析的重点是财务的三张基本报表。

1. 资产负债表

资产负债表（balance sheet），亦称财务状况表（statement of financial position），表示企业在一定日期（通常为各会计期末）的财务状况（即资产、负债和权益的状况）的主要会计报表。资产负债表主要提供有关企业财务状况方面的信息。资产负债表可以提供某一日期资产的总额及其结构，表明企业拥有或控制的资源及其分布情况，即有多少资源是流动资产、有多少资源是长期投资、有多少资源是固定资产等。

2. 损益表

损益表（income statement）（或利润表）是用以反映企业在一定期间利润实现（或发生亏损）的财务报表，它是动态报表。损益表可以为报表的阅读者提供作出合理的经济决策所需要的有关资料，可用来分析利润增减变化的原因，作出投资价值评价等。损益表所反映的会计信息，可以用来评价企业的经营效率和经营成果，评估投资的价值和报酬，进而衡量企业在经营管理上的水平。

3. 现金流量表

现金流量表（cash flow statement）是反映企业在一定的会计期间现金和现金等价物流入和流出的报表。现金是指企业的库存现金以及可以随时用于支付的存款。现金流量表具有十分重要的功能：反映企业的现金流量，评价企业未来产生现金净流量的能力，还可以评价企业偿还债务、支付投资利润的能力，帮助企业分析净收益与现金流量间的差异，并解释差异产生的原因。通过对现金投资与融资、非现金投资与融资的分析，全面了解企业的财务状况。作为一个分析工具，现金流量表的主要作用是决定公司的短期生存能力，特别是缴付账单的能力。它是反映企业在一定时期内现金流入和现金流出动态状况的报表，其组成内容与资产负债表和损益表相一致。

7.3.6 风险及规避

对项目实施中可能遇到的风险要进行预测并提出解决方案。艾康医疗应用一张表列出了风险及规避方案（见表 7-8）。

表 7-8 艾康医疗项目的风险表现与规避方案

风险类型	风险表现	规避方案
技术风险	高环境敏感度	预先对手术人员培训，制定设备和手术标准
政策风险	各类证件审批延迟的风险	联合研究机构，获得政府支持
财务风险	没有足够的资金支持	争取政府支持、风险投资和银行贷款
管理风险	缺乏管理经验	雇用职业经理人

7.4 撰写商业计划书的注意事项

1. 成功的商业计划书应有的特点

（1）清楚、简洁。

（2）清晰地展示创业者所做的市场调查。

（3）清晰地描述预期的市场容量、客户的需求特征。

（4）令人信服地解释客户为什么会掏钱买你的产品或服务。

（5）适当描述"创业受阻"时的"投资退出策略"。

（6）清晰地解释为什么"你最适合做这件事情"。

2. 撰写商业计划书时应该避免的问题

（1）过分乐观，忽视竞争威胁，认为自己没有竞争对手（不可信）。

（2）含有与产业标准、常规经验相距甚远的数据。

（3）仅面向一种产品（业务缺乏发展性）。

（4）进入一个拥挤的市场（机会之窗关闭）。

（5）要钱，但不要创投企业介入经营。

（6）初创公司，但想做好每一件事，缺乏经营的焦点。

本章思考题

1. 商业计划书的界定与功能是什么？
2. 商业计划书的结构和主要内容是什么？
3. 简述撰写商业计划书的主要方法和工具。

第 2 篇　创新篇

进入 21 世纪，创新已经成为企业生存和发展的第一要素。在创新高度发展的美国，"设法使创新发生"已经上升为工业界面临的首要问题。然而，在我国，有些企业管理者还认为：不创新是等死，创新是找死。关键问题是相当多的企业管理者对创新的理论、方法和实践"看不见、看不起、看不懂、学不会，但挡不住"。因此，系统地学习创新的理论和方法是本部分的核心内容。

第 8 章 企业技术创新

本章的核心内容：
- 技术创新的基本理论
- 技术创新的分类
- 产品创新与工艺创新的方法
- 制造业服务化的趋势和内涵
- 技术创新的目标和影响成功的因素

8.1 技术创新理论的演化

8.1.1 技术创新

"创新"一词在我国存在着两种理解：一是从经济学的角度来理解；二是根据日常含义来理解。目前，人们经常谈及的创新，一般是指"创造和发明新东西"。然而，新的发明和创造就等于创新吗？

1. 问题的提出：超导的研发是创新吗？

2019年10月14日，《科技日报》报道："突破极限，中国高温超导领跑世界。"超导是指某些物质在一定的温度条件下（一般为较低的温度）电阻降为零的特性。科学家们一直在努力寻找新的超导材料，已经有10人获得了5次诺贝尔奖，其科学性、重要性不言而喻。但是，这是一项创新吗？回答这个问题前，需要深入剖析技术创新理论的本义。

2. 熊彼特对技术创新的界定

创新理论的鼻祖美籍奥地利经济学家熊彼特（J. A. Schum-peter）在1911年德文版的《经济发展理论》一书中，首次提出"创新"的概念，并于1939年出版的《商业周期》一书中比较全面地提出了创新理论。

熊彼特认为,创新就是"建立一种新的生产函数",把过去从未有过的关于生产要素和生产条件的"新组合"引入生产体系,这种新组合包括:引进新产品、引入新技术、开辟新市场、寻找新的原材料供应来源、实现一种新的工业组织。据此,熊彼特对企业与企业家作出如下定义:"将这些新的组合加以推行的组织,我们称之为企业;把职业当作实现新组合的人,我们称之为企业家。"

熊彼特认为,企业家就是将新发明引入生产体系,而创新就是发明的首次商业化。因此,在发明没有实现商业化之前,发明只是一个新概念,而第一次将发明引入生产体系并实现商业化的行为才是创新行为,之后的行为只能被称为模仿。

这里有三个关键词:新技术、首次和商业化。

3. 部分学者与机构对技术创新的界定

部分学者与机构对技术创新的定义,见表8-1。

表8-1 部分学者与机构对技术创新的定义

学　　者	定　　义
熊彼特(1943)	技术创新是建立一种新的生产函数,把一种从未有过的关于生产要素和生产条件的"新组合"引入生产体系,这种新组合包括引进新产品、引入新技术、开辟新市场、寻找新的原材料供应来源和实现一种新的工业组织。其中,新技术是广义上的技术,包括上述"新组合"的5个方面
德鲁克(1986)	从供需关系的角度对创新进行了解释,得出创新成果是企业的资源供给情况和消费者的需求满意程度得以变化的结论。企业家就是创新家,企业家精神也就是创新精神
阿马比尔等人(1988)	从管理过程的角度对创新进行了解释,认为创新是以提升管理效率为目的来实现持续发展而开展的、由员工提议和实践新的想法和方法的整个流程
弗里曼(1988)	从经济学的角度对创新进行定义,认为技术创新包括产品创新、过程创新(工艺创新)、扩散等,是技术的、工艺的和商业化的全过程,导致新产品的市场实现和新技术工艺与装备的商业化应用
弗拉斯卡蒂手册(OECD组织,1988)	创新包括科学、技术、商业和金融方面的一切必要的措施,创新是发明的首次商业化应用
斯通曼(1989)	技术创新是首次将科学发明输入生产系统,并通过研究开发,努力形成商业交易的完整过程
傅家骥等人(1991)	技术创新是从市场显在或潜在的需求出发,将新的技术或技术构想用于企业的生产经营之中,以创造新的经济价值、实现新的商业利润的活动
许庆瑞等人(1992)	技术创新是指从一个新的构思出发到该构想获得成功的商业应用为止的全部活动
中国政府(1999)	1999年8月在国家技术创新大会上将技术创新定义为:"企业要用创新的知识、新技术、新工艺,采用新的经营管理模式和生产方式,开发生产新的产品,提高产品质量,提供新的服务,从而占据市场并实现市场价值。"

通过上述对技术创新理论的深入解读，关于超导技术属不属于创新的问题迎刃而解。只有当超导技术应用于生产体系并将产品商业化后，才能确定为完成了超导技术的创新。技术的商业化是技术创新的终点，也是检验新技术是否完成了创新的最终环节。

8.1.2 企业为什么要创新

国内一些企业认为，创新已经成为新的信仰，不创新是等死，但是创新是找死。对此，即使在发达国家，企业也是逐步提高认识的。美国的 IRI（Industrial Research Institute）曾经在对美国主要技术类公司的年度调查中发现，"设法使创新发生"已经上升为工业界面临的首要问题。创新已经成为攸关企业存亡的第一要素，这也是管理大师们的共同认识。

1. 技术创新的典型特征

企业为什么忌惮技术创新？这与技术创新的两大特征相关。

（1）创新的风险极大。IRI 曾经对 1 750 个创意进行调查，发现最终只有一个创意形成产品并最终获得成功（见图 8-1），由创新失败带来的损失是许多企业家难以承受的。

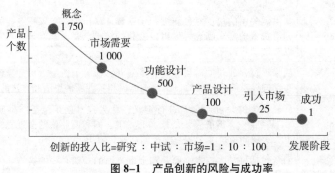

图 8-1　产品创新的风险与成功率

调查发现，1 750 个创意经过市场标准的检验，就有 750 个创意被淘汰，剩下的 1 000 个创意要完成功能设计，又会有 50% 的创意被淘汰，完成功能设计的创意经过产品设计后，又有 400 个创意被淘汰。剩下的 100 个完成产品设计的创意，只有 25 个新产品被引入市场，最后仅有 1 个产品在市场上获得成功。因此创新成功的概率很低，仅有 1/1 750。在一些特殊的行业，上述比例还会发生变化，如医药产品创新的成功率更低，如图 8-2 所示。

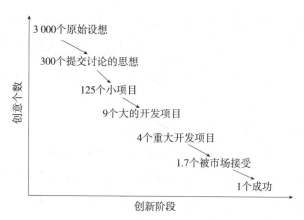

图 8-2　医药行业创新的成功率

（2）创新投入极大。不仅创新成功的概率很低，创新失败的损失也会随着创新过程的延续而不断加大。在创新的过程中，如果我们把研究开发（R&D）、产品中试、推向市场三个过程作为创新的整个过程，那么在业界有一个黄金比率，即创新全过程中的投入比＝研发∶中试∶市场＝1∶10∶100。也就是说，研发需要投入 1 个单位的货币，中试需要投入 10 个单位的货币，完成市场商业化需要投入 100 个单位的货币。技术创新风险大，失败后损失大，使得企业对创新决策十分慎重。

2．企业开展技术创新的必要性和可能性

尽管创新成功的概率不高，失败的损失很大，但是国内外优秀的企业仍然将创新作为企业获得竞争优势的第一要素。创新出现了以下七大发展趋势。

（1）科技发展日新月异。国际上评价科技发展主要从科学发展与技术发展两个方面进行。

1）科学发展评价。测度指标采用高水平期刊数量和高质量论文数。人类历史上被称为具有较高水平期刊的发展历程，见表 8-2。

表 8-2　较高水平的期刊数

时　　期	较高水平的期刊数量
17 世纪中叶	2
18 世纪中叶	10
19 世纪初	100
1850 年	1 000
1963 年	50 000
20 世纪 80 年代	100 000

日本文部科学省"科学技术·学术政策研究所"当地时间2020年8月7日公布了反映世界各国科学技术活动情况的"科学技术指标2020",并表示在2016—2018年发表的自然科学领域的年均论文数量方面,中国超过美国首次排名世界第一。从引用次数看,在关注度较高的论文数量排行中,美国居首,中国第二,日本列第九,说明中国论文的质量也在不断提升。

2)技术发展评价。测度指标主要采用高质量的专利数。

近十余年来,世界专利申请及授权件数均保持稳步增长态势。2019年10月,世界知识产权组织(WIPO)发布了《世界知识产权指标2019年度报告》,如图8-3所示。

图8-3 2004—2018世界专利申请趋势
(资料来源:《世界知识产权指标2019年度报告》)

国家知识产权局在2018年收到150万件专利申请,位居全球第一。美国专利商标局收到597 141件专利申请,位居全球第二,其次是日本专利局(313 567件申请)、韩国知识产权局(209 992件申请)、欧洲专利局(174 397项申请)。以上五大知识产权管理机构接收的专利申请量达到全球总量的85.3%,比2008年高出10个百分点,中国的份额从15%增加到46.4%。

(2)产品的技术创新周期越来越短。创新周期起始于研发,终止于商业化完成。如图8-4所示,黑色实线表示创新的起始与终结,照相技术从研发到最后进入商业化应用约需用110年,蒸汽机用了89年,电话、收音机、电视机、晶体管、集成电路、高速磨削技术、激光等重大技术创新的时间越来越短,激光技术从研发到进入市场商业化仅用了两年多。

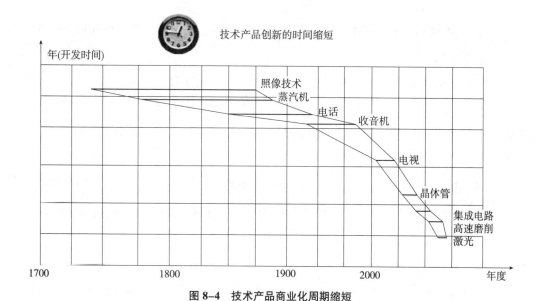

图 8-4 技术产品商业化周期缩短

（3）产品的生命周期越来越短。产品生命周期是指产品从投入市场到更新换代和退出市场所经历的全过程，是产品在市场运动中的经济寿命，即在市场流通的过程中，由于消费者的需求变化以及影响市场的其他因素所造成的商品由盛转衰的周期。

20世纪六七十年代，约20%的产品生命周期低于5年，约50%的产品生命周期高于10年。10年后，50%的产品生命周期低于5年，35%的产品生命周期低于10年，15%的产品生命周期高于10年。70年代的中国最流行的一个词是耐用消费品，民间认可的耐用消费品是"三转一响"（手表、缝纫机、自行车和收音机，如图8-5所示）。

图 8-5 耐用消费品"三转一响"

进入21世纪，消费品的平均生命周期越来越短。根据国家知识产权局的统计，电子通信领域的技术生命周期只有1.8年。

（4）消费者对产品的特殊要求增多。20世纪六七十年代，对一项标准产品大约10%的询价用户有特殊要求，而在70年代，必须考虑90%的询价用户有特殊要求。例如，10年前，一个产品系列有500个品种就能覆盖一个市场，而今天却要有4 000个品种才能满足要求。

（5）知识老化的速度加快。知识老化的速度：18世纪，80~90年；19世纪，30~40年；20世纪初到20世纪中期，15~20年；20世纪70年代以后，5~10年；现在，1~2年。

（6）新技术的研发投入越来越大。

1）衡量企业研发投入的主要指标。研发投入是评估一家企业创新能力最重要的因素之一，除了绝对数以外，还采取研发经费占企业销售额的比重（研发强度）进行测量（见表8-3）。

表8-3 2019年世界企业研发投入前10名

排名	企业名称	国家	2017—2018年度研发投入/10亿欧元	研发强度/%	2004—2019年排名变化
1	阿尔法特	美国	18.3	15.3	上升大于200
2	三星	韩国	14.8	7.8	上升31
3	微软	美国	14.7	13.4	上升10
4	大众	德国	13.6	5.8	上升4
5	华为	中国	12.7	13.9	上升大于200
6	苹果	美国	12.4	5.4	上升98
7	英特尔	美国	11.8	19.1	上升7
8	罗氏制药	瑞士	9.8	19.4	上升10
9	强生	美国	9.4	13.2	上升3
10	戴姆勒·奔驰	德国	9.0	5.4	下降7

数据来源：欧盟委员会的《2019年欧盟工业研发投资排名》。

2）衡量国家创新投入的主要指标。用研发经费占GDP的比重和研发经费总额来测量。近年来，发达国家的研发经费占GDP的比重日益增大（见表8-4）。

根据世界银行的统计，2009—2018年，我国的研发投入占GDP的比重逐年上升，已经超过2.0，接近发达国家的水平（见图8-6）。自2009年以来，我

图 8-6　我国 2009—2018 年研发支出占 GDP 比重的增长趋势
（数据来源：世界银行）

国的研发投入占 GDP 的比重逐年上升，截至 2020 年已经达到 2.4%，接近发达国家水平。

表 8-4　2019 年世界企业研发投入 GDP 占比前 10 名

排　名	国　家	研发投入/亿欧元	研发投入的 GDP 占比/%
1	美国	5 818.73	2.84
2	中国大陆	2 971.15	2.18
3	日本	1 601.87	3.22
4	德国	1 194.62	2.99
5	韩国	729.23	4.24
6	法国	599.10	2.16
7	英国	467.31	1.65
8	意大利	282.31	1.36
9	澳大利亚	278.03	1.89
10	加拿大	265.91	1.55

数据来源：欧盟委员会的《2019 年欧盟工业研发投资排名》。

（7）技术创新对经济增长的作用越来越大。1990 年，迈克尔·波特在《国家的竞争优势》一书中提出了经济发展的 4 个阶段：要素驱动（factor-driven）阶段、投资驱动（investment-driven）阶段、创新驱动（innovation-driven）阶段和财富驱动（wealth-driven）阶段。进入 21 世纪，我国将从投资驱动阶段向创新驱动阶段转变。

科技进步对经济的贡献率显示了一国科技进步对经济增长的作用大小，20 世纪 80 年代，OECD 组织测量的世界平均科技进步贡献率为 60%~80%，其中美国为 80%、日本最高达到 82%。

毫无疑问，上述世界创新七大发展趋势，表明创新发展不仅是国与国之间的竞争，也是企业间竞争的第一要素。

8.1.3 企业是技术创新的主体

技术创新的主体是指参与技术创新活动过程,并在技术创新活动中居于主导地位、发挥主导作用的社会组织或社会角色。企业成为技术创新的主体主要基于两个方面:①技术创新的过程只能由企业来完成。②技术创新的结果只能通过社会生产过程来实现。企业是社会生产的主体,当然也应该成为技术创新的主体。

现代企业技术创新的主体可以进一步分为决策主体、开发设计主体、生产主体、销售主体和管理主体等,这些主体在各自拥有的特定知识思维能力和经验操作能力的范围内协同作用,共同完成技术创新的整个过程,如图8-7所示。

企业成为技术创新的主体,包含多种主体地位,见表8-5。

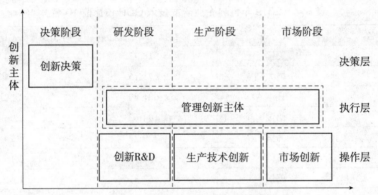

图 8-7 技术创新主体与阶段关系
(资料来源:李兆友,技术创新主体论)

表8-5 企业创新的主体地位及其内容

企业创新主体	主 体 内 容
决策主体	适时、准确、快捷的决策,成为决定技术创新取得成功的首要问题,也成为技术创新有效实施的前提和基础。这就需要创新决策主体在其中发挥动力源作用,而只有企业家才能胜任
开发设计主体	主要包括新产品的开发设计主体和试制主体
生产主体	生产技术创新是指对生产技术活动进行的创造性开发与改进,包括生产工艺流程、加工技术、操作方法、生产技术装备、产品成本、产品质量等方面的开发和改进。生产技术创新是围绕着产品的生产制造展开的,它是每一项创新产品被优质、高效地生产制造出来的根本保证
销售主体	通过引入各种新市场要素,实现这些要素的商品化与市场化,以开辟新的市场,促进企业赖以生存与发展的新市场的研究、开发、组织与管理等活动。具有市场创新能力的营销人员应是市场创新的主体,市场创新主体的主要目标是开辟新市场
管理主体	企业把新的管理要素(如新的管理理论、方法、工具、模式等)或要素组合引入企业管理系统以更有效地将创造性思维转换为有用的产品或服务,实现技术创新的目标

创新示范城市深圳的创新体系最显著的特征是企业成为技术创新的主体，表现在四大方面（又称四个"90%"现象）：90%以上的研发机构在企业、90%以上的研发人员在企业、90%以上的研发资金源于企业和90%以上的专利发明出自企业。

8.1.4 几组常见概念的区别

1. 技术创新与发明创造的区别

发明创造是指新概念、新设想或者试验品，它是技术创新的思路来源、技术来源，但它不包含应用。因此，发明创造不等于创新，但是绝大多数的技术创新来源于发明创造，只有商业化应用了的发明创造才是创新。

创新 = 发明 + 开发 + 商业化。

2. 技术创新与模仿、改进的区别

技术创新首先必须以新技术为载体，其次这种新技术必须首次获得商业化应用。第二次乃至更多次的引用，只能称为模仿。模仿是指企业通过反向工程等方法，仿制和生产创新者的产品，尽管模仿也需要进行研发投资以获得学习和模仿的能力（Cohen和Levinthal，1989），但是由于它不是首次将技术商业化，因此不属于创新。

改进与模仿是有区别的。改进必须产生新的技术知识，可以申请专利保护，具有产权属性。从经济学和产权制度的角度看，模仿与改进创新的区别主要表现在以下三个方面。

（1）成本问题。改进创新必须产生新的技术知识，要求更多的投入。

（2）法律问题。改进可以获得新的专利，而模仿却不能。

（3）需求问题。这是最重要的。模仿不产生新的市场需求，而改进则不同，它能提高产品的质量、增加新的功能，因而可以拓展、创造新的市场需求。

3. 技术创新与研发的区别

研发（research and development，R&D）是指在科学技术领域，为增加知识总量（包括人类文化和社会知识的总量），以及运用这些知识去创造新应用所进行系统性创造的活动，并利用这一知识进行新的发明（OECD，1981）。

研发的内容主要包括：基础研究、应用研究、实验开发。

技术创新的产出是不断地推出商业化的创新产品，而研发活动的产出主要是科学论文和专利。1980年，《弗拉斯卡蒂手册》指出："创新包括了科学、技术商业和金融方面的一切必要措施，以便成功地开发和销售新的或改进的制造品，以

及商业化应用新的或改进的工艺、设备和引入社会服务的新方法。研发仅仅是这些步骤中的一个"。

例如，1880年，爱迪生提出了一份磁铁检矿机专利；1881年，爱迪生在长岛的南岸建起了一座试验工厂，推销该专利产品，完成了创新；爱迪生曾发明、设计了长窑，并于1909年获得了长窑的专利权，据此创建了爱迪生水泥企业，该企业曾位列全美国第5位；1893年，爱迪生发明了电影技术，并于1894年4月14日在纽约开设了第一家活动电影放映影院；1903年，爱迪生参与摄制了第一部故事片《列车抢劫》，并进行了商业放映。

毫无疑问，正是爱迪生的发明创造及其努力地使其商业化，才使得他的绝大部分的发明创造为人类所使用。由此可见，爱迪生既是一位成功的发明家，也是一位创新家。

8.1.5 发明与完成创新的时滞

创新往往是一个包含发明直至商业化应用的过程，因此，创新与发明之间存在着一定的时滞。如图8-4所示，图中黑粗线的起点表示该技术完成发明创造的时间，终点表示该技术完成创新（实现商业化）的时间，两点之间的长度就是创新与发明的时滞。随着人类科学技术的不断发展和生产制造能力的不断加强，这种时滞也越来越短。

历史上重大技术创新与发明的时滞，见表8-6。

表8-6 重大技术创新与发明的时滞

技术与产品	发明年份	创新年份	滞后期/年
日光灯	1859	1938	79
采棉机	1889	1942	53
拉链	1891	1918	27
电视	1919	1941	22
喷气发动机	1929	1943	14
雷达	1922	1935	13
复印机	1937	1950	13
尼龙	1928	1939	11
无线电报	1889	1897	8
三级真空管	1907	1914	7
圆珠笔	1938	1944	6

特别是当发明者与创新者合二为一时，可以大大地缩短"滞后期"。在整个创新的周期中，缩短发明与创新的时滞，是企业竞争的核心，是技术创新的三大目标之一。

8.1.6 创新理论的后续发展

在熊彼特提出了创新的概念和理论后，该理论得到诸多学者的推崇、继承和发扬。熊彼特之后的创新理论发展，见表 8-7。

表 8-7 熊彼特之后的创新理论发展

学 者	主 要 观 点
索罗	《商业周期》出版 12 年后，索罗在《在资本化过程中的创新：对熊彼特理论的评论》一文中首次提出技术创新成立的两个条件：新思想来源和以后阶段的实现发展。这一"两步论"被认为是技术创新概念界定上的里程碑。索罗最大的贡献是提出了科技进步对经济贡献率的测度方法，为此，他获得了诺贝尔经济学奖
曼斯菲尔德	研究对象主要侧重于产品创新。产品创新是从企业对新产品的构思开始，以新产品的销售和交货为终结的探索性活动
厄特巴克	在创新研究中独树一帜，认为"与发明和技术样品相区别，创新就是技术的实际采用和首次运用"
弗里曼	1974 年出版《工业创新经济学》(*The Economics of Industrial Innovation*)。他认为技术创新在经济学上的意义只是包括新产品、新过程、新系统和新装备等形式在内的技术向商业化实现的首次转化
迈尔斯和马奎斯	将创新定义为技术变革的集合。认为技术创新是一种复杂的活动过程，从新思想和新概念开始，通过不断地解决各种问题，最终使一个有经济价值和社会价值的新项目得到实际运用
缪塞尔	在 20 世纪 80 年代中期做了较系统的整理分析后认为对技术创新的定义接近下述表达：技术创新是以其构思新颖性和成功实现为特征的、有意义的非连续事件

8.2 技术创新的分类

8.2.1 《奥斯陆技术创新统计手册》的分类

《奥斯陆技术创新统计手册》按照技术创新对象的不同，将技术创新主要分为产品创新和工艺创新。

1. 产品创新

《手册》将产品创新（product innovation）分为以下两大类。

（1）重大产品创新：是指其用途、性能、特征或使用的材料和部件与以往制造的产品有显著的差异。其特征包括：涉及全新的技术；组合已有的技术取得新的应用。

（2）渐进产品创新：是指在现有产品的基础上其性能得到提高或改进的产品。其特征包括：通过使用高性能的部件或材料而得以改进的产品，表现为改进了性能或降低了成本；通过局部改变产品其中一个子系统而得以改进的复杂产品。

2. 工艺创新

工艺创新，也称为过程创新，是指对新的或重大改进的生产方法或工艺的采用，它将对产品的性能、特征和成本等产生显著的影响。其特征包括：用以生产用现行生产方法无法生产的新的或改进的产品；用于提升现有产品的生产效率。

8.2.2 英国苏塞克斯大学科学政策研究所的分类

目前，最为详尽的分类是英国苏塞克斯大学科学政策研究所（Science Policy Research Unit, SPRU）的分类，该分类是基于技术创新的特点和影响程度进行的分类。

1. 渐进性创新

渐进性创新（incremental innovation）是一种渐进的、连续的小创新，是指对现有技术的改进和完善引起的渐进性、连续性的创新。如集装箱尽管在技术上没有重大突破，但其商业价值非常大。

渐进式创新值得企业重点关注。这类创新往往出自于直接从事生产的工程师、工人、用户之手。这类创新对产品的成本和性能具有巨大的累积性效果。

例如，爱迪生曾经将白炽灯碳丝的直径由原来的"1/32"改为"1/64"，因而使电阻增加了4倍、光辐射表面降低2倍，导致光输出增加8倍。灯的寿命由原来的一个小时提高了几百倍。同样，人们还发现，对白炽灯泡的累积性创新，使其成本已经降低了80%以上。

2. 根本性创新

根本性创新（radical innovation），也称为重大创新，这类创新以技术上的重大突破为特征，一般是系统化研究和开发工作的结果，常伴有产品创新、工艺创新和组织创新的连锁反应，可引致产业结构的变化，或者创造一个新产业，从而彻底改变竞争的性质和基础，决定了以后的竞争格局和技术创新格局。

例如，晶体管替代电子管、集成电路替代晶体管、芯片技术替代集成电路，彻底改变了半导体通信产业的发展和竞争。

3. 技术系统的变革

技术系统的变革（change of technology system）会影响许多经济部门。伴随新兴产业的出现，这时不但有根本性的、渐进性的创新，还会有技术上有关联的创新集群的出现。这类创新将产生具有深远意义的变革，通常会伴随新产业的出现。

4. 技术范式与技术轨道

意大利经济学家多西（Giovanni Dosi）在借鉴科学范式理论的基础上提出"技术范式—技术轨道（technology paradigm and technology）"模式，认为：根本创新会产生某种观念，这种观念一旦规范下来就成为技术范式，每个技术范式下都有多条技术轨道，沿着技术轨道轨迹的渐进性创新不断涌现，而技术范式的更替带来了根本性创新。这类创新将包含根本性的创新群和技术系统变革。

例如，20世纪40年代末期，晶体管的发明与创新，引导人们进入了信息技术、信息经济和信息时代，这几乎影响到经济的各个部门，导致经济周期的出现。

5. 突变性创新

突变性创新（break innovation）是指由于某一种创新，使相应的技术领域在短时间内发生质的突破。突变性创新往往会产生一个全新的技术领域或产品。在这种技术变动方式的改变中，技术跳跃特别值得关注。

尼龙的发明和创新，使汽车轮胎产业发生了极大的变化。尼龙替代人造丝材料，大大提高了轮胎的寿命。同样，聚酯材料的发明与创新，又使尼龙轮胎被淘汰。因此，对未来技术发展进行预测的关键是识别最重要的技术，基本的创新是由关键的技术产生的,这些关键技术引起创新过程中技术的跳跃。在轮胎技术的发展中，当塞伦尼斯公司发明了用聚酯代替杜邦公司的尼龙时，杜邦公司不仅没有意识到尼龙技术正处于S曲线的极限位置，更没有意识到轮胎帘子布的材料技术正在发生着跳跃。缺乏对关键技术发展的跟踪，使其多花费了7 500万美元的研发经费用于尼龙技术的深入开发。而只要对聚酯技术的专利进行监视与分析就会发现，在尼龙技术的S曲线开始进入极限位置时，聚酯技术的专利开始出现，而且很快出现增长，如图8-8所示。

8.2.3 基于技术变化分类的技术创新特征分析

从技术变化分类方面分析技术创新的特征，主要体现在知识来源、技术变化、创新产品性能变化、时间及相关的案例等方面，见表8-8。

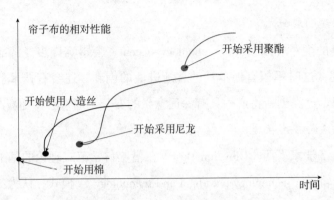

图 8-8　技术的跳跃与关键技术的识别

表 8-8　技术创新的特征分析

创新的类型	突变性创新	渐进性创新	根本性创新
知识来源	基于基础研究	基于定向的应用研究	基于研究（基础与应用的积累）
技术变化	新的技术领域技术的跳跃	新的技术组合与选择要素关系的改变	产生新的技术领域并伴随大量的技术组合的改变
创新产品性能变化	全新的产品	功能改变、新功能开发、材料或要素的改变	技术全新、功能与要素改变的产品
时间	短期	长期	长短不定
案例	雷达、激光的发明与创新	白炽灯的改进	晶体管替代电子管，集成电路替代晶体管

不同类型技术创新的时间长短不一，发生的频次也不一样，见表 8-9。从其中可以看出基本创新与根本性创新发生的频次较低，改进性创新整体比较高，但是非常重要的改进创新发生频次相对较低，进而反映重大创新所需要的前期积累的重要性以及重大创新对社会发展影响的程度与时限性。

表 8-9　1953—1973 年中 1 242 项创新的分类

类　别	频　数
基本创新	7
根本创新	29
非常重要的改进创新	62
重要的改进性创新	145
较次要的改进性创新	239
较次要的产品或工艺差别	760

8.2.4　基于经济效益大小分类的技术创新研究分析

在渐进性创新和根本性创新对企业组织的经济意义和影响方面，学者们也进行了研究分析，见表 8-10。

表 8–10　渐进性创新与根本性创新的经济效益研究

代表性学者	研 究 结 论
罗森伯格（1976）	技术渐进的改进对生产效率的提高具有累积效应，从而使得这种微小改进总的作用可能超过相对大的创新
尹杰森·尊胜（1993）	应用现值指数模型对美国石油精炼工业 1900—1960 年 5 个重要工艺创新的经济效果进行了定量考察，结果表明渐进性创新在经济收益上要大于根本性创新
杜瓦和达顿；图斯曼和安德森（1986）	渐进性创新对企业经济绩效具有重要的作用
萨缪尔·霍兰德尔	发现工厂在设计人造丝时，一半以上的成本降低来自加工方法的小改进，而不是靠正式的工程项目或较大的变革
约翰·伊诺斯	在石油精炼的过程中，累积的渐进性进展会导致生产率的提高，从而使最初阶段的创新效果与后来的累积性渐进创新相比不明显

结论：渐进性创新的经济效益大于根本性创新。

8.3　产品创新与工艺创新

OECD 在其发布的《技术创新调查手册》中，从企业层次划分了技术创新的类型并指出：技术创新包括新产品和新工艺，如果新产品进入了市场（产品创新），或新工艺在生产中得到了采用（工艺创新），那么技术创新就完成了。它不包括熊彼特讨论过的其他类型的创新，如新市场的开拓、原材料或半制成品新供应源的获取、产业的重新组织等。

根据上述定义，将创新划分为两类：产品创新和工艺创新。

8.3.1　产品创新

1957 年，美国学者艾伦和汉密尔顿在《新产品管理》一书中，首次较为完整地提出了产品生命周期理论。20 世纪 70 年代，关于新产品开发成败的研究项目在英国、加拿大等国启动，如英国的 Project SAPPHO，加拿大的 Project New Prod，以及美国的 Stanford Innovation Project 等。1976 年，美国成立了主要致力于产品开发管理的研究组织——产品开发和管理协会（Product Development and Management Association，PDMA）1984 年创办了 *Journal Product Innovation Management*，标志着产品创新管理系统化研究的开始。

1. 产品创新的两种主要形式

第一种形式：重大的产品创新，这是一种预期用途、性能属性、设计性能或使用的材料和部件与以前制造的产品有显著差异的产品创新。这些创新可以涉及全新的技术，也可以组合已有技术取得新的应用。

例如，第一批微处理机是全新类型的产品创新；第一批便携式磁带放音机，组合了已有的磁带和微型耳机技术，是重大的产品创新。

第二种形式：渐进的产品创新，这是指一种产品其性能得到提高或改进的创新。它有两种形式：一种是通过使用高性能的部件或材料得以改进的简单产品（改进了性能或者降低了成本）创新；另一种是通过局部改变进而改进由大量集成的技术子系统组成的复杂产品创新。

例如，在厨房设备中，用塑料代替金属就是第一种产品创新；在汽车中引入ABS制动装置则属于第二种产品创新。

罗伯特·库珀在《新产品开发流程管理》中列出了6种不同类型或是不同级别的新产品，见表8-11。

表8-11　6种不同类型的新产品

分　类	内　容
全新产品	此类产品是市场上同类产品的第一款产品，占总产品数量的10%
新产品	这类产品并不是全新产品，但对于有些消费者来说是新的，约有20%的新产品属于此类
已有产品的补充	这类新产品属于企业已有产品系列的一部分。对消费者来说，它们也许是新产品。此类产品是新产品类型中较多的一类，约占所推出新产品的26%
老产品的改进型	这类产品从本质上说是老产品品种的替代，比老产品在性能上有所改进，能提供更多的内在价值，该类产品占所推出新产品的26%
重新定位的产品	适用于老产品在新领域的应用，包括重新定位于一个新市场，或应用于一个不同的领域，此类产品占新产品的7%
降低成本的产品	将这些产品称作新产品有点勉强。它们被设计出来替代老产品，在性能和效用上没有改变，只是成本降低了，此类产品占新产品的11%

2. 产品的层次理论

20世纪80年代前，人们认为产品仅是有形的物品，即产品的实体部分代表了它的全部含义。随着研究的深入，产品的概念中加入了产品服务等无形产品。科特勒（1976）提出了产品层次（product levels）理论，将产品分为核心产品（core product）、有形产品（form product）和附加产品（extra product）。科特勒（2011）不断地对产品三层次理论进行修正和完善，最终形成了当今的五层次理论。产品五层次理论认为，产品由 5 个层次构成，每个层次都增加了更多的客户价值，它们构成客户价值层级（customer value hierarchy），如图 8-9 所示。

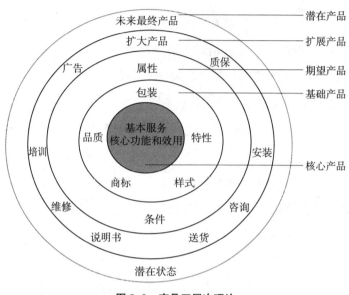

图 8-9　产品五层次理论

（1）核心产品（core product）：最基本的层次，是客户真正购买的基本服务或利益，通常由产品的核心功能和效用表现出来。

（2）基础产品（basic product）：由核心利益转化过来的产品的基本形式，指核心产品借以实现的形式或目标市场对某一需求的特定满足形式，由 5 个特征构成，包括品质、式样、特征、商标及包装。

（3）期望产品（expected product）：即购买者在购买产品时期望得到的与产品密切相关的一整套属性和条件，不同的人期望不一样。期望产品理念要求企业在生产设计销售过程中充分考虑消费者的利益，在获得高额利润的同时应尽可能地让客户满意。

（4）扩展产品（augmented product）：也称延伸产品或附加产品。美国学者西奥多·莱维特曾经指出："新的竞争不是发生在各个企业的工厂生产什么产品，而是发生在其产品能提供何种附加利益（如包装、服务、广告、客户咨询、融资、送货、仓储及具有其他价值的形式）。"扩大产品是指消费者购买形式产品和期望产品时，希望得到与满足该项需要有关的一切附带的各种利益的总和，即包括增加的服务和利益，通常是超出客户期望的部分。

（5）潜在产品（potential product）：即包括所有附加产品在内的、可能发展成为未来最终产品的、潜在状态的产品。

2. 产品创新的界定

产品创新是指在产品技术变化基础上进行的技术创新，包括在技术发生较大变化的基础上推出新产品，也包括对现有产品进行局部改进而推出改进型产品。随着产品的概念从有形向无形拓展，广义的产品包括服务、流程等（无形产品），因此产品创新也包括产品服务和流程的创新。

在产品的5个层次中，最容易实施优化策略的是基础产品、期望产品和扩展产品，因为核心产品由于过于本质化而不易改变，潜在产品由于过于模糊而难以明确优化。基础产品、期望产品和附加产品是产品的主体，相对稳定而又可以发生变化，因此是产品优化出现的三个主要层次。

例如，电冰箱产品的五层次创新案例，见表8-12。

表 8-12　电冰箱产品的五层次创新

五层次创新	创 新 内 容
核心产品	冰箱消费者要购买的是"保质、保鲜、冷冻"功能。从效用上看，核心产品的创新集中在节能减排上，如由定频转变为变频、由有氟转变为无氟
基础产品	冰箱的有形产品不仅指制冷功能，还包括质量、造型、颜色和容量等形式产品。冰箱款式的创新集中在外观设计的变化，由单开门，到双开门、三开门。当前竞争的焦点是品牌之争
期望产品	经过市场细分和定位，冰箱产品逐步拉开了档次，高档冰箱的消费者除了要求基本的功能和效用外，还要求高品质、高质量服务，甚至是高档身份的象征。期望产品理念贯彻得好不好，将直接影响消费者对产品的信任度与品牌忠诚度
扩展产品	除冰箱主体产品外，还有产品说明书、广告、质保、安装、维修、送货、客户咨询和技术培训等服务内容
潜在产品	冰箱产品未来发展的一个重要趋势是网络化和智能化

在产品创新的各种理论中，产品创新的层次理论被认为是企业产品创新理论中非常实用的一个理论。

3. 产品创新的程序

产品创新的程序，如图8-10所示。

4. 产品创新的成败因素

美国斯坦福大学的学者对产品创新成败的因素进行了综合研究，见表8-13。

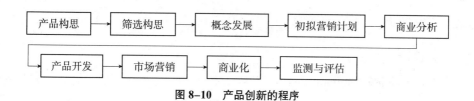

图 8-10　产品创新的程序

表 8-13　产品创新成败影响因素分析

变量的基本类别	变量的细分类别	变　　量
产品和产品战略	与用户需求更好地匹配	有更能理解用户需求的开发团队,有更显著的费用效益比,有对市场更准确的预测
	与企业业务专长更接近	更接近企业的主要业务领域,更接近完美的技术,有更多的内部基础研究支持,更难以模仿
	产品对企业的贡献	具有更高边际利润的定价,允许有更大的价格弹性
企业职能和资源	良好的计划和执行	高层管理者更多的支持,开发过程中预算支出变动小,生产过程中受变化影响小,售后问题少
	各项职能部门之间良好的协调	项目团队人员变化小,快速而正式的文件整理,相互之间有良好联系的职能部门,清晰的市场战略
	比竞争对手更早地将产品引入市场	能快速引入市场的产品,比竞争性产品更早地引入市场,产品更快地为用户所接受
	更积极的营销活动	更积极的宣传和推广活动,对用户的训练,大规模的促销,更有经验的项目团队

库珀(Cooper)等人总结了与不同维度相关的产品创新成败因素,具体见表 8-14。

表 8-14　与不同维度相关的产品创新成败因素

成功的维度	影响因素类别	影　响　因　素
财务绩效	创新前段活动	定义客户需求,定义产品概念,定义产品要求和规格,定义目标市场
	协同	管理资源、技能和项目需要之间的协同,项目需要与企业的 R&D、产品研制技能和资源之间的协同,项目需求与企业营销研究技能和资源间的协同,项目需求与企业工程技能和资源间的协同
	产品	在客户心中是否是卓越的,是否比竞争产品有更高的质量,是否能为客户提供独特的效用
机会窗口	产品	能否为客户提供竞争产品所没有的独特效用,能否使客户完成独特的任务,能否为客户解决竞争产品所不能解决的问题,对客户是否非常重要,在设计上是否利用了新的或先进的技术,是否比竞争产品质量更高
	营销	是否能通过产品引进进入新的产品/市场范围,是否进入一个国外市场占很大比重的目标市场
市场份额	产品	在客户心目中是否是卓越的,是否比竞争产品质量更高,能否为客户提供竞争产品所没有的独特效用,能否为客户解决竞争产品所不能解决的问题
	营销	是否进入一个国外市场占很大比重的目标市场

8.3.2 工艺创新

1. 工艺创新的定义

工艺创新（process innovation），又称为过程创新，是指对新的或重大改进的生产方法的采用。这些方法可以包括设备、生产组织或这两方面都有的变化。它们可以用来生产用现行生产方法无法生产的、新的或改进的产品，也可以主要用于增加已有产品的生产效率。

2. 工艺创新的分类

工艺创新的分类，见表8-15。

表 8-15 工艺创新的分类

分 类	内 容
保障新产品生产的配套性工艺创新	以产品可制造性为导向，为市场提供合格的产品，如镍氢电池的生产工艺
改善生产工艺条件的配套性工艺创新	围绕提高产品生产质量、改善生产过程劳动条件，以提高生产效率、扩大生产规模为导向
以降低产品成本为导向的工艺创新	通过改进原有工艺，科学、合理、高效地利用现有资源；抑或是采用新工艺、开发利用新的资源，企业可以节约能源、降低物耗、降低产品成本
围绕提高产品质量等级品率的工艺创新	产品质量等级品率表征生产出产品的质量。通过工艺创新管理，能够有效地降低次品率，如在产品检测方面，采用高速摄像机，通过放慢过程来实现对产品的监控，能够提高产品的监控效果
围绕减少质量损失率的工艺创新	质量损失率是一定时期内企业内部和企业外部质量损失成本之和占同期工业总产值的比重，是表征质量经济性的指标。企业需要通过工艺创新来减少废品，如循环使用技术能够节约成本
减少生产过程三废排放的工艺创新	低污染或无污染成为社会、政府和人民对企业生产及其产品的越来越突出的要求，通过工艺创新，企业可以减少生产过程的污染，提供无污染的产品
围绕提高工业产品销售率的工艺创新	工业产品销售率是一定时期内销售产值与同期现价工业产值之比，它反映产品质量适应市场需要的程度。通过工艺创新，企业既能生产独具魅力的物化产品，又能提供优质的服务产品，就能吸引客户、拓展市场、扩大销售，如海尔公司，通过采用低碳科技，减少了在生产过程中的能耗

8.3.3 产品—工艺组合创新

产品创新的过程，往往会伴随工艺创新。而在某些流程性的生产过程中，工艺创新会带来产品创新。因此，两者常常表现为互动关系，形成产品—工艺组合创新，如图8-11所示。

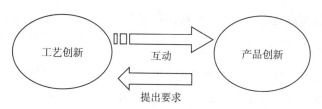

图 8-11 产品—工艺组合创新

【案例分析】广西贵糖产品—工艺组合创新

在化工、造纸、冶金等流程性工业中，工艺创新占有较大的比例，有时产品创新甚至是由工艺创新引发并促成的。在制糖的过程中，原材料甘蔗经过压榨，得到产品蔗糖，但是在生产过程中会产生许多废气、废水、废物。为提高生产效率与效益，变废为宝，企业不断通过产品—工艺创新，获得了水泥、混凝土减水剂、轻质碳酸钙等多种创新产品，如图 8-12 所示。

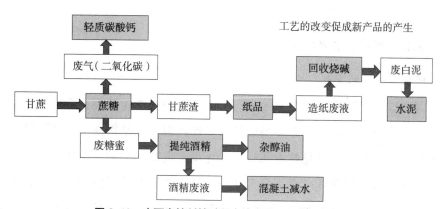

图 8-12 广西贵糖制糖过程中的产品—工艺组合创新

（1）组合创新路径 1。制糖过程中，原材料甘蔗经过压榨得到产品蔗糖，但同时产生了废气二氧化碳，经过新工艺的处理，从二氧化碳中提取了新的产品轻质碳酸钙，又称为沉淀碳酸钙。其用途非常广泛，在橡胶行业中作为填充剂以节约天然橡胶、降低产品成本。在塑料行业，碳酸钙可以起到骨架作用，能提高塑料制品的稳定性和硬度，还可以提高塑料制品的表面光泽和表面平整性。在油漆行业，其用量较大，是不可缺少的骨架。在水性涂料行业，其用途更为广泛，能使涂料不沉降、易分散、光泽好等。在电缆行业，其能起一定的绝缘作用，还能作为牙膏的摩擦剂。

（2）组合创新路径 2。甘蔗经过榨制获得蔗糖的同时，还产生了甘蔗渣，甘蔗渣经过处理可以转变为纸品。但是，造纸是一个污染严重的行业，其中最重要的污染是造纸废液，广西贵糖将废液处理后获得了新产品——烧碱（又称氢氧化钠），其用途极广，可用于生产纸、肥皂、染料、人造丝、冶炼金属、石油精制、棉织品整理、煤焦油产物的提纯，以及食品加工、木材加工及机械工业等方面。回收烧碱时产生的废白泥，经过相关的工艺处理，可转制成水泥。

（3）组合创新路径 3。在制糖的过程中，由于少部分糖浆被污染，出现废糖蜜，企业通过高温分离等工艺技术回收废糖蜜，获得纯酒精和杂醇油两种新产品。在提纯酒精的同时，也会产生酒精废液，经过工艺处理，可将其转变为混凝土减水剂，这是一种建材的化学助剂类。

8.4 制造业服务创新

8.4.1 制造业服务化的兴起与发展

1. 现代服务业的兴起

随着全球产业结构由工业型经济向服务型经济的加速转型，现代服务业开始兴起并呈现出跨界融合的新态势与新特征。现代服务业是指在工业化比较发达的阶段产生的、主要依托信息技术和现代管理理念发展起来的、信息和知识相对密集的服务业，现代服务业主要划分为 4 类：生产性服务业、新兴服务业、文化与科技融合和科技服务业。其中，与制造业服务关系最密切的是生产性服务业和科技服务业。

2. 制造业服务化发展

随着制造业的高速发展，制造业和服务业的关系不断加强。服务业和某些制造业的界限越来越不明显。1980—1990 年，多数 OECD 国家或地区在产品生产中的投入发生了变化，服务投入增长速度快于实物投入增长速度（Christine Roy，1998）。随着服务主导逻辑取代产品主导逻辑成为主导竞争范式，制造企业服务创新作为传统制造业企业摆脱竞争困境和构建新竞争优势的重要路径已备受业界和学界关注（Baines，2015）。

制造业服务化的趋势表现为以下三大特征：

（1）制造业部门的产品，如通信产品，是为了提供某种服务而生产的。

（2）随产品同时销售的还有知识和技术服务。

（3）服务引导制造业部门的技术变革和产品创新。

随着制造业服务化的发展，制造业不再仅提供简单的有形产品，而是提供全部的最终价值需求。

3. 服务业正融入我国的制造业

在国际竞争日趋激烈和发展动力转换的形势下，我国经济结构中的服务业比重不断加大，正从工业大国向工业和服务业并重的大国转型，推动生产性服务业向专业化和价值链高端延伸。为此，为了进一步贯彻落实《国家创新驱动发展战略纲要》《国家中长期科学和技术发展规划纲要（2006—2020年）》和《"十三五"国家科技创新规划》，国家科技部发布了《"十三五"现代服务业科技创新专项规划》（国科发高〔2017〕91号）。

8.4.2 制造业服务化的内涵和界定

在制造业的产品创新与工艺创新不断发展的背景下，"制造业服务化"的概念开始兴起。

1. 制造业服务化的内涵

范德墨菲（Vandermerwe）和拉达（Rada）于1988年首次提出"服务化"的概念，认为服务主要由客户需求驱动。根据服务的属性和定义，可以将制造企业的服务提供过程分为三种类型：仅有实物产品、实物产品和无形服务以及由服务过程相关要素集合的服务包。制造企业由最初仅向商品供应商销售商品，发展到不仅销售商品而且还提供附加服务，进而发展为提供完整的商品—服务包（bundles），这是制造企业服务化的过程。

2. 制造业服务化的界定

制造业服务化被后来的学者不断引用和发展，见表8-16。

表8-16 制造业服务化的界定

学　者	观　点
范德墨菲和拉达等人（1988）	服务主要由客户需求驱动，消费者的个性化需求，能够通过制造企业提供服务业务来满足。根据服务的属性和定义，可以将制造企业的服务提供过程分为仅有实物产品、实物产品和无形服务以及由服务过程相关要素集合的服务包三种类型

续表

学　者	观　点
怀特（1999）	如果某个制造企业的中心由以生产产品转变为销售服务，那么这一转变过程就是企业服务化过程
斯托顿（1999）	服务化是一种模式，即制造企业从售卖商品转向同时售卖产品和服务，这一方面能够提高制造企业的产值，另一方面还为制造业与服务业的互动和融合带来了促进作用
菲茨西蒙斯（2000）	服务提供方与客户同时参与、共同协作，在客户享受服务的同时，服务本身随时间消逝
马科威尔（2001）	企业销售的对象不是产品本身，而是其功能和服务
罗宾逊（2002）	服务化主要体现为企业的产出由产出产品向产品的服务延伸
奥利瓦和卡勒贝里（2003）	制造企业提供的产品和服务，可以使消费者的期望和需求得到满足。随着社会技术的不断发展，产品异质化程度缩小，客户不再只关心产品本身的质量，更关心的是购买产品后享受到的与产品相关的附加服务。制造企业由提供产品向提供"产品—服务包"的转变，更加符合客户对产品的期望，有助于建立和维持更好的客户关系，提高客户忠诚度
路易斯等人（2004）	服务化就是一种经营战略，通过把以产品为主变为以服务为主，进而实现企业出路的改变
斯莱克（2005）	比较认同路易斯等人的观点，认为服务化就是企业对商品的产出功能作出调整的一种方式
尼利（2007）	明确指出服务化的实质，即企业将其经营活动向价值链上游延伸，以创造更多的利润
米格尔、阿尔梅达·勒夫（2008）	制造企业服务化是指将服务作为其价值增值活动的一个环节
斯普林和阿劳科（2009）	提出提供产品—服务作为一种差异化竞争手段，通常为产品带来更丰厚的利润。企业以服务为核心，实现稳定创收、效益增加、竞争力提高
尼利、维斯耶克等（2011）	通过不断地改善服务作为支撑，使得服务是对产品产出的补充，而不是替代品
贝恩斯和莱特福特（2013）	服务化是服务活动的一种方式，这种方式能够增加与产品的相关程度，进而缩短与客户的距离，增加新的收入
欧普瑞克和泰斯（2015）	从大数据的角度考虑，将服务化定义为面向服务的产出不仅是提供产品和服务，而且同时提供信息这一重要的增值产出
阿里、贝恩斯、蒂姆、巴斯汀等人（2017）	将服务化定义为组织变革的一种形式，即在扩大企业知识储备的前提下，成为促进差异化竞争的一种形式

8.4.3　制造业服务创新的重点

1. 生产性服务业创新的重点

推动生产性服务业向价值链高端延伸，把握全球生产方式网络定制化、流通方式服务平台化的新趋势，攻克生产性服务业共性关键技术，重点攻克开放式服务资源池架构、多平台服务集成、区域服务资源构建以及开放式综合服务解决方案等技术难题,开发服务及资源集成系统构件库。实施生产性服务业技术研发与应用示范工程,见表8-17。

表8-17 生产性服务业创新的领域与内容

服务领域	服务内容
电子商务	网络定制服务技术研发与应用示范、网络交易服务技术研发与应用示范、跨境电商体验平台研发与应用示范
现代物流	智能物流终端服务技术研发与应用示范
现代金融	"金融+"平台研发与应用示范等

2.科技服务业创新的重点

科技服务业是指通过市场机制为企业等各类创新主体提供专业服务的产业,它是现代服务业的核心内容之一,其模式与创新内容见表8-18。

表8-18 科技服务业的模式与创新内容

服务模式	创新内容
研发及其服务	研究科技资源池构建、科技资源数据分析、科技资源精准服务、分布式科技资源空间优化与配置、开放式科技云服务系统等关键核心技术,构建分布式专业服务体系。支持研发服务机构探索多样化服务模式,培育众包、众筹等研发服务新业态。完善科研设施和仪器设备开放共享机制
技术转移服务	稳步推动技术转移服务业向专业化、市场化、国际化发展。开展技术转移服务应用示范工程,研究技术成果的熟化分析与评价、基于互联网的技术交易全链条服务支撑技术、线上技术交易与线下技术研发之间的对接机制和模式等,形成大规模、跨区域技术交易服务平台的解决方案
创业孵化服务	构建覆盖创新创业全过程、全链条的创业孵化体系。推动创业孵化服务利用新技术、应用新理念、开创新模式,以创业者为核心,主动整合创意与市场需求,实现创业机会和资源供给的有机结合
知识产权服务	促进知识产权的创造、运用、保护和管理。支持知识产权大数据自动采集、智能检索、挖掘和深度加工、内容自动抽取与关联、智能组合分析、预警等关键技术研发,建立适用于互联网的知识产权服务支撑技术体系
科技咨询服务	支持开放式科技咨询的服务模块化标准与规则、科技咨询运营流程与支撑技术等相关研究。开展科技咨询专业服务平台应用示范,汇集专业化咨询服务机构,建设新型高端知识服务平台,提供业务流程再造、基于大数据的认知与精准分析等科技咨询服务。支持咨询服务模式创新,开展网络化、集成化的科技咨询和知识服务,发展众包、项目管理外包等科技咨询新业态
科技金融服务	进一步促进科技和金融结合。在依法合规、风险可控的前提下,支持结构性、复合性金融新产品开发,加大对企业创新活动的金融支持力度。研究制定相关法规和优惠政策,规范和支持天使投资、外商投资和保险资金等投资创新创业,发展天使投资、创业投资、产业基金,强化对种子期、初创期创业企业的直接融资支持。支持符合条件的创新创业企业发行公司债券用于加大创新投入,开展股权众筹融资试点,强化全国中小企业股份转让系统融资、并购、交易功能,借助多层次资本市场强化对创新的支持

资料来源:《"十三五"现代服务业科技创新专项规划》。

8.5 技术创新成功的因素

对于企业技术创新成败的主要因素,国内外学者做过大量的调研,其中具有代表性的结论无疑对企业技术创新的管理具有借鉴作用。

8.5.1 创新成功因素调研

OECD 在总结各国创新成败的因素后,列出了促进创新项目成功和阻碍创新活动的因素,见表 8-19。

表 8-19 促进创新项目成功和阻碍创新活动的因素

	内 部 因 素	外 部 因 素
促进创新项目成功的因素	最高管理层的作用;R&D 与销售和生产的合作;具有特殊技能的人员	政府支持创新的计划;咨询机构咨询的作用;与客户/供应商的合作;与研究机构的合作;与大学的合作
	经 济 因 素	创 新 因 素
阻碍创新活动的因素	R&D 经费太少;创新费用有太高;创新的补偿期太长;在企业战略中无创新的地位;缺少市场信息;客户对新产品和新工艺缺少反应;法规、准则、规章、标准和税收的限制	自己的 R&D 能力不足;缺乏有技能的人员;缺少技术信息;缺乏技术机会;企业应变能力差;不容易得到外部的服务;因处于创新的早期阶段而无须创新;合作机会少;创新易于模仿;创新风险太大

英国克里斯·弗里曼等对创新成功因素的统计调查包括以下几个方面。
(1)企业自己有实力雄厚、专业化的研发机构。
(2)开展基础研究或与进行基础研究的机构保持密切的联系。
(3)利用专利获取保护并取得与竞争对手讨价还价的能力。
(4)规模大、足以长期提供研发的巨额费用。
(5)比竞争对手研制周期短,投产快。
(6)愿意承担高风险。
(7)及早且有想象力地发现及证实潜在市场。
(8)密切关注潜在市场,切实努力了解、培训和帮助用户。
(9)企业实力雄厚,能有效地协调研发、生产与销售。
(10)与科学界以及消费者保持充分的交流。

8.5.2 我国创新成功因素调研

我国的创新调研最具代表性的是 1996 年清华大学经济管理学院完成的一项调

查，涉及 5 个省市 1 000 多家企业技术创新成功因素和障碍因素[①]。

1. 技术创新成功的要素

技术创新成功的要素，见表 8-20。

表 8-20　技术创新成功的要素

	因　　素	百分比（%）	位　　次
内部因素	高层领导支持	81.5	1
	研发部门与营销、生产部门合作	74.4	2
	技术带头人	52.2	3
	高水平人才	36.8	4
	体制合理	28.8	5
	其他	2.5	
外部因素	得到消费者/供应商的合作与支持	58.9	1
	政府支持	58.4	2
	与研究机构合作	42.8	3
	与大学合作	21.5	4
	获得咨询服务	19.1	5
	与其他公司合作	16.1	6
	其他	1.7	

2. 技术创新成功的阻碍因素

技术创新成功的阻碍因素，见表 8-21。

表 8-21　技术创新成功的阻碍因素

位　　次	因　　素
1	缺乏创新资金
2	缺乏人才
3	研发支出少
4	缺乏技术信息
5	创新风险大
6	缺乏市场信息
7	激励不到位

---

① 资料来源：高健. 中国企业技术创新分析[M]. 北京：清华大学出版社，1997.

续表

位次	因素
8	时机难以把握
9	创新网络不适应
10	创新回收期太长

3. 技术创新成功的过程因素

技术创新成功的过程因素，见表8-22。

表8-22　技术创新成功的过程因素

位次	因素
1	良好的内外部信息沟通交流机制
2	创新链各个部门之间的密切合作
3	创新项目的有效管理
4	强调市场导向，尽可能让潜在用户参与创新过程
5	重视人的作用
6	有效的组织形式

本章思考题

1. 技术创新是科技概念还是经济概念？
2. 简述企业开展技术创新的必要性和可行性。
3. 简述企业技术创新的主体地位。
4. 比较技术创新与改进、模仿的差异。
5. 简述技术创新的不同分类。
6. 简述产品创新与工艺创新的内容。
7. 简述制造业服务化的发展。
8. 阐述技术创新成功与失败的主要因素。

第 9 章 技术创新过程与组织

本章的核心内容:
➢ 技术创新过程的内涵与划分
➢ 技术创新过程的不同模式
➢ 创新过程中的集群现象
➢ 不同技术创新资产在技术创新中的应用

9.1 技术创新过程

9.1.1 技术创新过程的含义

技术创新是一个"过程",是将知识、技能和物质转化为客户满意的产品的过程,也是知识的产生、创造和应用的进化过程,还是企业提高技术产品附加值和增强竞争优势的过程。

9.1.2 技术创新过程的分类

1. 三阶段划分

熊彼特把技术变革的过程分为三个阶段:发明、创新和扩散。弗里曼(C. Freeman)、曼斯菲尔德(M. Mansfield)、厄特巴克(J. M. Utterback)等学者将技术创新视为技术或发明的商业化应用,认为按照发生的先后次序,技术创新过程可分为三个阶段:新构想的产生、技术开发和商业价值的实现。

2. 四阶段划分

对于技术创新的阶段划分,舒尔茨(L. Scholts)的四阶段划分为我们所熟识,见表9-1。

表 9-1　技术创新过程的四阶段划分

技术创新阶段	基础研究	应用研究	试验开发	市场推广
技术创新过程的内容	1. 构思 2. 理论假说 3. 偶然发现 4. 新的认识	1. 解释现象 2. 构思系统化 3. 有目标的研究 4. 新知识的产生 5. 开辟新用途	1. 生产新材料、产品和装置 2. 建立新工艺流程系统和服务	1. 产品销售渠道 2. 影响方式开拓 3. 创新产品的促销与广告宣传 4. 技术创新扩散

3. 技术创新链

技术创新是一个动态的过程。为了描述这一过程各环节之间的关联特性，经济学家引入了"技术创新链"的概念，认为在这一链条上：第一环节是科研过程，形成新的思路和（或）发明；第二环节是新产品的开发、试制和生产，即将前一阶段的发明，变成新的产品和工艺；第三环节是市场营销，核心是商业化；第四环节是创新扩散，目的是形成创新的规模效益。技术创新过程，如图 9-1 所示。

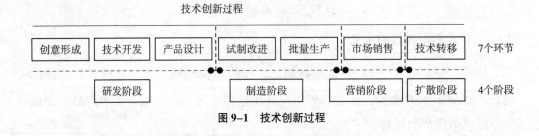

图 9-1　技术创新过程

4. 技术创新链成本传导

在产品创新过程中，虽然产品开发阶段的经费需求是最少的，但是产品开发对产品总成本的影响非常大，开发阶段是降低产品总成本的重要环节。德国工程师协会（VDI）调查结果表明：虽然产品开发的成本只占产品总成本的 6%，但对总成本的影响却为 70% 左右。因为产品的开发阶段决定了产品的工作原理、零部件的数量、结构尺寸和材料选用等对加工和产品使用有重大影响的因素，因而会对产品的总成本造成很大的影响。其次，产品的质量问题中有 75% 是由产品开发阶段引起的，而 80% 的质量问题的修改工作是在产品制造阶段或后续阶段完成的，如图 9-2 所示。

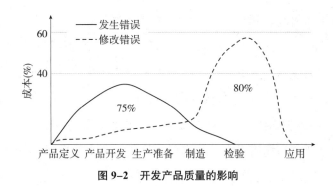

图 9-2 开发产品质量的影响

9.1.3 技术创新过程模型

1. 简单线性模型

1）技术推动模型（technology push model）。该模型产生于 20 世纪五六十年代。该模型认为科学技术的发展是永不停息的过程，在不同的时期，对不同的国家仅有速率或方向之差，不会停滞不前。科学技术一方面因其惯性而持续发展，另一方面也不断地在生产化和商业化之间寻求出路，这就有了技术推动的技术创新过程模型，如图 9-3 所示。

图 9-3 技术推动模型

例如，蒸汽机的发明，促进了蒸汽机车的出现，推动了铁路运输的商业化，使社会运输体系发生了革命性的变化。从纯正技术推动的角度来看，这里科学技术在技术创新中起到了决定性作用，创新甚至不依赖于经济因素。

2）需求拉动模型（demand pull model）。又称为市场拉动模型（market pull model），产生于 20 世纪六七十年代，如图 9-4 所示。该模型认为技术创新主要是由广义需求引发的，这包括市场需求、政府或军事需求企业经营发展需求以及社会需求。企业总是将自己的创新努力与满足广义需求联系在一起。

图 9-4 简单线性需求拉动模型

对于媒体行业而言，用户的需求和使用特点发生了巨大的改变，用户渴望在新媒体的使用中体现出自主与参与，对内容的选择性更强。在这样的背景下，新媒体企业研发出 VR 等设备与技术，实现了新媒体行业的技术创新。

2. 技术与市场的交互模型

技术与市场的交互模型（integrative model）产生于 20 世纪 70 年代末 80 年代初，代表学者有英国的罗森堡、罗纳德·阿曼和朱利安·库珀，美国的曼斯菲尔德。

该模型认为技术创新可以是技术发展推动的，也可以是广义需求拉动的，如图 9-5 所示。成功的技术创新，往往是二者共同作用的结果。同时，创新过程中各环节之间及创新与市场需求和技术进展之间还存在交互作用。

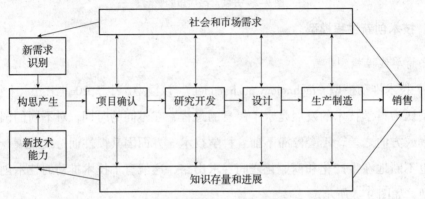

图 9-5 技术与市场的交互模型

3. 链环模型

链环模型（chain-linked model）是由克莱因和罗森堡于 1986 年提出的。该模型根据市场机会和企业知识基础以及能力之间的相互作用关系来认识创新，大致包含 4 个功能：产品战略和市场机会的辨认、分析和工程设计、生产工程、市场营销。该模型侧重于创新内在过程的描述，将技术创新活动与现有知识存量和基础性研究联系起来，将技术创新过程解释为复杂的非线性过程，并表示出创新各环节之间的反馈关系，如图 9-6 所示。

链环模型包含以下 5 条链路。

(1) C: 创新活动中心链。

(2) F, f: 中心链的反馈链，其中 F 是主反馈链。

(3) K-R: 创新中心活动链与知识和研究之间的联系。在创新各阶段若有问题，先到现有知识库中寻找，即 1→K→2 的路径。若现有知识库不能解决问题则进行研究，再返回设计，即 1→K→3→4 的路径。

(4) 第 4、5 条链路是用 D、I 表示的科学研究与创新活动之间的关系，其中第 4 条 D 表示科学发现导致创新，第 5 条 I 表示创新推动科学研究。

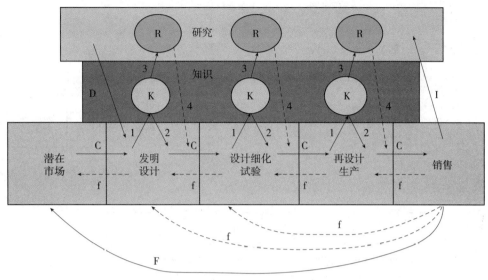

图 9-6　技术创新的链环模型

4. 一体化／并行模型

一体化／并行模型（integration／parallel model）产生于 20 世纪 80 年代后期，将创新过程看作同时涉及创新构思、研发、设计、制造和销售并行的过程（见图 9-7），强调研发部门、设计部门、制造部门、用户和供应商之间的密切沟通合作。

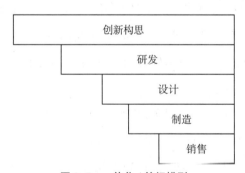

图 9-7　一体化／并行模型

5. 技术创新系统集成与创新网络

如图 9-8 所示，系统集成与网络模型（system integration and network model，SN）产生于 20 世纪 90 年代初。该模型强调合作企业间、部门间的战略联系，整合利用内外部资源，并采用创新过程一体化的方法，在创新的过程中利用各种信息技术、管理技术与工具等，对各个创新要素和创新内容进行选择、集成和优化，

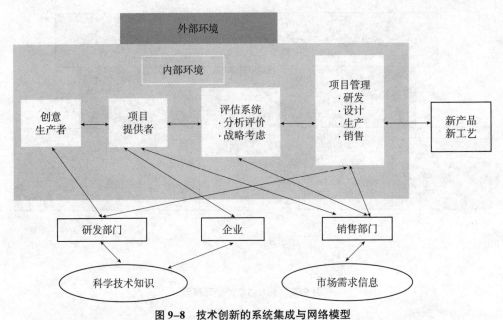

图 9-8　技术创新的系统集成与网络模型
资料来源：Rothwell R.Towards the fifth-generation innovation process[J]. International Marketing Review，1994（1）：7-31.

形成优势互补的有机整体的动态创新过程。特别是随着外部资源在创新中起的作用越来越重要，许多企业依靠外部资源取得创新的成功已引起学术界的广泛关注。弗里曼（1991）提出技术创新网络（technological innovation network）是企业主动跨越组织边界、获取外部技术及创新资源的主要方式。构建企业技术创新系统集成与创新网络能够使企业充分利用内外部资源，实现创新目标。

6. 技术范式和技术轨道

技术范式（technological paradigm）是一组用于处理特定问题，并为设计师、工程师、管理者共同遵守的原理、规则、方法、标准和习惯的总体，它既是一个看问题的观念体系，又是一个解决问题的方法体系，规定了技术自身进步的方向和内涵。在市场需求与产业技术竞争的推动下，技术范式的演进具有显著的阶段性特征。根据每一阶段的变化对技术范式演进带来的最终影响，可将技术范式的演进分为产生、形成和转移三个阶段。

技术轨道（technological trajectories）是指为技术范式所定义的解决问题的方式，或技术发展的方向，技术轨道是一组可能的技术方向，它的外部边界由技术范式的性质所规定。

尼尔森和温特（1977）曾经用技术范式和技术轨道来归纳在任何时候某一领域内指导技术进步的知识结构和促进技术扩散的相应的内在动力。多西（1982）用技术范式归纳了与特定技术规范有关的知识结构，他认为，所有这些关于技术系统内部的知识结构的基本出发点不应该孤立地考虑技术创新行为，而必须在一个技术结构不断发展的基础上理解创新扩散。

7. 创新综合模型

中欧工商管理学院提出了创新综合模型，如图9-9所示。

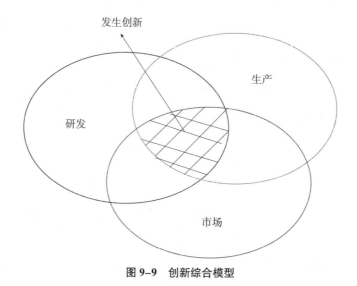

图 9-9　创新综合模型

该模型认为技术创新的发生，往往是在研发、生产和市场交汇的地方，是三者共同作用的结果。

9.1.4　技术创新过程中的集群现象

1. 技术创新集群的含义

熊彼特对技术创新的扩散进行了分析，可以将其看作是创新集群的思想渊源。1999年，OECD组织出版了《集群：促进创新之动力》研究报告，提出了"创新集群"（innovative clusters）的思想。2001年，OECD出版了研究报告《创新集群：国家创新体系的推动力》，正式推出创新集群的概念。学者们对技术创新集群现象的研究内容涵盖内涵、特征、形成机理、发展的影响因素、组织结构等方面，见表9-2。

表 9-2　学者对技术创新集群现象内涵与作用的阐述

学　者	技术创新集群研究内容
熊彼特（2012）	认为创新并不是孤立事件，它在时间和空间上并不是均匀分布的，而是鱼贯而出，趋于集群（cluster）。创新也不是均匀地分布在整个经济系统中，只是发生在某一部门或与之相近的部门
德布瑞森（1989）	"创新集群和增长的非周期因素是经济波动的主要因素"，创新集群是在跨产业层次上的相关合作企业形成的基本网络，创新集群是基于技术知识的组织结构，强调知识累积性因素，认为它是一个创新驱动的技术知识经济网
范·杜因（20世纪七八十年代）	创新的扩散将引致创新集群，创新扩散的过程不仅仅是"一个复杂的副本式"的复制，而是围绕原始创新展开的一系列二次创新来完善原始创新，这将形成创新集群
弗里曼（1990）	当新技术系统内的通用技术被广泛地应用于多行业的产品和工艺中时，就会生成一系列的相关创新
罗森堡（1984）	导致创新集群产生的原因是人们在模仿和扩散创新的过程中所产生的二次创新
阿希姆（2002）	创新在空间上的集群分布特性，创新已经从分散的企业行为向集聚式的创新转变，从而实现集群式的创新优势
OECD（1999，2001）	创新集群是一种简化的国家创新体系，也可指区域创新体系，强调在产业集群理论的基础上促进创新
美国（2009）	提出区域创新集群是国家竞争力的组成部分，优势共享的网络维系着地理区域，使得创新活动进入良性循环，增强了区域的企业、大学和研发机构的实力
欧盟（2008）	总结出创新集群是由创新型企业就科研机构等独立的特定部门在特定区域的集聚，彼此间通过密切的联系，共享设施和专业技术，能够有效地服务集群内的单元技术转移网络信息传播，刺激集群创新活动的进行

2. 技术创新集群的类型

罗森堡从时空的视角，将创新集群分为以下两大类。

（1）时间意义上的创新集群——M 型创新集群。这类集群主要表现为由于需求的全面旺盛或其他有利条件的共同刺激，诸多不相关的创新在适宜的条件下进行同时性的扩散，在几条独立的产业轨道上造成"赶潮流效应"（bandwagon effect）。

（2）空间意义上的创新集群——T 型创新集群。这类集群主要表现为少量根本性创新的同时扩散引致大量渐进式创新、二次创新，形成一个创新集群。

3. 技术创新集群效应与高技术产业

创新集群是高新技术产业集群或创新程度比较高的产业集群，在某种程度上扩充了产业集群的内涵。布罗尔斯马（2002）认为创新集群是彼此间具有创新强连接的产业群体，技术创新的集群效应是高技术产业集群化过程能动发展的源泉，高技术创新及其产业化过程遵循一种独特的"技术—经济范式"，在其集群效应下有可能呈现为一种网络化互动学习或并进的区域关联，并最终完成高技术产业集聚。这是高技术产业集群的内在动力机制,以此有效地带动和形成区域竞争力提升的新兴产业集群。

9.2 技术创新组织

著名学者肯特经大量的实证研究发现:创新很少能在单独的部门内取得成功,绝大多数最好的创新思想都来自于一系列的整合过程。这些整合包括组织内部各个部门(如研发部门、生产制造部门、营销部门、企业发展部门等)的整合、组织内部高层、中层与基层之间的整合,组织内部资源与外部资源以及技术与市场的整合。有效的创新还需要加强与供应商、用户、竞争对手以及外部其他合作伙伴的联系。

实践中,无论是学者还是企业家都提出了创新需要重视企业组织形式的观点。

9.2.1 技术创新对组织的设计要求

企业技术创新的组织模式是由创新活动在企业战略中的定位决定的,与企业的规模和产品种类密切相关。20 世纪 80 年代,美国企业的高技术创新中有 50%～70%的失败因为组织模式和技术创新战略的不协调。技术创新过程中的阶段性、专业性、综合性和不确定性等特征,对创新组织提出了与传统组织模式不同的要求(见表 9-3)。

表 9-3 创新组织设计要求

组织的要求	表现的特征
组织规模的灵活性	具有结构简单、灵活性高、等级制度不严和人际关系融洽等优点,更有利于明确责权利,更能激发和调动员工的竞争性、积极性和创造性
组织结构的团队化	创新的复杂性和多学科交叉性,要求组织必须具有知识、能力互补的功能,团队组织消除了跨部门沟通、分工过细、决策缓慢和灵活性差等金字塔组织的缺点,适应了企业创新活动日益增多的需要。目前,团队化已变成大企业和高科技企业首选的企业内部组织形式
组织结构层次的扁平化	放权使处于基层的创新员工得到更多的自主权,能够充分发挥主观能动性,从而提升技术创新效率
组织结构的柔性化	企业需要不断地进行组织结构变革以适应技术创新活动的高度不确定性和保持企业的旺盛活力,即组织结构应当具有高度的灵活性和可变性,这是技术创新的客观要求。柔性化趋势通常有临时团队、工作团队和项目小组等三种不同的表现形式

续表

组织的要求	表现的特征
组织结构的网络化	网络使人们更加方便、及时,市场快速变化要求企业内部和外部的各种组织和个人联系动态化、网络化,以提高企业的应变能力
研发组织的国际化	企业技术创新活动的国际化趋势更加显著,传统的集中开发模式逐渐被跨国界、跨地区、分散型的技术创新方式代替,从而使企业的组织结构也相应地具备了国际化特征,特别是企业研发所匹配的组织模式的国际化
组织间的合作化	企业通过与院校或科研机构、其他企业进行合作创新,使得企业的组织结构更加开放,外部边界更加模糊,从而成功地实现技术知识的共享,顺利开展技术创新活动

9.2.2 传统企业组织模式及其弊端

传统的企业组织结构模式主要有 U 型组织结构(也称直线职能型组织结构)、M 型组织结构(也称多事业部组织模式)和矩阵式组织模式,如图 9-10 所示。

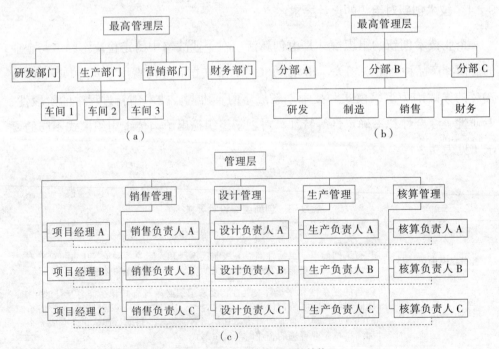

图 9-10 传统的企业组织结构

传统的组织形式在技术创新过程中存在多种弊端,见表 9-4。

因此,企业创新活动的组织需要将传统的组织模式向创新型组织模式转变。

表 9-4 传统的组织模式在创新过程中的弊端

模式	特点	弊端
U 型组织	以工作为原则形成的组织结构，各部门按其所负责的职能进行设置	各部门分工固定，部门间与创新有关的信息流阻滞、缺乏有效的横向联系，从而不能对技术创新产生快速反应。产品创新涉及多个部门，U 型组织结构的各部门的专业化、标准化程度高，企业生产和销售过程的刚性太强、柔性不足，因此不利于新产品的生产和销售
M 型事业部组织	以对象为原则建立起来的组织结构，其中每一个事业部针对一个产品或项目	创新过多地分散于各个事业部中，不利于整个企业创新经验的积累，每项创新也不能最大程度地发挥其效用。事业部间信息流和物流不通畅，有可能出现重复创新，造成资源的浪费，在一定程度上会影响整个企业的创新活动及扩散
矩阵式组织	同一个员工既同原部门保持组织与业务的联系，又参加产品或项目小组的工作，即在直线职能型的基础上再增加一种横向的领导关系	多头领导、权责不明：由于项目经理与职能部门经理谁也不能对某一项目任务拥有完全的权限，因而最终会出现谁也不负责的现象。层次复杂、联系太多：只要企业规模稍有扩大，对企业经营者的要求将大大提高，一旦管理不善，组织效率将会大大下降

9.2.3 企业技术创新组织模式

1. 企业内部技术创新组织模式

不同的企业内部技术创新组织模式（见表 9-5）具有不同的内涵和特点，企业要根据技术、产品、企业状况和市场情况，灵活设立本企业的创新组织模式。

表 9-5 企业内部技术创新组织模式

组织模式	内涵与特征
内企业家	由美国学者吉福德·平肖第三提出：企业为了鼓励创新，允许自己的员工在一定的时间内离开本岗位工作，从事自己感兴趣的创新活动，并且可以利用企业的现有资源。由于这些员工的创新行为颇具企业家的特征，但是创新的风险和收益均在所在企业内，因此称这些从事创新活动的员工为内企业家，由内企业家创建的企业称为内企业
技术创新产品经理制	产品经理作为管理者对一项或一组新产品负全责，可以单独承担全部计划和控制工作，也可以领导一个小型工作班子协助其完成工作。技术创新产品经理制的最大优点是由同一个人负责主要产品线及其扩展的、改进的新产品。这种把现有管理和新产品开发两种有冲突的职责在一种组织形式中谋求综合平衡的途径，为统一运用企业的产品组合提供了组织基础
技术创新团队	一种试图克服在传统组织内容易出现权力分散，部门之间难以协调而产生的、分离式的新产品开发组织。许多设有技术创新团队的企业，一旦新产品开发成功而需要建立新的事业部时，往往以该团队成员作为新管理班子的骨架，以便保持产品管理成功的连续性，如企业成立的技术创新小组、项目管理组织等
新产品开发委员会	新产品开发委员会是国外常见的一种组织形式，通常由企业的最高决策层与主要职能部门的代表组成，在性质上属高层次的参谋组织。其优点包括：①汇集管理人员的设想和专长。②由于决策是由高层作出的，所以容易被企业接受。③可以为专门的目的召集成员商讨有关问题。④可以给成员委派任务。⑤可以将参谋作用和决策过程融为一体。作为一种临时组织，成员之间的职权界限不清，比较适用于小型企业

续表

组织模式	内涵与特征
创新事业部	由若干职能部门抽调专人组成，集中处理新产品开发中的各种问题，既可以起指挥作用，也可以起参谋作用。主要优点包括：管理新产品的专业化程度较高、能够集中精力于少量特定的功能、能够使建议更集中、信息分析较为透彻以及容易发现新产品的市场机会。它是新产品开发委员会最恰当的补充管理组织
技术中心	从1993年开始，我国许多大型企业相继组建了技术中心。经企业申请，政府有关部门评审，许多技术中心被认定为国家级技术中心、省级技术中心和企业级技术中心
学习型企业	为充分发挥员工的创造性思维而建立起来的一种有机的、高度柔性的、扁平的、符合人性的、能持续发展的组织

2. 企业外部技术创新模式

企业外部技术创新组织模式主要表现在企业间的开放式创新合作与创新战略联盟，见表9-6。

表9-6 企业外部技术创新主要组织模式

组织模式	内涵与特征
企业间开放式创新合作	合作目的：进入新技术领域、进入新市场、分担创新成本与风险、缩短创新时间、实现技术互补和资源共享、创立产品标准等 主要形式：组建技术联合体、联合引进攻关和建立联合开发基地等
企业技术创新战略联盟	联盟目的：技术研发导向、市场垄断导向、维护产业供应链导向和知识产权共享导向 主要形式：企业间研发合作战略联盟、产学研联盟（中国）、大学—企业伙伴关系（美国）、官产学（日本）、知识产权共享联盟和各种产业发展联盟

9.3 企业技术创新组织模式案例

9.3.1 3M公司的创新组织

3M公司是一家以创新闻名的百年企业，是一家保有小企业创新精神和灵活性特点的大企业典范，其在企业内部的创新组织上具有独特的优势。

1. 充分发挥小企业的组织规模灵活性

3M公司有6万多名员工，是一个典型的大企业，但是在组织上设计成为规模相对较小的独立产品分部，90个工厂中只有5个工厂的员工超过1 000名，中等规模的工厂只有115名员工。这种组织结构，充分调动、激励了各个独立产品分部的创新积极性。

2. 组织模式的多样化

在 3M 公司，技术创新组织模式包括产品事业部、产品开发部、各类创新平台、项目小组……创新组织的多样化，适应了不断研究开发项目的组织，使得技术创新产品不断涌现。3M 的创新组织结构是影响内部创业活动有效实施的核心因素。区别于一般的公司，3M 公司的技术平台和项目小组结构是其成功创新的保证。

（1）3M 的技术平台。技术创新平台为新产品的创意产生提供了基础。虽然 3M 产品众多，报事贴、便条纸、百洁布、保暖材料和光纤技术等关联度看似不大，但其开发基本上都是基于 3M 最重要的 42 个核心技术组成的创新平台。这 42 个核心技术包括粘接、膜、光控制、研磨、陶瓷、电子封装等。在这 42 个技术平台上，按照工业及运输、医疗、电子电力及通信、光学等事业部针对不同市场领域的需求开发相关的产品。由于这 42 项技术在各个事业部都有广泛的交互使用，因而是最核心的创新平台。

（2）项目小组结构。3M 公司的项目小组结构是成功创新的保证，3M 公司组织新事业开拓组或项目工作组，人员来自各个专业且全是自愿。每个项目组基本上由各部门的同事共同参与，在项目经理的统筹下分工合作。

3. 创新过程组织网络化

3M 公司的技术创新组织以技术转移为中心，将 3M 公司的研发、营销、对外合作等部门密切合作，形成了内外创新资源的共享网络，如图 9-11 所示。

4. 制定符合创新组织的激励制度

在这种"大公司、小组织"的组织结构上，企业制定了激励创新的各种制度与规程。

（1）一个创意要被企业接受，首先要得到至少一位董事会成员的支持。

（2）10% 规则：销售产品的 10% 来自一年内开发的新产品。

（3）30% 规则：销售产品的 30% 必须来自最近 4 年内推出的产品。

（4）15% 规则：发挥内企业家的组织功能，规定如果员工的工作与产品无关，最多可以有 15% 的工作时间自由支配。15% 规则的结果是给企业带来了更多的新业务。

注：类似的，HP 公司中的研究人员可以有 10% 的时间用于自己偏好的项目。

（5）激励制度：奖励那些在推出三年后销售利润达到 200 万美元的产品。

（6）二次机会体系：允许那些曾被拒绝的项目有机会重新寻求资金支持。

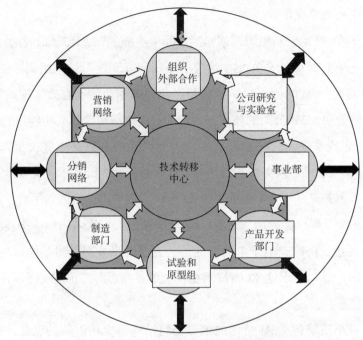

图 9–11　3M 公司的创新网络结构

正是 3M 公司创新的组织结构和与之相适应的激励制度，使 3M 公司每年开发的新产品高达 200~300 种，企业拥有的创新产品超过 6 万多个。

9.3.2　阿斯麦（ASML）公司的联盟

在"芯片"光刻机制造领域，ASML 公司从无名小卒成长为在 DUV（浸没式）光刻机市场占 97%、EUV（极紫外）光刻机市场占 100% 的超级寡头，这与其在创新外部组织模式中大力采用合作与联盟的组织模式密切相关。

1. 研发合作与联盟

ASML 公司在光刻机技术领域创新能力并非第一，特别是在 EUV 领域，美国劳伦斯利弗莫尔实验室、劳伦斯伯克利实验室、桑迪亚国家实验室这三大国家实验室以及摩托罗拉、超微半导体公司（AMD）掌握了几乎所有的核心专利。ASML 公司之所以能占据 EUV 的先机，主要还是因为其在 1997 年加入了 EUV LLC 联盟，该联盟是由美国英特尔以及美国能源部在 1997 年共同发起成立的，联盟中包括上述实验室和企业，拥有数百位顶尖科学家以及工程师，主要目标是实现下一代 EUV 光刻机技术的突破。因此，ASML 公司研发联盟垄断了 EUV 研究领域不同时期绝大部分甚至是几乎所有的核心专利。

2. 市场利益合作与联盟

为了使阿斯麦的 EUV 光刻机产品在市场中取得绝对优势，阿斯麦将国际上最大的光刻机用户，如英特尔、三星和台积电（TSMC）吸收成为主要股东，这样就结成了产业利益联盟。仅在 2012 年，ASML 公司获得三星 5.03 亿欧元的股权投资和 2.75 亿欧元的研发支持、台积电（TSMC）8.38 亿欧元的股权投资、英特尔 41 亿欧元的股权投资和 10 亿美元的研发支持。

凭借这些联盟，ASML 公司在最先进的 EUV 光刻机领域一直垄断着不同时期的高端产品和技术。

本章思考题

1. 技术创新链成本传导规律对企业技术创新成本与质量的控制的意义何在？
2. 技术创新过程中各类模式的特点与内容是什么？
3. 阐述创新集群现象及其与高技术产业发展的关系。
4. 技术创新对企业组织设计的要求是什么？分析 3M 公司内部创新组织设计成功的因素有哪些？
5. ASML 公司的创新联盟组织模式对我国企业有什么启示？

第 10 章　技术创新思维来源与方法

本章的核心内容：
- 技术创新的动力源
- 企业获得技术创新源的途径
- "死亡谷"和领先用户创新
- 创造性思维的三种方式

创新思维是激发创新行为的思维动因。爱因斯坦说"创新思维是一种新颖的、有价值的非传统的，具有高度机动性的坚持性，而且能清楚地勾画和解决问题的思维能力"。

10.1　技术创新动力源

技术创新思维的起源（也称为技术创新的动力机制）是技术创新的核心内容，这方面的研究可追溯到技术创新理论鼻祖熊彼特。熊彼特在提出创新理论的基本思想时就指出，创新的原动力来自企业对超额利润的追求和企业家精神。之后，技术创新的研究学者们通过对技术创新的实践研究，提出了一系列技术创新驱动因素模型。OECD 在其发布的《技术创新调查手册》中指出，创新动力是形成企业创新行为的动力因素。

10.1.1　技术创新动力源一元论

1. 技术推动论

技术推动论（见图 10-1）又称为发明推动（discovery-push）论。熊彼特强调了企业家在技术创新中的重要作用（《经济发展理论》中译本），他的有关技术发展和企业家风险精神的观点，打破了把技术当作经济系统的外生变量的新

图 10-1 技术推动论

古典厂商理论对技术的错误界定，技术推动作为创新起源的假设在熊彼特的思想中找到了很适当的位置。熊彼特自然被认为是创新动力理论中技术推动观点的先驱者。

1945年，美国总统科学顾问万勒瓦布什在科学咨询报告《科学：无止境的前沿》中总结了技术推动模式，指出"新产品和工艺是以新原理、概念为基础，新原理、概念是由基础科学研究而生成"，因而，新的科学技术是创新构思的主要来源，所以，技术创新主要是靠科学技术推动的。

2. 市场拉动论

随着科技的迅速发展，市场竞争日益激烈。企业的经营观念和经营活动已由过去的利润导向转为市场需求导向。在这种背景之下，按照技术推动论，我们无法解释为什么有些科学技术成果难以或根本无法转化为技术创新。20世纪60年代，美国经济学家施莫克勒（J. Schmookler）提出了需求拉动说，"需求拉动"的观点明确地将市场与创新结合起来，突出市场需求对创新形成与发展的决定性作用，使人们对技术创新动力的认识从发明到创新的前向单线联系转向市场与技术创新的双向反馈联系。

市场拉动论（见图10-2）最早也称为需求拉动（need-pull）论，认为创新的一切动力源泉在于市场需求拉动力，技术创新是企业家对生产变化的一种本能反应。

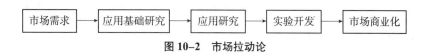

图 10-2 市场拉动论

市场拉动论也得到了大量的实证研究论证，见表10-1。

表 10-1 市场拉动论的调查

学者和年份	现　象	结　论
施莫克勒（1966）	对美国炼油、造纸、铁路和农业4个产业的投资、产出与这些产业的专利数量之间关系进行了考察	专利活动（即发明活动），基本上是追求利润的经济活动，受到市场需求的引导和制约
梅耶斯和马奎斯（1969）	考察了5个产业，抽样调查了567项技术创新实例	3/4是以市场需求或生产需要为出发点，只有1/5是以技术本身的发展为来源的

续表

学者和年份	现 象	结 论
朗格利什厄特巴克等人（1972）	他们对 1966—1967 年间获得 The Queen's Award Winner 的 84 项成功商业化的技术创新进行了分析	技术创新必须是特定需要和特定技术可能性的综合
厄特巴克（1974）	在消费者占主导地位的产业，常常是创新需求拉动较多的产业，如通信产业、化工产业和汽车产业的创新	60%~80% 的重要创新是需求拉动的
沃尔什·汤森和弗里曼	研究对象是基于科学的产业（Science-based Industry），如塑料、医药、化工产业均未发现需求拉动现象	科学、技术与市场之间的关联是复杂的、互动的，主要的创新驱动力因时间、产业不同而有很大的差异
罗森堡	①科学技术作为根本的、发展的知识基础，与市场需求的结构在创新中以一种互动的方式起着重要的作用。②创新活动由需求和技术共同决定，需求决定了创新的报酬，技术决定了成功的可能性及成本	需求起着主要的作用，但是创新往往是需求和技术共同推动的

对英美实证研究的结果表明：创新的动力主要源于需求，见表 10-2。

表 10-2 英美技术创新的动力来源

技术创新的动力来源	美 国	英 国
技术推动	22%	27%
市场拉动	47%	48%
来自制造的需求	31%	25%

麻省理工学院（MIT）的冯希伯尔（Von Hippel）认为：用户、制造商、供应商是技术创新的动力来源。他特别强调了用户的需求。在科学仪器领域，用户的需求是创新的主要来源（占 72%）。而在工程塑料、塑料添加剂和牵引式铲车行业，技术创新的动力源主要是制造商，见表 10-3。

表 10-3 技术创新动力的来源

领域或行业	用 户	制 造 商	供 应 商
科学仪器	72%	23%	0
半导体和印刷电路板制造	67%	21%	0
工业气利用	42%	17%	33%
工程塑料	10%	90%	0
塑料添加剂	8%	92%	0
牵引式铲车	6%	94%	0
线路终端设备	11%	33%	56%

10.1.2 技术创新动力源二元论

人们发现单纯的"技术推动"与"需求拉动"都没有考虑生产者创新行为的复杂性。首先，尽管从总的来看，统计分析表明市场拉动对创新动力起主导作用，但其作用远没有人们预想的那么强。其次，许多重大的创新恰恰是"需求拉动"所不能圆满解释的。最后，从新兴行业的技术创新发展全过程考察，需求拉动与技术推动对技术创新动力的形成并不是按不变比例均匀分布。由此产生"推—拉结合"（integration of push-pull）形成创新动力的观点。

20世纪70年代末期，经济学家沃尔什、汤森、弗里曼等学者认为技术推动力或者市场拉引力都不是单独地占据主导地位，技术创新是在技术和市场的交互作用下启动的，并且技术推动和需求拉动在创新过程的不同阶段及产品生命周期上有不同的作用。在产业发展早期阶段，技术推力相对重要；在产品生命周期成熟阶段，市场拉力相对重要。80年代，斯坦福大学莫尔里、罗森堡发表的论文《市场需求对创新的影响》提出了二元论（见图10-3），指出技术创新可以是技术推动，也可以是需求拉动，是两者的综合作用，是技术可能性和市场机会的综合平衡。

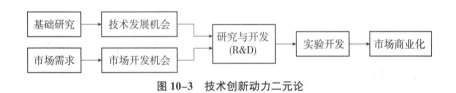

图10-3 技术创新动力二元论

英国学者罗纳德·阿曼和朱利安·库珀曾考察了英国和其他西方工业化国家近代的重大技术创新成果，得出结论：2/3~3/4的创新是需求拉动的结果，但是，他们也认为尽管需求拉动对于技术创新的激励数量占优势，但较大规模、效应的技术创新，往往属于技术推动类。

10.1.3 技术创新动力源三元论

学者进一步的研究提出了技术推动、市场推动、政府行为（政府的制度、政策供给）共同作用推动技术创新的三元论，如图10-4所示。

政府作用于创新的本质在于政府借助政策、法律或经济手段促使企业部分边际外部费用内部化。政府通过法律、法规和经济激励等措施来改变市场对资源需求的反应，从而使企业在技术创新方面有所进展。

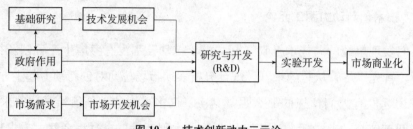

图 10-4 技术创新动力三元论

10.1.4 技术创新动力源四元论

四元论在三元论的基础上增加了企业家作用，认为企业家创新精神对于推动持续创新有重要作用，如图 10-5 所示。

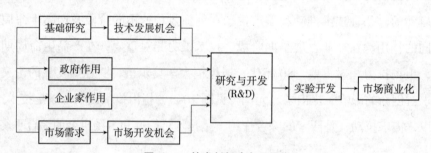

图 10-5 技术创新动力四元论

在企业家持续创新精神中，除熊彼特提出的企业家精神的基本内涵外，还有为实现企业的持续创新与发展目标而锲而不舍地寻求和捕捉机遇的执着精神，企业家要有"要么持续创新、要么灭亡的思想，以及在人类追求社会、经济、生态环境可持续协调发展的时代背景条件下寻求和抓住机遇，走持续创新道路的强烈意识"。

10.1.5 技术创新动力源五元论

在四元论中再引入社会、技术、经济系统的自组织作用就构成了技术创新动力源五元论，如图 10-6 所示。

系统自组织是指在没有外部指令的条件下，系统内部各子系统之间能自行按照某种规则形成一定的结构或功能的自组织现象。在外界环境的变化与内部子系统及构成要素的非线性作用下，系统不断地层次化、结构化，自发地由无序状态走向有序状态或由有序状态走向更为有序状态。从自组织的观点来看，技术创新正是创新系统形成和向有序演化的过程，因此，可以通过考察技术创新系统形成和向有序方向演化的条件，揭示技术创新演化的规律性。

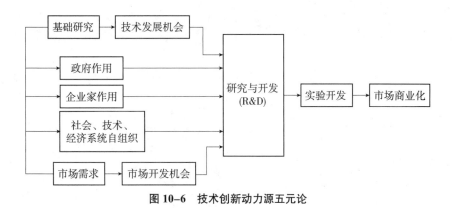

图 10-6 技术创新动力源五元论

10.1.6 技术范式—技术轨道推动论

这一模式是英国经济学家多西（Dosi）在批评技术创新的技术推动、市场拉动单向因果决定模式基础上提出来的。多西（Dosi）在借鉴科学范式的理论上提出"技术范式—技术轨道"模式，认为根本性创新会产生某种观念，这种观念一旦规范下来就成为技术范式，技术范式如果在较长时间内发挥作用就固化为由各种技术变量、经济变量构成的多维空间中的技术轨道，每个技术范式下都有多条技术轨道，渐进性创新沿着技术轨道的轨迹不断涌现。

技术轨道是基于某个技术范式解决技术问题通行的模型和模式。创新技术的演化一般会有一定的技术轨道，不同行业或企业的创新往往具有不同的技术轨道。产业技术轨道是指在企业技术创新的过程中，同一行业内的企业共同采用的技术选择方法、技术解决方法（包括技术路线、设计模式、技术整合方式和技术标准）以及与此相应的工艺流程。比昂迪等根据人类对产品性能的追求和技术发展的现状，总结出 8 条技术轨道：降低生产成本、增加资本成本、提高寿命、规模经济、市场分割、快速服务、减少体积和更有效地利用资源。

当技术发展突破原有的技术范式出现新的技术轨道时，由于技术领先者存在资源依赖性，技术发展摧毁了领先者多年苦心经营建立起来的优势，使得转换成本增加。后来者可以利用技术跃迁带来的机会跳过旧范式，直接紧随新范式而实现技术追赶。无论是企业技术创新，还是产业技术创新，都要依托基础科学，瞄准技术轨道，提升技术能力，实现技术跨越，才能更有效地实现技术创新目标。

例如，电话技术创新轨道发展如图 10-7 所示。

技术创新动力源总结的观点，见表 10-4。

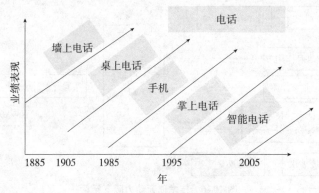

图 10-7　电话技术创新轨道

表 10-4　技术创新动力源的观点总结

技术创新动力源	具 体 内 容
一元论	两种模式：技术推动论和市场拉动论
二元论	"推—拉结合"（integration of push-pull）形成创新动力的观点
三元论	"技术推动 + 市场拉动 + 政府行为"三元共同作用
四元论	"技术推动 + 市场拉动 + 政府行为 + 企业家偏好"四元共同作用
五元论	"技术推动 + 市场拉动 + 政府行为 + 企业家偏好 + 社会、技术、经济系统的自组织"五元共同作用
技术范式—技术轨道推动论	技术范式如果在较长时间内发挥作用就固化为由各种技术变量、经济变量构成的多维空间中的技术轨道，某一技术轨道上的技术创新活动可以持续产生

10.2　企业获取技术创新来源的途径

获得创新的思路无疑对企业技术创新的实现是至关重要的。获取创新思路的来源可以归纳为两大类：一类来源于企业的内部，另一类来源于企业外部。

10.2.1　企业内部技术创新的来源

企业内部技术创新主要是来自企业内部的机构、研发人员或者管理层人员，见表 10-5。

表 10-5　企业内部技术创新的来源

内部来源的分类	内部来源的内容
内部研发机构	主要源于企业内部技术研发进展引发的新创意—技术推动的创意源
营销管理人员	了解市场和同行业的产品发展方向，掌握市场需求变化引发的新创意

续表

内部来源的分类	内部来源的内容
现有产品改进	沿着企业现有产品线的功能与性能的拓展——产品型号延伸；寻找改善企业现有产品缺陷的可能性——产品渐进性创新
领先用户参与创新	以企业研发人员为主，吸收业内最著名的领先用户（由冯·米塞斯提出），领先用户身上具备更高价值的黏着信息，能够更快、更早地获取市场或产品信息，从而降低企业的研发成本，提高企业的创新效率

10.2.2 企业外部技术创新来源

在当今企业的发展过程中，越来越多的企业的发展已经远远不能满足或依靠企业自身能力进行研发了。开放式创新的提出者切斯布洛（2004）指出：来自外部的知识和信息资源可以补充内部创新源带来的不足，从而形成资源互补。弗里曼等人在对英国的 1 000 多个战后创新实例研究的过程中发现，其中 53.7% 的创新思想来源于组织外部，46.3% 来源于内部的组织机构。企业外部技术创新主要来源于市场参与各方、行业竞争机构、大学和科研机构及各类信息发布部门，见表 10-6。

表 10-6 企业外部技术创新来源

外部来源的分类	来源	内容
市场类	用户	用户的愿望、意见、建议。这是企业目前大量采用的方法，如与用户座谈、问卷调查（或电话调查）等，系统地收集用户的信息
市场类	竞争对手	通过系统地研究竞争对手的产品，找出产品的优缺点，改进竞争对手的产品，发现新的、更好的产品来满足用户的需求。特别是对率先创新企业的新创意进行跟踪，为产品改进提供创意源
市场类	分销商	分销商接触多种用户和产品，可以为企业的新产品提供建议
机构类	相关行业外部企业研发机构	外部企业新的研发成果可以成为企业产品创新的技术来源
机构类	高等院校	大学的最新科技成果
机构类	研究机构	各类专门的技术研究机构
机构类	科技中介机构	各类科技成果转移机构、技术中介、无形资产市场等
公共信息类	专利信息	专利数据库被国际知识产权组织（WIPO）誉为是世界上最大的技术创新信息来源
公共信息类	各类标准信息	各行业的技术标准、健康安全标准、环境标准等，为企业创新提供规范的技术来源
公共信息类	政府政策信息	对政府强制性的新政策或法规进行评估，分析其带来的新需求，目的是避免开发与之相抵触的产品，并找到新的或改进的产品，以满足新的政策与法规要求的产品
公共信息类	专业展会信息	通过收集各类专业展览会的信息，获得新的创新思维

总体来说，企业的技术创新主要来源于企业外部，特别是开放式创新的提出，使企业从外部获取技术创新来源的渠道更加宽广。

10.3 跨越创新产品"死亡谷"

10.3.1 创新产品"死亡谷"现象

技术创新动力源只是解决了企业创新的思维来源和获取途径，技术创新是否成功，还与各动力源的要素形成的时机有关。纽约的消费品博物馆收藏了近6万件科技产品，它们有一个共同的特征：没有获得市场的认可。这些高科技产品的开发费用超过了40亿美元，它们本可以创造400亿、4 000亿美元，甚至更多的市场价值。但遗憾的是，最终它们都夭折于市场。

高科技产品与传统产品最大的不同之处在于它要创造一个原本不存在的市场。技术虽然优秀但却未能创造出自身赖以生存的市场，最终以失败告终，这便是困扰高科技企业的"死亡谷"现象。事实上，只有4%的新技术最终可以成功地得到市场的认可，另外96%的新技术都被"死亡谷"吞没或成为博物馆的陈列品。毫无疑问，没有转化为主流消费品的技术就是没有主流消费者的技术，跨越"死亡谷"是所有高科技产品创造新市场的必经之路。

现代对高科技产品营销战略的思考都起源于技术采用生命周期模型，这个模型来自于20世纪50年代后期开始的对消费者群体如何应对突破性（非连续性）创新的社会研究，如图10-8所示。

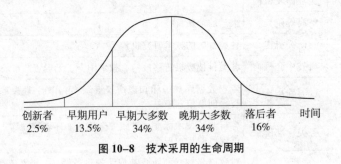

图10-8 技术采用的生命周期

"死亡谷"（见图10-9）是个简单的概念。换言之，当一个突破性创新的高新技术产品在首次进入市场的时候，最初都会在一个有科技激情者和有愿景者组成

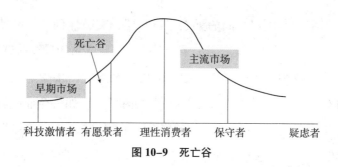

图 10-9 死亡谷

的早期市场中受到热烈的欢迎，然后就会跌入低谷。在这个低谷，产品的销售遇到困难直线下降，通常会导致大多数新产品的死亡。对于企业而言，所有的高技术财富都来自于市场开拓后的第三个阶段，因此如何跨越死亡谷就成了营销策略中的一个主要任务。

10.3.2 领先用户创新跨越"死亡谷"

领先用户的概念早在 1986 年就由麻省理工学院埃里克·冯·希贝尔（Eric von Hippel）教授在其论著《创新之源》一书中率先提出。希贝尔教授综合之前学者们的研究成果，发现用户尤其是领先用户（lead user），实际上是很多创新的源泉。领先用户们在工作和生活中往往使用最先进的技术和方法，但是对于这些技术和方法的表现并不满意，因而常常自己动手改进这些技术和方法，这些改进往往具有很大的创造性，图 10-10 描述了领先用户在创新扩散过程中所处的位置，其中领先用户参与企业的研发，是该方法的最重要的环节。在市场销售的过程中，由

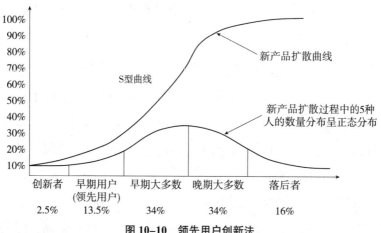

图 10-10 领先用户创新法

于第二类用户与第三类用户之间的天然逻辑断层,突破性创新产品使得产品销售陷入停顿,因此创新产品坠入营销死亡谷。因此,创新产品如果要跨越死亡谷陷阱,就必须要获得第三类用户——早期多数(理性)消费者的接受,充分利用领先用户的优势,将有利于跨越创新产品营销中的"死亡谷"。如果企业能够获知这些创造性的改进方法,并结合自己在生产和加工方面的优势,就有可能推出创造性的新产品和新的解决方案。这给企业获得突破性的创新源提供了一种可行的办法。

与普通用户相比,领先用户能够提前几个月甚至几年察觉到未来市场的潜在需求并能敏锐地预见产品的未来趋势,且他们有很强的创新主动性和积极性,期望通过参与创新来获取创新收益,进而形成新的创新过程,如图10-11所示。

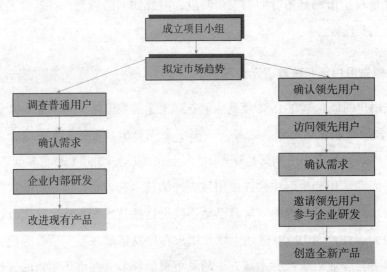

图10-11 领先用户创新与一般创新过程

10.3.3 经典案例:佳通公司聚氨酯轮胎跨越"死亡谷"的领先用户策略

1. 现代汽车轮胎的产品创新

1885年,首次发明空气轮胎的是英国商人汤姆生,这种轮胎是充气轮胎的雏形,它的舒适性与滚动阻力都比实芯轮胎好得多,但其负荷量小,也无法充气,因而限制了它的使用范围。到1888年,曾在英国兽医学院受训过的邓禄普发明了充气轮胎,并取得了专利。充气轮胎提高了负荷质量,减小了滚动阻力,提高了行驶速度和舒适性。虽然充气轮胎的结构比较简单,但却开创了轮胎制造技术的新纪元。后来韦尔奇发明了有钢丝圈结构的轮胎,同时开始采用内胎。1890年,有两家公司联合生产带钢丝圈结构的充气轮胎。轮胎采用了钢丝圈和轮辋,使充气轮胎由自行车胎发展到汽车轮胎。对提高轮胎性能起决定作用的革命是采用了无纬线的帘布，大约于 1893 年第一次采用棉帘布制造轮胎，使用寿命和行驶性能相比用帆布制造的充气轮胎大大提高。美国于 1889 年首先制造充气轮胎的厂家是 Goodrich，中国则是在 1931 年由上海的一家工厂首次生产出汽车轮胎。

2. 领先用户策略

佳通公司在推广聚氨酯新轮胎的时候，采用了用户创新方法。在领先用户中，它们主要关注两类群体：①有实际特殊需要的技术爱好类型领先用户，关注点在聚氨酯轮胎的高速耐磨和安全性。②有很强的社会影响力，关注点在产品的安全性、持久性和环保性能的权威用户。

（1）F1 方程式赛车。对于聚氨酯轮胎来说，最合适的领先用户莫过于 F1 方程式赛车项目中的车队。因为 F1 方程式的赛车，行驶速度极快，平均时速达到 230km 左右，最高时速超过 310km。比赛中需要通过非常多的 S 弯道，必须不断地减速、转弯和加速，对车胎的耐热性和耐磨性以及安全性都有全面的高要求。它们有着数以亿计的观众，它们的高技术配备，也能使其他消费者群体充分相信它们使用的就是最好的汽车产品，代表的就是未来的发展方向。

（2）政府等权威用户。利用聚氨酯轮胎的环保、安全特性，以及国家的环保政策对环保产品的提倡，吸引政府的政策支持和舆论支持。因为政府部门的使用，将引导轮胎市场主流转向聚氨酯轮胎产品，会吸引其他企业纷纷加入聚氨酯轮胎的生产和研发中来。政府相比 F1 方程式车队，更加贴近普通消费者的生活，更容易激起周围消费者群体的购买欲望。

（3）国内外知名的汽车生产企业也将是合适的权威领先用户选择。汽车市场竞争非常激烈，汽车生产企业非常需要一些特殊的配置来增强自身的领先优势，从而产生有利的市场宣传卖点，以此来带动销售。汽车生产企业甚至会利用聚氨酯轮胎的安全性、耐磨性能、环保和持久性能，作为汽车的重要特性进行宣传。新的轮胎技术，也在很大程度上带给购买者一种社会优越感，这种优越感将形成信息传播的动力，有利于产品信息的加速传播。

领先用户群体的联合和采用，将会形成多个产品信息传播源，有利于形成产品信息的大众传播，有力地激发和影响有愿景者群体的购买需求，对理性消费者产生强大的舆论信息冲击，促使其产生需求，加速产品的市场增长速度，快速跨越"死亡谷"，进入成熟期。

10.4 创造性思维方法

创新过程中,我们经常有三种思维方法:第一种方法:标准化创造力。第二种方法:探究性创造力。第三种方法:偶然创造力。

10.4.1 标准化创造力

标准化创造力是一种由目的导致的创造力,它从创新的目的出发,找出问题并进行多维度分析,包括多种方法。

例如,产品性能列表法。先将问题具体化,再寻求解决的方法,关键是界定清楚问题。在分析某项产品创新时,我们应用列举法列出产品的性能。目前,考虑创新产品的关键要素:性能、价格和美学。

列出产品具体的性能要求,如功能、可操作性、价格、寿命周期、维修服务、兼容性、使用成本和外观(美学)。

在解决上述8大性能的过程中,我们要搜寻所需要的知识,并把这些知识转变为技术突破,再把这些技术突破变成满足市场需求的产品,并使这些产品具有较高的经济合理性。

除列表法外,还有一种常用的方法就是"鱼骨图"[①],如图10-12所示。

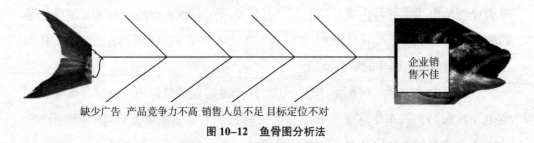

缺少广告　产品竞争力不高　销售人员不足　目标定位不对

图 10-12　鱼骨图分析法

通过"鱼骨图"把问题的原因和解决的方法分析清楚,便于企业采取解决问题的行动。

10.4.2 探究性创造力

标准化创造力是对内的,探究性创造力是对外的,是由外部的人或事引发的创造。

---

① 鱼骨图是由日本东京大学的石川教授发明的一种创新分析工具,用于区分问题的症状和产生的原因。

（1）头脑风暴法。头脑风暴法（brain storming）是指由团队提出大量的想法，无论多荒谬，先有数量再有质量。

（2）比喻性类比法。非常重要和应用广泛的方法，如仿生学的应用。

（3）触发会议法。每个人充分提出自己的想法，并经由团队分析、评估、选择、实施。

（4）形态分析法。将产品按照一定的标准进行分类，建立多维的空间和标准，通过指标组合，找出各种可能的机会。

10.4.3 偶然创造力

因为偶然的因素，人类有很多重大的创新产生，如青霉素的发现、放射性物质的发现等，但是偶然中有必然。它要求创新者具备以下素质。

（1）观察力。对新事物的发展要有敏感性和观察力。

（2）好奇心。要有探索新事物的激情。

（3）有知识。偶然中往往有必然，能够接受和解释观察到的事务。

（4）横向思考能力。对事物要有举一反三的联想能力，能在交叉领域找到新的创意。

（5）好运气。很多机会是留给有准备的创新者的，因此，当机遇到来时能够抓住机遇。

1928年，英国细菌学家弗莱明首先发现了世界上第一种抗生素——青霉素。1928年9月，弗莱明结束度假归来。度假之前，他把所有细菌培养基一股脑地堆在了实验室角落的长椅上。结果，他发现其中一个培养基不慎被霉菌污染了，霉菌周围一圈的葡萄球菌都被杀死了。当时的卫生条件不怎么样，培养基被污染很常见，大部分的研究人员都会把异常的培养基丢掉，只有弗莱明下了一句很著名的评论："这很有趣啊！"弗莱明认为，霉菌分泌了一些可以杀死葡萄球菌的物质。于是他趁热打铁，小心翼翼地提取了培养基里的霉菌，这就是青霉菌（又名盘尼西林），它们的分泌物可以杀死导致人类生病的某些葡萄球菌。

尽管弗莱明发现青霉素是很偶然的，但是，前提是他具备了创新者的基本素质。

10.5 创新构思的评价和筛选因素

不是所有的创新思维都能够成为最终成功的创新产品。能否成功,可以运用以下的判断标准进行评价和筛选。

(1) 所要开发的产品与企业的目标是否一致?
(2) 预测产品的市场前景如何?
(3) 新产品投放市场后的盈利状况?
(4) 新产品是否比现有产品更好?
(5) 开发产品的成本与企业的设备如何?
(6) 开发新产品的原料来源是否可靠?
(7) 产品开发后面临的竞争状况如何?
(8) 市场是否有需求?
(9) 新产品对企业的老产品有何影响?
(10) 开发产品是否有其他生产或发展上的矛盾?

本章思考题

1. 简述技术创新动力源的来源。
2. 企业获取技术创新源的途径有哪些?
3. 简述死亡谷形成的原因及规避的方法。
4. 简述创造性思维的三种方法及其作用。

第 11 章　企业创新文化

本章的核心内容：
- 企业创新文化的核心
- 具有创新文化的企业特征
- 创新文化与企业家精神的关系

11.1　企业创新文化的基本概念

11.1.1　企业文化及其分类

自从佩蒂格鲁（1979）首次提出组织文化（organizational culture）的概念以来，企业文化开始成为学者和企业管理者共同关注的焦点问题。学者对企业文化的界定及其主要观点，见表 11-1。

表 11-1　学者对企业文化的界定及其主要观点

学　　者	观　　点
霍夫斯泰德（1980）	企业文化是组织内部全体一起遵循的规范、价值观和认知，它与员工行为相互作用、相互促进，即企业文化作为共同的价值观影响员工的行为，员工的行为习惯逐步形成企业文化
彼得斯和沃特曼（1982）	企业文化是企业生存必需的基本原则，体现了企业的核心价值理念，并能引导员工形成企业凝聚力
迪尔和肯尼迪（1982）	企业文化以组织成员所崇尚的价值观为核心，包括组织全体人员公认的、非书面化的行为准则以及使价值观得以强化的习俗和仪式等
谢恩（1983）	企业文化是企业为应对内外部环境的不断变化而逐渐形成的行为规范和信念体系
罗宾斯（1983）	企业文化是组织内部的一致知觉，是成员之间共有的价值观体系，能够让组织与其他组织区分开来
奥雷利（1989）	企业文化是一种引起企业成员关注的、对全体成员的态度和行为决策产生影响的组织内部规范或共同期望

续表

学　者	观　点
威廉姆斯、多布森和沃尔特斯（1989）	企业文化是一种根深蒂固的观念，它支配着企业员工的个人行为、工作态度和价值观，这些共同拥有的信念是企业文化的核心因素，只有改变了企业员工深层次的想法，才能变革企业文化
霍夫斯泰德等人（1990）	企业文化是全体成员思想深处的价值观和组织实践的融合
恩尼斯（1990）	企业文化的内容包含了传统理念、行为习惯以及精神体系等
赫斯克特和科特（1992）	企业文化是企业中各层级管理者和全体员工一致遵守的理念和行为实践
丹尼森和米什拉（1995）	企业文化是全体成员共同拥有的基本价值观和信念体系
谢里登和斯特恩（1996）	企业文化包含了员工共有的观念、价值取向以及行为等表现形式。这些外在表现形式和传统可能与政治、经济或社会习俗有关，它们可能是围绕客户与员工的关系、社会地位、职业道德、坦率程度、个人与集体的关系以及工作方法而定的
约翰和詹姆士（1997）	企业文化通常是指企业中各个部门，至少是企业高层管理者们共同拥有的那些企业的价值观和经营实践
卡梅隆和奎因（1999）	企业文化在企业中表现为企业自上而下所推崇的价值理念、领导方式和对成功的认知等形式

美国企业管理专家特伦斯·迪尔和阿伦·肯尼迪在《企业文化》一书中，将企业文化划分为4种类型：硬汉胆识型文化、勤奋活跃型文化、孤注一掷型文化和按部就班型文化。德国慕尼黑大学教授F.海能在《企业文化：理论和实践的展望》一书中甚至总结了企业文化的16种类型。我国学者将企业文化划分为8种主要文化：创新型文化、民主型文化、持重型文化、官僚型文化、家族型文化、官本位型文化、复合型文化和发展型文化。

总结国内外学者对企业文化的界定标准，企业文化分类见表11-2。

表11-2　企业文化分类

学　者	分　类
迪尔和肯尼迪（1982）	硬汉型、过程导向型、工作—享乐型、赌注型
瓦拉赫（1983）	官僚型、创新型、支持型
奎因和卡梅隆（1983）	团队型、创新型、层级型、市场型
赫斯克特和科特（1992）	强力型、策略合理型、灵活适应型
胡艾伯格和彼得罗克（1993）	官僚型、家族型、企业家型、市场型
德斯潘德和法利（1999）	竞争型、企业家型、官僚型、交互型
杰克逊和舒勒（2000）	官僚型、宗室型、创业型、市场型
许庆瑞（2001）	创新型、效果型、参与型和秩序型

资料来源：李荣．创新文化、期权激励与企业研发投资[D]．山东大学，2017．

11.1.2 企业创新文化的定义

在企业文化的分类中,国内外学者都提出了企业创新型文化的概念,企业创新文化是企业文化的新类型。企业文化是一种共性文化,企业创新文化是一种个性文化,这是企业文化和企业创新文化的本质区别。国内外学者对企业创新文化的定义,见表11-3。

表 11-3 学者对企业创新文化的定义

学　者	企业创新文化的定义	视　角
冯斯·巴若纳特（1992）	将创新文化看作是企业倡导的一种行为模式。认为创新文化是通过一种初始方式,为满足创新思想数量最大化的需要,在某一特定时期培育的一种行为模式	行为视角
阿尔卡斯（1995）	在企业内部日渐形成的一种激发与众不同的新的思维模式,从而获得企业内部广泛的接受与各个层级支持的文化力量	思维视角
弗洛曼（1998）	创新文化更多的是培养一种鼓励创新、敢于尝试的价值观念,这种观念能够激发员工的工作热情和个体创造力	价值观视角
卡梅伦（1999）等人	创新是企业的核心价值观之一,企业文化中的创新型倾向和技术型倾向会影响企业的技术创新,能够决定企业的前途命运	价值观视角
索恩伯里（2003）	创新是能对快速变化的环境及突发的危机情况作出反应,是企业组织内一种鼓励、引导创新和冒险的文化,能够激励员工进行创新活动。作为一种升华的文化,它必须融进企业骨髓中去,这就是所谓的创新文化	环境视角
许庆瑞等人（2004）	创新文化是以鼓励创新、容忍失败为核心价值观,以有利于创新的组织结构和制度为价值观体系实现的保障和推动力,以企业员工的各种创新行为为外在表现的人性化和主动式的企业文化	价值视角
王方烈（2006）	最大程度上激励全体员工进行创新活动的文化,尤其是在管理层级中,良好的创新文化氛围也给员工创造了一个兼具使命感和凝聚感的家庭氛围	环境视角
本书（2020）	企业创新文化能够激发企业内个体和群体创造力,激励并促进创新行为,通过自身的创造能力创造出来的有自身风格和特点的物质和精神的形态。创新要求义化先行,文化是创新的重要源泉	综合视角

11.1.3 企业创新文化的构成要素

本书综合学者们对企业创新文化的定义,归纳出企业创新文化的构成要素主要包括6个方面,见表11-4。

表 11-4　企业创新文化的构成要素及其内涵

构成要素	内　涵
精神	创新精神属于科学精神和科学思想范畴,是进行创新活动必须具备的一些心理特征,包括创新意识、创新兴趣、创新胆量、创新决心,以及相关的思维活动。一旦企业创新精神形成了群体共同心态,便可以使全员创新意识转化为创新行为
价值	企业文化理论的奠基人沙因(1985)认为企业文化的"精髓"是在企业长期发展的历史当中,员工们共同习得的"价值观、理念和假设"。它反映的是企业创新理念、创新宗旨、创新目标和创新价值观。核心价值观是创新型企业保持持续创新的内在驱动力,核心价值观也是创新型企业有别于其他企业文化的基本特点
行为	行为规范体现了企业创新文化中个体普遍的认同或期望,包含了准则、风俗等方面。冯斯·巴若纳特(1992)从创新文化引导的结果出发,将创新文化定义成一种行为模式,这种行为模式从本质上来说以培育企业内全体成员的创新行为为目的,是企业在某一时期内,为了能产生最多的创新思想总量而逐步行成的。阿尔卡斯(1995)认为企业创新文化体现着人的思考和行为模式,能够塑造企业的精神内核,并促使内部员工克服惯例,拥护有利于企业发展的想法或行为。这种定义强调企业家乐于冒险,员工积极参与,激发创造性和共同责任等因素
制度	创新行为需要有章程、有制度。企业的创新制度文化是在企业从事生产经营活动中与企业创新价值观、道德观等相适应的制度、规章及组织构架
环境	根据欧洲创新环境研究小组(GREMI)的观点,创新环境是技术创新活动所必需的、不可脱离的因素,是企业开展创新活动的场所。企业创新环境是在创新的过程中,影响企业进行创新的各种内外部因素的总和
物质	企业创新的物质文化包括企业的公众形象、品牌形象、办公环境、装修风格、员工的仪容仪表等外在的、可以看得到的物质层

11.2　企业创新文化的作用

11.2.1　创新文化对企业创新的作用

创新文化是助推企业创新的关键因素,鼓励创新的企业文化是企业创新机制的根本。创新文化对企业创新的作用主要表现在创新文化构成要素对企业创新的作用。

1. 创新精神对企业创新具有引导和促进作用

企业创新文化首先要有创新精神,创新精神反映的是融企业创新理念、创新宗旨、创新目标、创新价值观以及创新道德水准为一体的集体精神,它是企业创新文化最重要的部分,包括具有企业创新特征的意识形态和文化观念。企业创新精神是企业在形成自己的创新文化的过程中形成的具有企业个性的精神支柱。创新精神以敢于摒弃旧事物和旧思想、创立新事物和新思想为特征,同时又要以遵循客观规律为前提。

2. 核心价值观是企业保持持续创新的内在驱动力

价值观是企业经营行为的选择标准和决策标准，创新价值观是企业创新文化的核心价值观。以创新价值观作为企业核心价值观的企业要求自身确立自主创新价值取向，把追求自主创新作为价值目标，形成一套适合本企业的、完整的创新行为文化体系，指导和规范员工行为实践活动，最后将创新价值观体现在产品创新、生产技术创新、制度创新等各个方面。核心价值观也是创新型企业有别于其他企业文化的基本特点。

3. 创新行为文化直接影响企业的创新活动

企业创新行为文化是企业创新文化的一种外在表现形式，是企业员工在生产经营管理中进行创新活动的文化，主要由企业家的创新行为、企业中层员工的创新行为、企业普通员工群体的创新行为构成。在企业创新行为文化中，领导者的创新行为对企业创新文化的形成具有引导和示范作用。普通员工是企业创新和企业创新文化建设的最终实践者，要促进企业创新及其文化建设必须对企业员工群体创新行为进行建设，最大限度地激发企业员工的创新热情。

4. 创新制度文化是激励与规范企业创新行为的保证

创新制度文化是适应企业创新精神、创新价值观等的企业规章、制度及组织结构等，把创新的核心思想和理念融入其中。完善的创新激励制度，是企业创新构思源源不断涌现的保证，并规范了企业创新的行为。欧内斯特·冈德林（2001）在研究 3M 公司的创新机制时发现，3M 公司的奥秘是完善的创新制度和有效的创新激励机制，员工在制度的激励下产生主动、规范、持久的创新活动，构筑了 3M 公司独特的创新文化环境。

5. 创新环境文化是企业持续创新的保障

创新环境（innovative milieu）理论是 1985 年欧洲创新环境研究小组（GREMI）发现并揭出的理论。此研究小组认为"创新环境是技术创新活动所必需的、不可脱离的因素，是企业开展创新活动的场所。一个企业的长远发展依靠其所处的创新环境因素，良好的创新环境对企业的创新发展具有重要意义"。企业创新环境文化主要包括企业外部宏观创新环境文化和企业内部微观创新环境文化。企业外部宏观创新环境是指国家鼓励企业创新的政策、社会教育体系、有利于创新的市场环境、先进的科学技术、激励创新的文化传统和公共环境等因素。企业内部微观创新环境是指企业的性质、经营方向、发展历史、文化传统以及有利于创新的工作环境，企业内部微观创新环境起决定性作用。

6. 创新物质文化是企业创新活动的隐性支持因素

企业创新物质文化是由企业员工在生产经营活动中需要的产品和各种物质设施所构成的器物文化，主要包括创新的产品和服务、创新的生产环境、企业的公众形象、企业的品牌形象、企业的办公环境、装修风格、企业员工的仪容仪表等外在的物质层。这些都从外在层面上反映着企业的内在核心价值观。它是企业精神文化、价值文化、行为文化、制度文化和环境文化建设的基础和前提，为企业创新文化的建设奠定了坚实的物质基础并提供了有力的物质保障。

11.2.2 有创新文化的企业特征

在创新型企业文化方面，KLR Consulting（2002）认为，创新型企业文化主要由三大要素构成：创新氛围、创新激励制度和创新价值观。中欧工商管理学院对有创新文化和无创新文化企业的特征进行了比较（见表11-5）。

表 11-5　企业有无创新文化的特征比较

有创新文化企业的特征	无创新文化企业的特征
1. 活泼、好的创新氛围 2. 容忍失败，相互信任 3. 有个性，不是克隆 4. 培训和机会 5. 利于创新的制度 6. 团队合作精神 7. 有远见 8. 按结果付酬	1. 官僚 2. 封闭，缺乏信任 3. 是克隆，没有个性 4. 我是对的，你是错的 5. 等级分明 6. 有倡议无争议 7. 在意职位 8. 我们曾试过，没有用……

资料来源：中欧工商管理学院"技术创新"课程内容。

创新文化中对创新失败的宽容态度对创新十分重要。必须学会如何设计一个能为创新过程提供宽松环境的组织（彼得斯和奥斯汀，1985），他们指出在很多"错误的地方"出现创新。例如，两位音乐家发明了 KODAK 胶卷。3M 公司制定了二次机会体系，允许那些曾被拒绝的项目有机会重新寻求资金支持。

英特尔公司也建立了自己独特的创新文化，如永无止境的学习、追求技术创新的极限与勇于尝试错误。英特尔非常难能可贵的，是文化公司的另一独到之处，是"让数字说话"。英特尔开放自由的企业文化，人人可以公开讨论任何困难或成就。提出问题的人并不会因此受到责难，或担心"秋后算账"，反而可以刺激团队深入问题并寻求解答。英特尔公司管理的 6 项准则：以结果为导向、着重纪律、鼓励尝试风险、品质至上、以客户为导向以及让员工乐在工作。

11.3 案例分析

11.3.1 万科前 20 年的创新文化

2004 年是万科集团成立 20 周年，在企业平均寿命只有六七年的中国来说，20 岁的企业可以称作"寿星"了，况且万科当时经营状况良好，有极高的知名度和美誉度，这在寿命超过 20 年的中国企业中更不多见。综观万科这 20 年的发展历程，"变化"与"创新"成为企业发展的主线，透过万科在创新实践和理论探索中提出的、具有鲜明时代特色的创新理念，可以明显地感受到万科的创新文化氛围。正是这种创新文化支撑着万科创新的动力和源泉。

万科的宗旨：建筑无限生活。

万科的企业愿景：成为中国房地产行业的领跑者。

万科的创新文化主要体现在以下 5 个方面。

（1）学习是一种生活方式。"学习是一种生活方式"是万科核心价值观的一部分，万科也在时时刻刻身体力行地实践着这句话。万科在成立之初，是一家贸易企业，以代理 SONY 产品为主。万科以 SONY 为老师，学习 SONY 良好的售后服务系统，"重视客户服务，以客户满意度作为衡量工作成功与否的标准"的服务理念成为万科后来进入房地产行业，将物业管理作为房地产服务的延伸，成功地打造万科物业服务品牌，使其成为万科品牌有力支撑的基础。刚刚进入房地产领域的万科，又以香港新鸿基为师，规范各种操作，迅速确立了领先地位。

（2）可持续竞争的唯一优势来自比竞争对手快一步的反应能力。万科把创新与变革作为基本的经营理念，坚决抛弃僵化和保守，推崇变化和灵活，在创新和变化中寻求和把握机会，并在创新的过程中使员工体验到工作的乐趣和意义。

（3）创新＝新思想＋能够带来改进或创造利润的行动。万科把面向市场为客户提供最佳的产品和最优的服务作为创新理念，使创新与市场、与利润结合在一起。最先进的技术不等于市场需求，市场需求的不断变化、市场竞争的日趋加剧迫使企业不断地进行技术创新。正如思科公司 CEO 钱伯斯所说："最好的技术不一定成功，市场最终还是要打败技术。"被公认为美国"最具创新精神企业"的 3M 公司的创新理念是"创新 = 新思想 + 能够带来改进或创造利润的行动"。这就是说，创新不只是一种新思想、新技术，而是一种得以实行并产生实际效果的思想或技术。万科正是遵循了以下创新理念。

1）创新领先的产品开发。

2）提供领先产品的同时提供领先的服务。

3）技术领先是持续超越的根本。

（4）"这里人人思考未来，人人使客户满意，人人负责盈亏。"万科把"人才是万科的资本"作为公司的核心价值观，赋予员工更大的自主性和责任，允许甚至鼓励员工提出不同的意见或建议，创造员工参与创新和管理的机会和条件，实现企业内部"无疆界"的信息沟通与信息共享，从而使每一名员工都成为自觉的创新主体。

参与式管理实际上已经成为一种企业文化。万科实行"门户开放"政策，即管理人员办公室的大门要敞开，随时与员工保持沟通。在管理者与员工之间、员工相互之间形成更直接、更自由的沟通与交流，有利于促进问题的解决，同时，这也体现出人人平等的管理理念。公司总经理每年组织"目标与行动沟通会"，把企业的发展目标和发展方向，甚至把遇到的困难和问题都告诉员工，让每个人都参与到为企业出谋划策的行列中来。

（5）"生存的第一定律：没有什么比昨天的成功更加危险。"万科有一种强烈的忧患意识和时不我待的紧迫感和危机感，及时把握创新的机会，郁亮曾说过："我们现在的成功因素绝大部分是比较竞争优势，还不能称为核心竞争力。核心竞争力应该是保证我们能在未来竞争中获胜的因素，而不是过去的经验。核心竞争力一定不是物质的，而是与人和文化有关，适应市场变化、与时俱进的能力和万科这个团队中每个人的持续学习能力是我们的核心竞争力，因为只有持续的学习能力才能及时改进我们的工作，只有紧跟市场发展的步伐才能捕捉到市场机会。"

万科的理念与核心价值观已经深入万科每一位管理者和员工的心中，这种人人自发的创新意识，才是促进企业不断前进的元动力。即使在今天，万科的这种创新文化仍然值得学习和借鉴。

11.3.2 苹果公司的创新文化

苹果公司在乔布斯的领导下，形成了自己独特的创新文化。每当人们提及苹果公司，都会联想到其独特的品牌标志，残缺的苹果象征着苹果公司独特的企业文化和价值理念——追求个性、追求完美、敢于创新、充满智慧和生命力、标新立异、与众不同。苹果公司将企业家精神、美国文化以及时代精神融合起来，形成了卓越的企业文化，引领苹果公司起死回生，不断发展壮大。乔布斯在2005年斯坦福大学毕业典礼上发言："你的时间有限，所以不要为别人而活。不要被教条所限，不要活在别人的观念里。最重要的是，勇敢地去追随自己的心灵和直觉，只有自己的心灵和直觉才知道你自己的真实想法，其他一切都是次要的。"苹果公司的创新文化精髓表现在以下几个方面。

（1）以服务为中心。苹果公司的创新文化首先是以客户的需求效应来体现的。苹果公司为用户提供了良好的应用环境和 APP Store 开放平台，让用户为自己开发具有个性而又有价值的应用产品，同时可以将这些应用产品放在该平台上供其他用户下载使用。用户既是被服务的消费者，又是开发合作者。既能为用户提供越来越多更具吸引力的应用和服务，也为合作伙伴和自身带来收入的快速增长，实现企业核心竞争力与价值提升。

（2）以人为本。创新是发展的动力，人才是创新的源泉。苹果公司的管理创新使员工的创新潜能得以最大程度地发挥，体现了管理创新由以资本和技术为主向以人为本的转变。企业赢得消费者的根本在于为消费者创造真正的价值，消费者价值创造的关键在于为消费者提供超越产品本身的消费体验。这就要求有非凡的创新，非凡的创新只能靠非凡的企业人才来创造。所以必须要用创新的管理，使企业人才的创新潜能得以最大程度地发挥。苹果公司以人为本的创新管理首先就是对员工的信任与尊重。其次是激发员工的创新激情。最后是非常关心员工的生活，强调工作与生活的平衡。员工在为公司源源不断地创新的同时，自身价值、人生的成就都能得以实现。

（3）实现自身价值。苹果公司以技术创新为基础的产品的推陈出新，体现出产品创新已从满足人们某一生活或功能需要到个人价值的认同与实现的转变。苹果公司的产品不是为买而卖，而是为了丰富用户生活体验。产品设计就要贯彻"产品创新富有活力、生命力"、用户在选择产品时实质上就是选择梦想的理念，如果技术创新不能体现人类自身的价值，再好的技术也只是技术而已，必将被无情地抛弃。苹果公司通过设置"改变世界""存在为了制造伟大的产品""简单而非复杂""技术整合""追求极致""宗教般奉献的工作"等特色信条，吸引着有同样信仰的人将激情和想象力发挥到极致。

（4）身体力行的"完美主义"。乔布斯的完美主义对苹果公司的员工产生了很大的影响，无论是软件开发，还是产品设计，他们都力求做到最好。每一名员工都能感受到乔布斯对完美的狂热追求。这种对极致的狂热追求已经成了他们的一种习惯，融入每一个产品、每一个细节之中。

（5）思辨的惯例。无论苹果公司早期的海盗文化，还是乔布斯提出的不同凡响的"思辨"（think different）理念，延续不变的另类思维方式决定了苹果公司的特立独行和与众不同，并深入苹果公司的骨髓中。"忘掉一些规则，尽可能地以最极端的思维方式来思考""鼓励创新、勇于冒险的价值观"，倡导与众不同、个性、另类、反主流，"劫掠式"的借鉴，直到颠覆式创新。为了了不起的产品，可以打破一切管理常规，苹果公司唯一的基准就是追求独特、唯一、引领性的用户产品体验。

本章思考题

1. 什么是企业创新型文化的核心？
2. 简述具有创新文化企业的特征。
3. 总结、比较万科与苹果两家公司不同的创新文化。
4. 综合实践题：构建本企业创新文化体系。

第 12 章　企业创新资源与能力

本章的核心内容：
- 创新资源论的内涵与本质
- 创新能力论的内涵与本质
- 企业创新能力评估的指标体系和方法

20 世纪 80 年代以来，对企业竞争优势的研究逐渐形成两个相互独立又相互补充的资源基础理论学派与能力基础理论学派两大分支。资源基础理论与能力基础理论都认为，同企业外部环境相比，企业内部环境对于企业在市场中的竞争力具有决定性的作用，企业内部的资源和能力积累是解释企业之间差异的关键所在。

12.1　创新资源论

资源基础理论的形成最初来自于沃纳菲尔特（1984）在 *Strategy Management Journal* 发表的"企业资源学说"（a resource-based view of the firm）。现在，资源基础理论已成为战略理论学派的一个重要分支，是竞争战略的综合理论分析框架，形成了以沃纳菲尔特（B.Wernerfelt）、大卫·柯林斯（David Collis）、塞西尔·蒙哥马利（Cynthia A.Montgomery）等为主要代表的资源学派。

12.1.1　资源基础理论

资源基础理论（RBT）来源于经济学和战略管理学研究中对"企业竞争优势的来源"这一问题的解释。资源基础理论的核心思想是从资源的角度研究企业，把企业看成是有形资产与无形资产的集合体，认为企业是由一组特殊的资源和能力组成的资源束，这些资源可以是企业有形资产和无形资产的集合，包括商标、管理技能、有效的过程、信息、知识、熟练的员工和商业关系等（Caves，1980）。企业绩效差异的根本原因在于企业所拥有的有价值的、稀缺的、不能完全模仿的、不可替代的资源，而不在于企业所面临的产业环境。企业的成功与竞争力来源于企业的独特资源与在特定的竞争环境中这些资源的配置方式。

资源基础理论的主要观点、代表人物和内容，见表12-1。

表12-1 资源基础理论的主要观点、代表人物和内容

主要观点	代表人物	内容
组织内部成长理论	彭罗斯（1959）	企业"不只是一个管理单元，还是一个资源的集合"，是一个"被管理框架协调和限定边界的资源集合"。资源在不同的企业之间是异质的，资源本身特别是资源服务上的异质性是造成企业异质性的主要原因
企业的资源基础论（RBV）	沃纳菲尔特（1984）	沃纳菲尔特提出了不同于波特的"产品—市场"框架的、基于资源的竞争框架，即基于资源定位战略的竞争优势内生观点，将企业资源界定为能给企业带来优势或劣势的任何东西，分为有形资源与无形资源，开创了基于组织竞争优势分析的资源基础观。企业是由一系列"资源束"组成的集合，企业拥有的异质性资源决定了企业竞争力、绩效的差异。运用"资源—产品"矩阵，提出通过优势资源支持弱势资源的产品发展壁垒的增长途径。他的观点对整个20世纪90年代的战略管理理论研究产生了巨大的影响
企业资源与持续竞争优势	巴尼（1991）	企业竞争优势来自其所拥有的战略资源，这种资源在企业间是不同的，能带来竞争优势的战略资源具备4个特性：价值性（valuable）、稀缺性（rare）、难以模仿性（imperfectly imitable）和不可替代性（non-substitutable），简称VRIN框架。他将"难以模仿"与"不可替代"合为"可模仿性问题"，同时加入了"组织问题"要素，形成了新的VRIN分析框架
资源异质性与竞争优势	赫尔法特、罗曼尔特（2003）	并非一切资源均能够给企业带来持久的竞争优势，该要素使企业拥有独特的禀赋，而这恰恰是企业选择价值创造模式的关键所在。新建企业在初期阶段的资源有同质性，随着企业的不断发展，它们会受到隔离机制的作用，慢慢地与企业的特征进行结合，变成企业的异质性资源，不可复制。该理论成果在很大程度上丰富和完善了资源异质性理论
非资源性供给要素及其测度	亨德森和科伯恩（1994），巴尼和阿里肯（2001）等人	侧重于分析那些能造成企业非资源性供给的要素，还侧重于测量造成以上变化的有关特点，该流派旨在测定企业拥有的资源，尤其是各种具体的生产要素对企业竞争优势的影响
产业组织理论	芝加哥、哈佛学派等，代表人物有梅森	在某种程度上是建立在对梅森的"结构—行为—绩效"（SCP）结构主义的批判和对波特五力竞争模型的反思之上的，梅森的SCP和波特五力模型均强调了产业的重要性。企业内部的各种资源条件只有在产业环境中才能产生竞争优势
发展经济理论	蒂斯、皮萨纳和苏安等	主要从新的角度入手，细致深入地探讨了企业的能力随时间变化的特点、规律，在此基础上，探讨了上述变化在企业与对手的较量中的重要性

续表

主要观点	代表人物	内 容
资源整合理论	西蒙（2007），艾米特和舒梅克（1993）	资源整合的过程是组织对资源进行有机融合，使其形成更强能力的过程，即对渠道、类别、组成和内容等方面的差异化资源进行选择、获取、调配、开发和融合，并在原有资源体系的基础上重构新的资源体系。资源整合分为资源的识别、汲取和融合三大环节

资源基础理论是基于以下两个假设作为分析前提的。

（1）组织拥有的资源具有"异质性"特征。

（2）这些资源具有在组织之间"非完全流动性"的特征。

因此，稀缺、独特、难以模仿的资源和能力会造成企业间不同的长期差异，长期占有独特资源优势的企业更容易获得持久的竞争优势。

12.1.2 创新资源多元化

（1）技术创新资产。熊彼特认为，创新是"企业家对于生产要素的新的组合"。技术创新过程可以看作是创新要素（信息、思想、物质和人员等）在创新目标下的流动、实现过程。勒梅特（Lemaitre）等学者在分析技术创新活动的有利和不利因素对企业技术创新不同阶段创新资源的作用时提出：成功的企业技术创新与许多因素有关，这些因素体现了企业在技术创新中所拥有的资源和能力。克里斯藤森（Christensen，1995）认为："技术创新资产是基于企业的资源和能力的。因此，企业按照构成它的资产进行定义。"杨武（1999）认为：克里斯藤森的技术创新资产与创新的资源与能力紧密相关，从熊彼特对技术创新的定义看，创新中的生产要素的新组合指的是技术创新资源的组合，任何层次、任何规模的技术创新往往都需要输入人、财、物和技术资源，这种投入具有资产特性。因此，技术创新资产包括了技术创新资源。资产最基本的性质就是能够为投资者（资源的提供者）创造商业价值，仅有技术创新资源的存在并不能产生创新，要实现创新，创新者必须具有进行技术创新的能力。技术创新资产是指创新者拥有或控制的、能够为其通过实现技术创新获得商业价值的资源与能力。

（2）技术创新资产的多元化。无论是熊彼特的生产要素组合论、勒梅特的资源匹配论，还是克里斯藤森的企业创新基于资源与能力论，从技术创新的整个过程来看，常常是多种类型的资产的特定集合作用的结果。技术创新是多种创新资产共同作用的结果。人们常常把R&D资产当作创新过程中的唯一重要的资产。帕维特提出了区分 4 种类型的企业技术创新轨道理论，库姆斯和理查德也认为技术创新资产的分类是按创新和技术的"特征"而不是按企业进行分类。本书认为，企业可以拥有多种创新资产及其不同的组合，并且随时间而改变，技术创新是这些创新资产组合的结果。创新资产的多元性，组成了一个比 R&D 的技术创新资产更充分的表达。

根据帕维特的分类，技术创新资产转化为以下 4 种不同的类别。

1）科学研究资产。根据克莱恩和罗森堡的理论，科学有两个成分影响技术创新：科学知识积累；新的研究，其结果是增加了知识的储备积累。"纯"科学研究的结果要么是基础科学，要么是联结基础和应用的科学，许多学者（如弗里曼，1982；克莱恩和罗森堡，1986）注意到技术创新很少是唯一地基于一种新的研究。另一个科学研究包括在技术创新过程中为了特殊的技术任务而对现存的知识进行加工和探索，其结果被克莱恩和罗森堡称之为工业研究，包括处理发展与新产品应用之间的桥梁，把科学和技术能力融合在一起。大多数"纯"科学研究具有超前的竞争特性，而大多数工业研究直接与产品或工艺开发项目联系在一起，从而形成产品创新新市场。

2）产品创新应用资产。它是进行产品开发活动（除了可能的科学研究和美学设计以外）的资源和能力，包括创新中的技术应用与功能应用，如研究、评价和对多种制品（材料、半成品、元件等）进行综合。这样的活动，积累了经验基础和特定企业的生产技术知识，使多种知识在创新产品中进行效用的集成。这种特征对应于罗森堡（1992）的"干中学"（技术应用）和"用中学"（功能应用）之间的特征。这方面的能力与资源在创新中是不可少的。

3）工艺创新资产。它是与制造技术（生产设备在一个生产系统中的集成，以及相关的工作组织和管理结构）、质量控制和工厂布置等有关的资源与能力。工艺创新开发中的资产不能仅限于工艺创新"硬件"方面的能力，还应该包括在开发和生产系统中的有时是极为重要的、系统的、有组织的和有管理的资产（如准时生产、全面质量管理等）。在劳动密集型生产领域，尤其是在组织和工厂管理方面的创新，也许对质量行为、生产率和学习经济（learning economies）来说，比在工艺设备方面的创新更关键。工艺创新资产的应用，将提高创新产品的质量、降低产品成本和提高产品生产的规模经济，有利于创新产品的市场拓展。

4）美学设计资产。这种资产通常在技术创新中被忽视，主要在市场导向（有关消费产品开发）中被研究。产品和包装的设计常常被考虑是市场促销中作为可能的产品商标名称的一部分。对于大型高技术企业来说，有一种倾向，即把创新成功的主要因素和荣誉归因于基于技术的创新活动。工艺和工程化的成就则位于较低的地位（罗森堡，1992），美学设计则位于最低的地位。除了在经营中的贡献外，美学设计也是产品的一部分。它在产品的技术和功能性间架起了一座桥梁。"外貌设计是把广告和促销与产品和产品构思相联结的关键。"虽然科学研究和美学设计是两种完全不同的技术创新资产，它们具有一个共同的特征，即两者都包含了较强的创造力因素。对美学设计资产的应用，常常有助于创新产品渗透到新的市场中去。

技术创新过程往往需要多种资产的作用。正如技术创新不等于研发一样，技术创新资产不等同于单一的研发资产的概念。蒂斯（Teece，1986）指出："技术创新一旦产生，必须和功能性互补资产，如营销或售后服务相结合，以便从创新中获得收益。"

1980年出版的《创新弗拉斯卡蒂手册》指出："创新包括了科学、技术、商业和金融方面的一切必要的措施，以便成功地开发和销售新的或改进的制造品以及商业化应用新的或改进的工艺、设备和引入社会服务的新方法。R&D 仅仅是这些步骤中的一个。"

在实际的技术创新过程中，值得我们注意的是，市场—工艺关系以及科学研究与产品或工艺开发之间的关系。曼斯菲尔德认为，美国企业更倾向于产品创新，而日本企业则采取更多的工艺创新方法。在实践中，不同产业的创新所需要的主要创新资产也不尽相同，我们把其特征可归纳如下，见表12-2。

表 12-2　部分产业创新过程中对不同创新资产的应用

产品类别	科学研究资产	产品创新资产	工艺创新资产	美学设计资产
一般化学品	√		√√	
药品	√√√			
化妆品	√		√	√√
零部件		√√（功能）	√	
半导体工业		√√（技术）	√√	
汽车产品		√√	√√√	√√
消费品		√√（功能）		√√√
工艺品和手工品				√√√

注：√——比较重要；√√——重要；√√√——非常重要。

显然，不同产业的产品创新，需要不同的创新资产。对于一种新药品的创新，最重要的资产是科研资产。美国学者的调查表明：发明一种新药，往往需要 10~15 年的时间，1 亿~2 亿美元的研发投入。对汽车产品来说，工艺创新资产最重要，同时产品创新资产和美学设计资产也很重要。因此，汽车产品的创新常常需要工艺创新、产品创新和美学设计等外观设计的创新。对工艺品与手工品来说，最重要的创新资产就是美学设计资产。

美学设计创新被广泛应用于产品包装，但这往往被企业所忽视。美学设计创新能力较弱的国家或企业，其产品往往具有一流的设计、二流的工艺、三流的包装和四流的价格。

12.1.3 创新资产组合论

勒梅特（Lemaitre）等人认为：技术创新活动中对资源匹配分析不够是不利于创新的因素。在技术的开发阶段，技术能力、市场反馈方面资源的不足不利于开发。在技术创新的市场化阶段，技术、商业、组织方面投资的不足不利于创新的市场化。成功的企业技术创新与许多因素有关，这些因素体现了企业在技术创新中所拥有的资源和能力。显然，技术创新往往需要多种类型资产的特定集合作用。杨武（1999）提出了创新资产组合论（TIA-assemble），他把技术创新资产的组合方式分为以下 4 种基本的组合方式。

（1）质态组合。它是指技术创新资产结构变化的规律性。正如我们前面分析的，创新中的资产具有多元性，许多创新需要多种资产的组合作用才能完成，创新过程中资产的组合结构十分重要。在技术创新的过程中，成功的创新者根据创新资产结构变化的需要，不断地调整创新资产的结构。例如：在创新的前期，研发资产常常是最重要的创新资产，然而，在市场化阶段，销售渠道、商标品牌等资产是创新成功的决定性因素。因此，在创新的过程中，应根据不同的阶段进行创新资产的质态组合。

（2）量态组合。它是指技术创新资产规模和强度变化的规律性。按照技术创新的规模，要求创新者不断地调整投入到技术创新中的资产规模和强度。

（3）空间组合。它是指技术创新资产布局变化的规律性。在技术创新的过程中，对创新资产的需求具有多元性，各种资产要素往往分布在不同的区域、产业和部门，因此在创新中将分布在不同空间的各种需要的创新资产组合在一起，可以大大提高技术创新的效率和速度。目前,在全世界范围内掀起的合作创新和开放式创新,就是要按照技术创新的需要,在世界范围内进行创新资产的组合。

(4)时间组合。它是指技术创新资产时序变化的规律。正如我们指出的,对创新资产的需求具有阶段性,随着创新时序的发展,要求对各种创新资产进行组合。创新资产的时间组合,对创新管理者的决策来说十分重要。

12.2 创新能力论

资源基础理论的主要贡献在于将研究的视角从企业外部环境转向企业内部资源,学者们承袭了彭罗斯的基本观点,认为企业通过内部的异质性资源积累来获得持续的竞争优势,并由此促使企业成长。事实上,资源本身并不是能力,也不能直接形成企业能力,企业能力只有在对资源的有效利用时才会得到体现,并在积累中逐渐形成和完善。

12.2.1 企业能力理论

企业能力理论认为企业是一个知识或能力的集合体,企业的优势在于企业配置和利用资源的能力。能力是企业拥有的关键技能和隐性知识,是企业决策和创新的源泉。核心能力来自组织内的集体学习和知识传递。

企业能力理论的基本观点,见表12-3。

表12-3 企业能力理论的基本观点

代表学者	主要观点
彭罗斯(1959)	把企业拥有的资源看作决定企业能力的基础
理查森(1972)	首次提出企业能力的概念,认为企业能力来自于知识、经验和技能的积累,企业能力是企业活动的基础。彭罗斯与理查森对于企业能力的形成持有不同的观点,这也为后来对资源基础论、核心能力论、动态能力论的持续讨论提供了参照,奠定了企业能力理论的基础
蒂斯(1982)	认为企业的知识和能力来源于组织的学习、适应、变化和创新,企业的知识和能力决定了企业的规模和边界
威廉姆森(1985)	认为企业是一种治理结构,企业的边界应该针对企业(作为与市场的比较)提供有用的组织功能的能力来设定
钱德勒(1990)	提出组织能力理论,认为现代企业发展的"原动力的核心是企业整体的组织能力,而这些组织能力就是在企业内部组织起来的物质设备和人的技能的集体"。由于缺乏对规模和范围经济与企业边界间关系的研究,他的框架难以解释战略联盟和合资经营自1975年以来的迅速扩散现象

续表

代表学者	主 要 观 点
普拉霍莱德、哈米尔（1990）	率先提出核心能力的概念，并提出核心能力是企业持续竞争力的根源。在企业持续不断地获取竞争优势的过程中，起决定影响的始终是企业的核心能力。企业的本质是各种能力的积聚，核心能力才是决定企业成长方向的关键影响因素

企业核心能力将在第 20 章讲述。

12.2.2 企业创新能力

企业创新能力是企业能力的重要组成部分。正如彼得·德鲁克指出："创新的行动就是赋予资源以创造财富的新能力。事实上，创新创造出新资源……凡是能改变已有资源财富的创新潜力行为，就是创新。"因此，企业创新能力就是企业在市场中将企业要素资源进行有效的内在变革，从而提高其内在素质，驱动企业设法获得与其他企业差异化的竞争能力，这种差异性最终表现为企业在市场上所能获得的竞争优势。

创新能力按主体不同分，最常提及的有国家创新能力、区域创新能力和企业创新能力等。企业创新能力是便利组织支持创新战略的企业的一系列综合特征。

代表学者对企业创新能力的主要观点，见表 12-4。

表 12-4 代表学者对企业创新能力的主要观点

代 表 学 者	主 要 观 点
韦斯特法尔（1981）	企业创新能力包括组织能力、适应能力、创新能力、技术与信息的获得能力
曼迪奇（1998）	企业创新能力包括可利用资源及分配以及对行业发展的理解能力、对技术发展的理解能力、结构和文化条件以及战略管理能力
穆勒（1996）	企业创新能力是产品研发能力、改进生产技术的能力、储备能力、生产和制造能力以及组织能力的综合
伯格曼（1998）	创新能力由可利用的资源、对竞争对手的理解、对环境的了解、公司的组织结构和文化以及开拓性战略等组成
巴顿（1992）	掌握专业知识的人、技术系统、管理系统的能力及企业的价值观是企业技术创新能力的核心
魏江和许庆瑞（1999）	组织管理能力是创新能力的基本构成要素
杨艳、朱恒源和吴贵生（2007）	对创新能力的内涵及结构进行了扩展，认为创新能力包括市场能力、技术能力以及将技术和市场进行整合的能力

12.3 企业技术创新统计

无论是创新资源还是创新能力,都需要进行量化的测度和评估,因此,构建企业技术创新测度的指标体系并进行统计成为对企业创新资源与创新能力进行评估的基础。

发达国家的科技统计以研发统计为起点,始于20世纪40年代或更早,到50年代已受到广泛关注。美国国家科学基金会首先开创了研发系统测度工作,在国际上,OECD(经济合作与发展组织)是最早系统地收集科技统计数据的国际组织,在世界科技指标和科技统计领域处于领先地位。20世纪60年代中期OECD组织发布了《研究与发展调查手册》(又称《弗拉斯卡蒂手册》,1964年发布),其后又发布了多种技术创新统计信息手册,主要包括《技术创新调查手册》(1992年发布,1997年第2版,又称《奥斯陆手册》)、《科技人力资源手册》(1995年发布,又称《堪培拉手册》)、《专利科技指标手册》(1994年发布)、《技术国际收支手册》(1990年发布,又称《TBP手册》)等。这些指导性丛书,为企业技术创新统计提供了多方面的支持。同时,联合国教科文组织(UNESCO)于1965年起组织对科学技术活动、特别是研发数据的系统收集、分析、发表及标准化工作。1978年通过《关于科学技术统计国际标准化的建议》,又于1984年发布《科学技术活动统计手册》。

企业开展技术创新测度的目的是为企业确定技术创新的重点和增强竞争力的战略方向。

12.3.1 企业技术创新指标体系的阐释

OECD组织在总结了开展知识经济的新科技指标研究及其进展后,对已有的科技指标进行了归纳。对企业科技创新的指标体系的研究集中在以下6个方面,就各项数据、统计指标进行定义和测度,这些手册为技术创新的测度研究、创新的定义与各手册的适用范围、创新费用的测度、创新产出的测度和统计方法作了详尽的阐释,见表12-5。

12.3.2 企业技术创新指标体系的构建

创新本质上是资源、能力和环境的综合应用和创造过程。企业创新域是由企

表 12-5 技术创新指标阐释

指 标 阐 释	优　　势	采 用 时 间
科技研究与发展投入科研活动的费用和人力资源的测量指标(《弗拉斯卡蒂手册》)	● 被多数国家采用 ● 历史记录已标准化	1960 年，被 OECD 组织和欧共体成员国以及一部分发展中国家所采用
人力资源（投入科技中的）不同学科的教育水平的测量指标(《堪培拉手册》)	● 建立在国际标准分类的基础上（被国际教育标准分类确认） ● 统计数据定期由教育部门采集	1950 年，被大多数发达国家和发展中国家所采用
创新导致技术提高的活动的测量指标(《奥斯陆手册》和《波哥大手册》)	● 欧洲国家对创新活动进行定期和常规的监测 ● 覆盖了创新活动的各个方面	1992 年，被大多数 OECD 组织和欧共体成员国中和一部分拉美国家所采用
出版物对论文和文献引用的测量指标	● 出版物是知识生产的主要产出物	1970 年，出版物信息基本上通过非政府机构采集和获得
专利对发明的测量指标	● 专利的申请数量和公布数量易于获得	1980 年，有了个主要来源：欧洲专利局、美国专利商标局和日本专利局
产出和影响技术贸易支付差额，高科技贸易，技术的传播	● 可评价科技投入的效益	1980 年，OECD 组织和欧共体统计局

资料来源：根据 OECD 组织开展知识经济的新科技指标研究及其进展整理。

业创新的三维结构——资源、能力和环境构成。企业创新的空间范围由企业内部条件构成的内部空间和由外部环境构成的外部空间。但由于外部环境从总体上超越了企业创新主体的"所有权"的界限，所以它对企业创新行为的支持或约束往往具有随机性和间接性。相对而言，内部空间条件则是影响创新域的主导因素，这里的企业创新域主要是指由企业资源条件和企业能力条件构成的内部创新空间。

企业创新域三维结构模型，如图 12-1 所示。

根据 OECD 组织的阐释，从企业内在的资源和能力上将企业技术创新指标体系归纳为有五大方面：创新投入指标、创新产出指标、创新效益指标、创新产业化指标和创新能力综合指标（见表 12-6）。

12.4　创新型企业的评估与培育

如果说资源是企业创新的基础，那么能力则是企业创新可持续发展的保证，是一种持续的竞争优势。

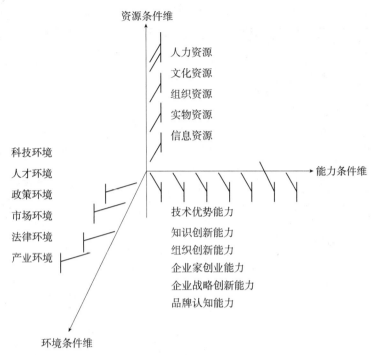

图 12-1　企业创新域三维结构模型

表 12-6　企业技术创新指标体系

目标层	要素层	指标层	解释与计算	意义
企业技术创新指标体系	创新投入	研发经费投入强度	有2类指标，企业一年的研发经费投入绝对值，或一年中研发经费占企业销售额的比重（又称研发强度）	反映企业自主研发的投入强度，是企业最重要的创新投入指标
		研发人员强度	研发人员强度＝研发人数／企业员工总人数	反映企业自主研发的人员储备情况
		高级研发人员比率	高级研发人员比率＝企业从事研发的科学家与工程师人员／全体研发人员	反映企业技术开发机构的人员构成，间接反映自主研发的能力与水平
	创新投入	研发机构的数量与层次	按研发机构认定或合作的对象可分为国家级、省（部）级、市级、企业级，其中企业级包括企业自建、与跨国公司合建、与大学及科研单位合建3种情况	鼓励企业重视创新平台的长期建设和投入
		研发装备比率	研发装备比率＝产品研发所用技术装备价值／全部固定资产价值	鼓励企业加强创新设备投入
	创新产出	专利拥有数	专利拥有数包括专利申请数和专利授权数，分为发明专利、实用新型专利和外观设计专利	反映企业自主创新的产出水平和能力
		know-how数量	know-how是研究开发和生产制造系统关键的专有技术，其水平反映该企业在研究开发和生产制造方面的核心竞争力	反映企业技术创新能力和隐性知识创造力

续表

目标层	要素层	指标层	解释与计算	意义
企业技术创新指标体系	创新产出	品牌强度	反映市场对产品创新及营销创新的认可，它以创新产品品牌获得国家级、省（部）级、市级的认定和行业内认可为度量标准	反映企业创新产品的营销能力
		市场准入资质（特殊行业）	市场准入资质（特殊行业）指医药、医疗器械和安全设施等需要有关主管颁发行业进入许可的市场准入资质证书	反映企业创新产品市场准入能力和市场壁垒
		科技成果获奖及鉴定数	为简化计算，以获得国家级、省（部）级、市级奖励和鉴定为度量指标	反映企业研发的产品或技术得到社会认可的程度
		技术标准级别及数量	企业研制具有自主知识产权的国际、国家、行业技术标准的数量	反映企业重大技术的创新能力和市场垄断力
	创新效益	发明专利比率	企业的发明专利占全部专利的比值	反映企业技术创新的水平
		专利效率	专利效率＝研发（R&D）经费支出／所创造的专利（申请或授权）	评估企业在预定时间内专利数量产出的科研能力和成本效率
		自主创新产品率	自主创新产品率＝自主创新产品数／全部创新产品数	反映企业的自主创新能力
		新产品销售比率	新产品销售比率＝新产品销售收入／产品销售收入	反映新产品对企业销售收入的贡献
		研发产品量产比率	研发产品量产比率＝研发产品总数／生产系统批量生产的产品数	反映创新在企业发生的频率和比重
		新产品出口创汇率	新产品出口创汇率＝新产品出口销售收入／产品销售收入总额	反映新产品适应国际市场竞争的程度
	创新产业化	关键生产设备比率	关键生产设备比率＝新产品生产系统所用关键设备产值／全部固定资产产值	反映企业创新生产设备的水平
		工艺创新频度	工艺创新频度反映企业生产制造系统所采用工艺的创新项目数量与水平	反映企业创新产品的生产制造能力
		质量保证体系认证指数	以企业获得的质量保证体系认证标准来衡量企业生产系统质量保证体系认证指数，如ISO认证、UL认证等	反映企业创新产品的制造质量水平和质量管理水平
		产品质量获奖数	说明生产制造系统的产品质量水平，为简化计算，以获得国际、国家级、省（部）级、市级的奖励为度量标准	反映企业创新产品的制造水平和管理水平
		新产品营销投入强度	新产品营销投入强度＝新产品市场营销投入／与企业市场营销投入的比值	反映企业对创新产品的营销投入
		研发产品批量销售比率	研发产品批量销售比率＝进入销售系统销售的新产品数／研发产品数	反映企业创新产品的营销状况
		新产品销售增长率	新产品销售增长率＝（本年度新产品销售收入－上年度新产品销售收入）／上年度新产品销售收入	反映企业创新产品的营销创新能力和持续创新能力

续表

目标层	要素层	指标层	解释与计算	意义
企业技术创新指标体系	创新产业化	新产品市场占有率	该指标反映新产品通过营销创新的作用而产生的市场竞争能力，分别以多区域国际市场、单区域国际市场、全国性市场、区域市场、本市市场度量	反映企业创新在行业内的地位
	创新综合能力	新产品（新技术）利税率	新产品（新技术）利税率＝新产品创造的利税额／企业全部产品的利税总额	反映新产品的创利税程度，衡量企业创新总的经济效益
		新产品劳动生产率	新产品劳动生产率＝新产品产值／员工总数	反映新产品的产出效率
		新产品（新技术）税收贡献率	新产品（新技术）税收／新产品产值	衡量企业技术创新的社会贡献

资料来源：杨武，创新型企业自主创新能力评估指标体系研究（广东省科技计划项目，项目编号：2006B70105001）。

12.4.1 创新型企业的界定

2005 年，科技部、国资委、全国总工会（简称"三部委"）联合启动"技术创新引导工程"，组织开展创新型企业建设。推动企业成为技术创新的主体，培育和造就一批掌握核心竞争力、站在国际产业发展前沿的创新型企业。由此，拉开了我国企业创建创新型企业的序幕。2006 年 4 月，三部委在《关于开展创新型企业试点工作的通知》中给出了创新型企业的初步定义，创新型企业是指在技术创新、品牌创新、体制机制创新、经营管理创新、理念和文化创新等方面成效突出的企业，具备以下 5 个条件。

（1）具有自主知识产权的核心技术。

（2）具有持续的创新能力。

（3）具有行业带动性和自主品牌。

（4）具有较强的盈利能力和较高的管理水平。

（5）具有创新发展战略和文化。

也有学者提出创新型企业的概念，认为具有健全的创新体系和机制，持续创新并取得显著创新效果的、有活力的现代企业是创新型企业。

12.4.2 创新型企业的综合评价体系

科技部、国资委、总工会提出了一套定量指标与定性指标相结合的创新型企业综合评价指标（见表 12-7），侧重于运用创新过程评价方法，综合评价创新工作对企业长远发展的影响。

表 12-7 科技部、国资委、总工会提出的创新型企业评价指标

定 量 指 标	定 性 指 标
研发经费强度（研发经费支出占企业主营业务收入的比重）	创新组织与管理（包含创新战略规划、研发组织建设、知识产权管理和创新文化建设 4 个方面）
千名研发人员拥有的授权发明专利数	
新产品（工艺、服务）收入占主营业务收入的比重	
全体劳动生产率（企业增加值与企业全体员工数量之比，反映企业创新的综合经济效益情况）	

建立完善的企业技术创新统计信息系统是制定、实施和评估企业技术政策和创新能力的前提条件。

12.4.3 创新型企业的培养

学者对创新型企业培养途径的观点，见表 12-8。

表 12-8 学者对创新型企业培养途径的观点

学 者	主 要 观 点
山姆·斯特恩（1998）	提出了激发企业创造性行为的 6 个重要影响因素：员工的齐心协力、员工自发的活动、非正式活动、意外发现、多元化激励和内部的交流与沟通
克里斯琴森（2000）	通过对创新成功组织与不成功组织进行比较，总结出目标、战略、决策方法、组织结构和文化、交流与激励机制、人力资源管理、创意、项目资助系统、项目管理和组织、日常事务监督等主要因素影响创新型组织走向成功
查克·海涅（2001）	通过调查研究发现，创新型企业的成功步骤包括：①拓宽业务范围。②进行试验，设立样本。③发展多样化的高能量团队。④提供创新的时间。⑤识别衰退的项目。⑥发展利用创新思想的流程。⑦尽早取消失败的创意。⑧让创新成为员工自觉的日常工作。⑨奖励创新。⑩拥有一个新产品和业务的投资组合
拉让尼克（2003）	运用新古典经济学的最优企业理论对创新型企业进行研究，提出创新型企业必须解决公司治理结构和治理机制设计问题
戴维拉、托尼、马克·爱泼斯坦等人（2007）	认为培育创新型企业的重点在于：①创新的战略。②组织文化和员工心理。③评价和奖励系统。④基金项目。⑤团队管理。⑥创新能力提升。他与克里斯琴森（2000）持有的观点存在很多类似的地方

本章思考题

1. 什么样的资源是企业创新竞争的资源?如何进行企业创新资源的规划?

2. 如何理解企业创新资产的多元化和组合观点?

3. 什么是企业创新能力?如何辨别具有创新能力的企业?其特征是什么?

4. 企业创新投入的资源有哪些?各用什么指标测度?

5. 什么是创新型企业?评估创新型企业的指标体系是什么?

6. 综合实践题:结合自己熟悉的企业,分析该企业具有哪些创新资源。制定提高该企业技术创新能力的路径,并用创新型企业指标体系测评本企业。

第 13 章　企业技术创新战略

本章的核心内容
> 企业技术创新战略的内涵、模式及分类
> 开放式创新战略的内涵与运行机制
> 创新联盟战略的内涵与分类
> 自主创新战略的内涵与模式

13.1　企业技术创新战略及其分类

技术创新战略是正确地评估内外部环境的基础上得出的技术创新的总体战略目标与具体战略计划，目的是在竞争中获取竞争优势。美国学者伯格曼在《技术与创新的战略管理》中把技术创新的战略管理上升到企业战略管理层面，从中也提出技术创新战略中的一把手工程。

13.1.1　企业技术创新战略的界定

作为企业的职能战略，技术创新战略在当前越来越重要。波特（1985）认为：企业技术创新战略是企业分配资源于技术创新上，通过发展及使用技术的途径，以便达成由技术创新所能满足的竞争优势。企业在拟订技术创新战略时，需要同时分析该企业的整体战略规划、该企业在行业中所处的地位水平、该企业自身的核心能力和核心竞争优势等因素。

因此，本教材认为企业创新战略是企业在正确地分析自身的内部条件和外部环境的基础上所作出的企业技术创新总体目标部署，以及为实现创新目标而作出的谋划和根本对策，侧重对企业技术创新未来发展的规划，以配合企业持续发展的需求及发展战略。

13.1.2 企业技术创新战略的内容

彼得·穆德（2001）等人认为：企业进行技术创新战略是企业在技术创新方面带有全局性、长远性的战略规划设计。从操作层面上看，企业技术的选择直接受企业技术创新战略的影响，技术创新战略制定得成功与否，直接关系企业在市场中竞争力的大小，所以企业技术创新战略是企业战略管理不可或缺的重要组成部分，必须同企业的其他战略相互协调，服务于企业制定的总体战略。企业技术创新战略的内容，见表 13-1。

表 13-1 企业技术创新战略的内容

功 能	内 容	作 用
定位功能	作为领导者，企业需要去准确把握市场和消费者需求，研发自主知识产权的技术和产品，占领消费市场获得利润并构建壁垒。作为跟随者，时刻把握技术领导者的最新动向，调整产品属性，跟随其技术脚步	让企业认清自己的地位，摆正位置，选择适当的方式促进企业的发展
目标功能	企业在设定目标时，要综合考虑自身情况和目标情况，内容有技术、版权、专利、市场等方面的目标的设定	目标合理，有助于企业更好、更快地发展
步骤功能	先制定战略，后选择战略，之后进入战略实施阶段，最后对实施情况和产生的效果进行跟踪，并及时地进行反馈和调整	战略步骤保证战略的有效实施和正确性
重点功能	企业在技术创新战略制定的过程中，要把握战略重点，集中力量在企业的重点研发和创新领域上	抓大放小，凸显战略的高度和长远性
保障措施功能	企业技术创新战略能否有效实施还包括制定配套措施、筹备的技术创新资金、建设人才队伍、健全激励政策等方面的措施	技术创新战略要与其他战略相互配合才能更好地促进企业发展

在实际的市场环境中，一些领先的优势企业虽然是重要技术创新的发明创造者，但在处理这些技术创新上缺乏战略高度，有的甚至目光短浅，只看到眼前的利益，放弃了持续创新的努力，最终在市场竞争中处于处处挨打的境地。

13.1.3 企业技术创新战略模式的分类

学者们对企业技术创新战略提出了多种模式和分类方法，见表 13-2。

其中，熊彼特的分类（见表 13-3）和傅家骥的分类（见表 13-4）特别值得企业关注。

表 13-2 企业技术创新战略的模式与分类

分类	代表学者	观点
基于技术变化来源分类	熊彼特（1939）[1]	技术创新的内容与模式包括引进新产品、引入新技术、开辟新市场、新的原材料供应来源和实现一种新的工业组织
	塔什曼和安德森（1986年）、OECD组织等	根据创新过程中技术变化强度的大小可以分为渐进性创新根本性创新；根据创新对象的不同可以分为产品创新和过程创新（又称工艺创新）；根据创新的参与主体的不同可以分为独立创新与合作创新
	中国[2]	提出3种技术创新模式：①原始创新，即努力获得新的科学发现、新的理论、新的方法和更多的技术发明。②集成创新，各种相关技术有机融合，形成具有市场竞争力的产品或产业。③对引进先进技术的消化、吸收与再创新
	唐·卡西、罗宾·奥格（2007、2002）等人	创新是沿着技术轨道进行的，在这种轨道上有3种不同的创新模式：①转换模式：把首次的创新技术应用到市场上。②标准模式：在技术设计的基础上进行的渐进创新。③过渡模式：围绕已经建立的创新技术进行主导设计
	杨武（2012）	根据专利技术的产权关系，技术创新战略有三种模式：基本专利技术创新、改进专利技术创新和组合专利技术创新
基于战略策略分类	熊彼得（1942）	提出了两类技术创新战略：①领先创新：依靠自身的努力和探索产生核心技术或核心概念的突破，并在此基础上依靠自己的能力完成创新的后续环节，率先完成技术的商品化和市场开拓。②跟随创新：技术上没有较大幅度的根本革新，而是采取在技术上逐渐改进的技术创新战略
	弗里曼（1982）	提出了6种颇具指导意义的创新战略：主导型战略、追随型战略、传统型战略、模仿型战略、依赖型战略和机会型战略
	克里斯滕森（1997）	根据客户和市场的不同将技术创新战略分成3种：①维持性创新。主要是考虑维持客户关系，在现有产品的基础上进行创新，给高阶客户带来更具性价比的创新产品。②低端市场的破坏性创新，主要看重低端市场的客户，由于竞争对手对这个市场的忽略，没有投入更多的资源进行维护，那么就可以通过破坏性创新对这个市场进行抢夺。③新市场的破坏性创新，是在全新的地方或者领域创造出新的市场，也就是增加了市场蛋糕，这种创新是极具破坏性的，甚至可以改变人们的生活方式或者促进社会进步
	傅家骥（1994）	创新战略有多种分类方法，主要分为"自主创新战略""改进创新战略"和"合作创新战略"
基于战略内容分类	罗伯特（1995）	根据企业自身可以支配的或者优势的资源类型，将其划分为8种技术创新战略：产品或服务观念驱动型战略、市场或客户驱动型战略、产能驱动型战略、技术或know-how驱动型战略、销售或营销方法驱动型战略、配销方式驱动型战略、自然资源驱动型战略和规模成长或报酬利润驱动型战略
基于企业边界分类	鲍莫尔（2002）	根据创新的参与主体分为独立创新战略与合作创新战略
	亨利·切斯布洛（2003）	开放式创新战略与封闭式创新战略
	杨武（2013）	企业内部技术创新模式：技术创新内部机构或控股子公司的技术创新。企业外部技术创新模式：技术外购、联合创新、权益发现投资和技术外包

---

[1] 熊彼特提出了广义的技术，包含5种情况。
[2] 中国的《国家中长期科学和技术发展规划纲要（2006—2020年）》中给出的定义。

表 13-3 领先创新与跟随创新的比较

	领 先 创 新	跟 随 创 新
适用企业	•有较强的应用研究和技术开发能力 •有雄厚的资金实力 •创新链各环节相应部门密切配合 •有较高的知识产权保护意识 •营销网络完善和营销人员素质高	•市场能力和技术能力比较薄弱的企业 •具有敏锐的技术观察能力 •拥有强大的消化吸收和创新能力的研发团队
战略要点	•创新前要细致地分析创新的条件 •创新的成功需要全力以赴地投入 •发展与创新相关的市场	•创新必先认真分析市场的需求变化 •跟随型创新者要善于分析别人的弱点 •转向快、灵活性大,一切以市场需求为转移 •必要的补充性创新
优势	•给消费者建立了一种领导者的形象 •获得较大的市场占有率 •实现成本优势 •建立产业标准和行业壁垒	•技术研发投入低,减少因巨额投资带来的风险 •通过学习和分析技术领先者的战略,可能获得"后来居上"的差异化竞争优势
劣势	•开拓成本巨大 •技术开发和市场的不确定性 •竞争者可能会进行低成本模仿	•难以打破领先者的市场地位,无法获取较高的市场占有率 •领先者的技术和产品可能会进行专利保护

表 13-4 自主创新、改进创新与合作创新战略分类比较

战略类型	自主创新战略	改进创新战略	合作创新战略
定义	一国不依赖外部的技术引进,而依靠本国自身力量独立开发新技术,进行技术创新活动	在既有技术基础上对产品性能进行改善的创新,主要围绕市场主流客户所看重的性能层面展开	企业间或企业、科研机构、高等院校之间的联合创新行为
主要特征	•技术突破的内生性 •技术与市场方面的领先性 •知识和能力支持的内在性	•"单点突破"式的创新具有相对可控性 •开放式创新可快速纠错	•合作各方共同投入、共享成果、共担风险 •以资源共享或优势互补为前提
战略要点	•利用专利制度保护知识产权 •灵活恰当地进行技术转让 •注重产品的持续自我完善 •重视对创新后续环节的投入	•坚持以改善用户体验为核心 •创新主体和创新过程广泛化	•创新资源的互补和共享 •合作各方有效地沟通 •建立完善的合作创新信息交流网
优势	•有助于企业形成较强的技术壁垒 •促进企业多元化投资并获取丰厚利润	•投入较少,企业可承受性强 •低风险 •存在于研发、加工、制造多个环节,可获得较高的收益	•减少开发投资 •缩短开发周期 •分散风险
劣势	•高投入和高风险 •周期长	•被动性和市场的经常性变换 •受进入壁垒的制约	•不能独占技术 •合作方可能成为竞争对手

13.1.4 一组领先技术创新失败的案例

案例 1:EMI 公司创造了扫描仪,却没有在产品的创新性功能上建立起技术壁垒,结果被日本企业模仿和改进而失去了这个空白市场。20 世纪 70 年代,英国的

EMI公司是一个从事录音、电影及先进电子设备生产的企业。它在1939年就开发出了高分辨率的TV设备，在第二次世界大战中率先发明了飞机雷达，并在1952年率先开发出了英国的第一台计算机。60年代后期，EMI公司的一位资深的研究工程师戈弗雷·豪斯菲尔德（Godfry-Houndsfield）从事了一项模式识别系统的研究与开发，这项研究成果最终导致了临床CT医疗设备的创新，使人们能够对人体进行"切面"观测，这是从1895年发明X光以来在放射领域最伟大的进步。尽管EMI公司是CT发明及率先创新者，然而在随后进入美国市场的6年中，由于60年代对专利等创新产权的保护不严格，创新产品被竞争对手无偿地大规模仿制，公司失去了市场领先地位，8年后被逐出了CT行业。

案例2：复印机是美国施乐公司（Xerox）发明的技术，但在20世纪80年代，日本佳能公司却将施乐公司赶下了市场第一的位置。施乐公司虽然是一些计算机关键产品的率先创新者，但最终也没能进入办公用计算机行业。苹果公司应用了包括施乐公司率先发明的许多计算机的关键产品，如鼠标、图标等，在该领域获得了成功。

案例3：RC可乐是一家小的饮料公司，尽管它是第一个生产可乐饮料并采用罐装方式推向市场的率先创新者但它没有采取创新产权的保护。当时名不见经传的可口可乐公司几乎是紧随其后，但却采用了十分严格的know-how的保密方法及商标战略，很快剥夺了RC可乐的优势，最终成为可乐饮料产业的巨无霸。直到今天，know-how与商标等产权保护仍然是可口可乐饮料垄断市场的重要手段。

上述率先创新失败，原因是多方面的。其中，企业不重视技术创新战略（特别是知识产权战略等）对技术创新的保护是一个重要的原因。随着现代市场竞争的加剧，传统的战略竞争方式已经越来越不能适应竞争的要求，如过去强调率先创新的领先时间优势、成本优势和质量优势等，如今随着企业模仿能力增强、模仿时间缩短、成本低廉等变化，过去采用规模经济、快速进入市场等手段来保护技术创新的传统战略手段，已经受到挑战，甚至使得传统的率先创新优势丧失殆尽。特别是在高技术领域，由于创新者在前期的高投入，使模仿者的成本优势更是令率先创新者难以承受。

毫无疑问，现代竞争要求企业不仅要重视传统的战略方法和工具，更要重视技术创新战略等新型职能战略的应用。

13.2 开放式创新战略

13.2.1 开放式创新理论产生的背景

哈佛商学院技术管理中心主任亨利·切斯布洛教授（Henry Chesbrough）经过十余年的观察，发现一些堪称国际上最富有创造力的企业却未能从它们的创新中获益，原因在于这些企业多采用封闭的模式进行创新，过分强调对创新的控制，导致很多发明创造因自身的能力限制而被束之高阁。为此，切斯布洛在其专著《开放式创新：从技术中获利的新策略》一书中首次提出了开放式创新的概念，认为企业在创新过程中应该改变原有的、机械的思维方式，而将外部的和内部的技术有机地结合成一个系统，这个系统一方面使得企业能够通过技术许可，从外部获得企业需要的技术成果；另一方面激活在封闭的创新环境下可能被抛弃的一些企业技术从而获益。

13.2.2 从封闭式创新到开放式创新

在 21 世纪创新盛行的时代，企业纷纷运用创新的理念和方法来寻求和保持企业的竞争优势。它们认为成功的创新需要控制，企业必须自己发明技术并将其市场化。它们通过资助大规模的研究实验室来开发技术，以此作为新产品来源的基础，从中获取高额的边际利润。这种模型是过去企业取得成功的、典型的垂直整合模式，称之为封闭式创新模式（closed innovation）。

如图 13-1a 所示，部分技术在研究与开发垂直整合的通道中被拦截，表明一些已经完成的研究项目，其中一些甚至产生了专利，但未能开发下去，技术创新没有最终实现。这种模式过分强化和控制自我研究功能，结果意味着一方面那些无力承担大的研究投入的企业因新技术来源障碍而处于竞争劣势；另一方面大量的技术因其过度开发或者与市场需求相脱离而被束之高阁。

20 世纪 90 年代，切斯布洛观察到这种封闭的模式开始发生变化，一些企业，如朗讯集团专门增设新风险投资小组，作为一个独立的运作实体负责新开发技术的应用。这种与封闭式创新相反的新理念——开放式创新（open innovation），正在被越来越多的企业所接纳。进入 21 世纪初期，在以美国为首的发达国家中，越来越多的学者广泛研究并提倡开放式创新，同期学者还包括：亨利·切撒布鲁夫

(2003)、乔治·冯克罗(2003)、乔·韦斯特(2003)、凯雷姆·K.莱克汉尼(2003)和约翰·鲍德温(2003)。

如图13-1b所示,企业的边界(虚线)被打破了,在许可的前提下,内部的技术扩散到其他企业发挥作用,外部的技术同样被企业接收、采用,这些技术尽管不是企业自身研究开发的,但是已经应用于企业。

开放式创新理念的核心就在于强调好的解决方案可以从企业外部也可以从企业内部获取,开放式创新策略对来自内部和外部的创新同等对待,以期以最小的成本和最短的时间实现创新成果。开放式创新使得企业能够通过技术许可获得企业需要的技术成果,同时激活一些在封闭的创新环境下可能被抛弃的企业技术并获益。

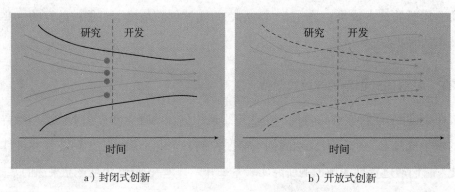

图13-1 封闭式创新和开放式创新

13.2.3 开放式创新战略运行机制

在竞争与变化的环境下,我们很难预测一项特定发明将来最终的应用。在封闭的创新环境下,一些好的发明因为不能适应企业的经营模式常常被忽略。然而,从不确定的新技术发明中抓住价值的最好战略是将其引入相关领域,并对任何感兴趣的企业作出快速的反馈。

施乐Palo Alto研究中心就面临这样的问题:很多技术不能在施乐公司的经营模式中进行开发和批量生产。中心的研究者被迫要么放弃这些技术在施乐公司中的应用,要么通过企业建立风险投资将其作为副产品在市场上出售。事实上,这部分对于施乐公司而言毫无价值的技术往往会带来意想不到的价值。Palo Alto研究中心那些从事这些有希望的技术的员工离开公司创业,许多公司如3COM公司、

Adobe 公司等都取得了成功。可见，这个中心有很多被遏制的研究都成功地开发出了产品，副产品的市场应用超过了自身的产品，然而其股东们却没能像其他人一样获得收益。

诸如此类的案例不胜枚举，多数企业开发出了各自独立的技术，但是大都没能够投入应用。开放式创新战略可以帮助企业充分挖掘新技术的价值，实现其商业化，获取相应的回报。

13.2.4 开放式创新运行组织模式

企业实施开放式创新战略，要不断地界定核心能力，明确发展方向，并针对发展方向制定中长期创新路线图（innovation road map）。对创新路线图的实施，要采取开放式理念，在对内外技术创新能力进行评估的前提下，凡是有利于加快创新路线图实现的力量，都应积极地创造组织模式去吸纳。

开放式创新的组织模式，见表 13-5。

表 13-5 开放式创新的组织模式

组织模式	组织内容
购买专利、技术所有权	对于关键专利技术的拥有人，采用付费购买方式，有必要的情况下，邀请相应的技术专家作为技术应用方面的顾问
投资参与研究机构的项目	对于尚处于早期基础性研究的项目，如果与企业创新路线图有关联，可以投资者的身份进行参与，可派专家审定和监控研究计划和预算执行。这样的话，一旦研究成果出来，企业会拥有优先使用权。在有些项目中，还可以考虑派出自己的研究人员参与研究，提前掌握关键技术
成立研究联盟	对于涉及价值链各个环节运作模式的大项目，最好以研究联盟的方式进行，这样能平衡各方利益，汲取各方优势，发展出一套符合各方利益、产生最大社会价值的创新方案
成立合资公司	当创新项目需要一个重要的技术，而技术的拥有者无意出售该技术时，最佳方法就是与对方公司成立合资子公司，共同开发该创新项目并拥有共同的产权

在创新项目的组织过程中，企业须注重知识产权保护。没有产权保护，就失去了长期创新的动力。

开放式创新策略对飞利浦知识产权的迅速增值起到了巨大的作用。飞利浦评估其内外部的技术创新能力，吸纳内外部的有效力量来参与创新。在飞利浦的研究机构里，知识产权保护部门负责申请专利，设计并监督执行知识产权保护方案。

同时，飞利浦成立了知识产权经营团队，负责将知识产权推向更广泛的市场。开放资源（open source）、开放平台（open platform）已经成为企业研发常用的模式。自主创新不等于封闭创新，自主创新需要开放式创新战略、需要合作创新。

13.3 产业技术创新联盟战略

进入 21 世纪，伴随着企业间愈发激烈的竞争，越来越多的企业选择与其他企业合作、建立战略联盟来提升自己的竞争力，开放式创新理论推进了技术创新联盟战略向更深入的方向发展。产业技术创新联盟在诸多行业与领域得到了迅速发展。产业技术创新联盟为企业的技术创新提供了各种各样的获取途径，而且也改变了大多数行业的发展理念与形式。

13.3.1 产业技术创新战略联盟产生的背景

20 世纪 80 年代开始，随着全球经济一体化程度越来越快，市场竞争愈发激烈，各国企业将面临更短的产品周期、更快的科技发展、更激烈的竞争和众多的国际企业（瓦兆达，1996）。因此，高投入、高回报、高风险的研发设计与技术创新显得越发重要，在一定程度上成为决定企业生死存亡的关键。但是，任何企业想要完成一个项目，巨大的研发风险和研发资金成为重要的阻碍，产业技术创新联盟在这种大环境下快速成长，成为企业为了达到战略目的、保持或提升竞争地位的一种必然选择，联盟企业间开展"战略联盟，战术合作"。团体作战、互惠共赢的策略，打破传统环境下的封闭式创新，开放式创新成为越来越多的产业技术创新联盟再发展的必然趋势。毫无疑问，战略联盟能够帮助企业拓展其营销渠道，或是帮助企业提升创新能力（梅斯基塔和拉扎里尼，2008）。

赫格特和莫里斯（1988）对 839 个合作联盟的研究发现，大多数的联盟协议集中在高技术行业：汽车为 23.7%、航空航天为 19.0%、通信为 17.3%、计算机为 14.0%、其他为 26%。美国的技术联盟主要在三个行业和领域：一是化学和医药工业，二是工业自动化、软件和航空领域，三是电信、微电子和计算机等领域。除此之外，电子工业也是美国技术联盟较为盛行的工业部门之一，据调查，现在美国 85% 的电子工业都已加入战略技术联盟。欧盟跨国公司技术联盟主要在航空技术、工业自动化、微电子、生物技术及政府支持的高新技术等领域。

2007 年，我国提出企业主体、市场导向以及利益纽带的新型产业技术创新联盟的形态。2008 年 12 月 30 日，科技部、财政部、教育部、国资委、中华全国总工会和国家开发银行 6 部门联合发布了《关于推动产业技术创新战略联盟构建的指导意见》，大大推动了我国产业技术创新战略联盟的发展。

13.3.2 产业技术创新战略联盟内涵的演绎

简·霍普兰德和罗杰·奈杰尔最早提出了"战略联盟"这一概念。战略联盟是一种为了达到共同拥有市场、分享战略资源等战略目标，由两个或两个以上有着一致战略利益以及对等经营实力的企业，通过契约等方式形成一种较为松散的合作形式。20 世纪 90 年代以来，随着时代的不断前进，战略联盟的内涵得到了新的补充和发展。最早出现的产业技术创新联盟是英国的研究联合体，随后欧美的一些发达国家借鉴了这种模式。产业技术创新战略联盟的界定和内容，见表 13-6。

表 13-6 产业技术创新战略联盟的界定和内容

代表学者	界定内容
波特和富勒（1986）	企业间正式、长期的联盟关系，战略联盟企业在事业上有某些方面的联系，但又不足以构成合并
艾森哈特和斯洪霍芬（1990）	基于战略资源需求与社会资源机会的合作关系
威廉姆森（1991）	相对于层级组织或市场而言的另一种可供选择的组织关系，并从交易费用的角度说明了战略联盟有利于规避层级组织或市场所带来的风险问题等
蒂斯（1992）	企业为了实现资源共享和优势互补等战略目标组成的一种合作行为，企业在组成联盟的形式上多采用排他性购买协议、共同营销、排他性合作生产、技术成果互换和研究开发合作协议等方式
库尔盼（1993）	跨国企业间签订合作协议或者排他性协议，其主要目的是为了达到共同的技术创新，实现资源共享和利益分享，同时也可以分担风险，如研发联盟就属于一种战略联盟
莫蒂尔和波特（1998）	联盟主体在成本、效率以及竞争优势等因素的基础上建立的一种优势互补、要素双向、风险共担或者流动的松散型关系网络组织
斯派克曼等人（1998）	战略联盟是企业双方签订的协议关系，签订协议的企业通常有着共同的目标，要么是为了争取更大的市场份额，要么是为了双方的多元化发展，或者是为了提高企业自身的生产效率，这种协议能将双方紧密地联系在一起，并可以进行长期的合作和发展
理查德（2001）	在产业技术创新联盟中，企业可以从外部获取互补资源来帮助自身实现技术创新，从而提升企业竞争力，保持并扩大技术优势
卡尔德拉（2003）	产业技术联盟是多家企业（或者是高校、科研机构）联合起来建立的具有战略意义的产业组织形式，这些企业通常都处于同一行业或者相近的行业，其主要目的是为了针对某项技术进行开发研究、拓展更大的市场领域等，并且这个联合体有着良好的运行机制

续表

代表学者	界 定 内 容
夏培罗和莱姆利（2007）	专利池可以为成员企业创造基于独占性专利的许可收入，这也是激励企业进入联盟的主要因素
伊丽莎白（2012）	企业获取资源、吸收最新技术和保持技术优势等目标实现的最佳途径是构建技术创新联盟
沃诺特（2015）	战略联盟在知识密集型产业活动中扮演着相当重要的角色，尤其是结合生产和利用技术知识来提高企业的竞争力
巴斯卡兰（2016）	企业技术创新的最终结果必然是产业集群，技术创新联盟为企业之间分担风险、共享技术搭建了平台
坎萨尼洛等人（2017）	企业进入产业战略联盟，可以使与其保持长久合作的供应商的风险管理能力有一定程度的提升，丰富了企业风险管理的相关理论，为管理实践作出了贡献

我国发布的《关于推动产业技术创新战略联盟构建的指导意见》对产业技术创新战略联盟给出了官方定义：产业技术创新战略联盟是指由企业、大学、科研机构或其他组织机构，以企业的发展需求和各方的共同利益为基础，以提升产业技术创新能力为目标，以具有法律约束力的契约为保障，形成联合开发、优势互补、利益共享和风险共担的技术创新合作组织。

13.3.3　产业技术创新战略联盟的动因

产业技术创新联盟的核心动因和运行机制，见表13-7。

表13-7　产业技术创新战略联盟的核心动因和运行机制

代表学者	核心动因	运 行 机 制
比米什（1988）	知识互补	知识互补促进联盟形成，是合作伙伴参与联盟的动机
费雷拉（1995）等人	技术协同效应	认为技术协同效应是构建技术联盟的动因
古拉蒂和辛格（1998）	协作成本	技术联盟建立和发展的重要原因是协作成本的存在和变化
皮卡卢加和博纳奇尼（1994）	先进技术、创新能力	企业参与产学研合作的动机包括：得到了解本行业先进技术的机会、了解技术发展的趋势、如何通过委托开发活动实现企业创新能力提升
萨卡拉（1997）	互补知识与技术	通过对400家进行合作创新的日本企业进行研究后发现，获得相互之间的互补知识与技术是企业进行合作创新的一个重要原因
蒂斯（1997）、韦斯（1997）和哈默（1998）等	资源与能力的整合	通过技术联盟，能够得到联盟成员间资源与能力的整合，企业可以得到良好的学习机会，从而促进组织的发展，最终提高竞争能力

续表

代表学者	核心动因	运行机制
希特等人（2004）	金融资本、互补资源、无形资产、创新能力、管理水平	对俄罗斯的企业进行研究时发现，俄罗斯的企业在选择合作伙伴时，注重的是短期行为，更多的考虑是金融资本和互补性资源对不稳定环境的适应能力。中国企业在选择联盟伙伴时更注重长期行为，关注的重点则是意向合作企业的无形资产，这些无形资产主要以技术创新能力、管理水平为主
亚苏达（2005）	资源、成本、效率	认为资源、成本、效率是企业成立技术型创新联盟的主要动机。对由企业组成的技术驱动型战略联盟成立动因主要有缩短时间、降低科研和生产成本、获取成员企业的资源等
泰吉和奥兰德（1998）	战略缺口	企业目前如果用自身的资源无法实现既定的目标，这种差距就是战略缺口，但是在短期内是无法弥补这个战略缺口的，为了迅速达成企业在短期内的既定目标，最快的途径就是加入产业技术创新联盟。通过加入联盟，可以迅速获取达到既定目标的资源，以最小的成本和付出填补战略缺口，通常企业存在的战略缺口越大，企业加入战略联盟的动力也就越大
卡罗琳（2012）	知识和资源、减小研发风险和时间、收益	认为高技术企业加入产业技术创新联盟后可以更快速地获得联盟其他成员的知识和资源，从而减少研发风险，减少时间，并最大限度地获得利益
曾等人（2004）	知识共享	发现企业管理层的参与度以及对知识共享过程的监管力度，会对知识在企业之间的共享效果产生很大的影响
杨武（2020）	研发资源共享、研发利益共享、研发风险共担	研究了光刻机阿斯麦（ASML）公司通过与德国蔡司公司、韩国Helix公司结成研发联盟、股权联姻等模式，与其主要股东英特尔、三星和台积电结成了股权投资上的产业利益联盟，使其牢牢垄断了世界光刻机市场
史密斯（2008）、拉维和霍恩希尔德等人（2012）	绩效、经济利益	在技术创新联盟中，联盟结构、行为方式和产出方式对产业技术创新联盟的绩效有很大的作用。联盟伙伴的选择对联盟的绩效有重要影响
李等人（2013）	经济利益	利用OLS和GARCH模型，将战略联盟分为几个不同的分支，认为企业参与联盟可以增加其经济收益

13.3.4 产业技术创新战略联盟的组织模式

战略学家安索夫（1965）首次将"协同"（synergy）的概念引入企业管理中，运用"协同"解释了整体与各个子系统相互融合的互动关系，强调各种关联因素的互动会产生"1+1>2"的非线性效应。联盟是合作的更高层次的表现形式，合作创新偏向关注合作主体间的合作行为，创新联盟作为合作创新的更高级体现形式，不但注重不同合作主体利益的客观表现，而且更加强调系统整体效应的改善与提升。联盟能够整合不同的资源，实现优势互补、知识增值、互利共赢，加速创新成果的推广进程。

目前，学者从不同的视角，提出了很多不同的战略联盟组织模式，见表13-8。

表 13-8 技术创新战略联盟的组织模式

模式分类		模式内容
微观视角	横向战略联盟与纵向战略联盟	横向联盟是指那些位于同一行业细分市场或者生产互补产品的企业组成的战略联盟，纵向联盟是指由处于特定供应链中的企业构成的战略联盟
	对称联盟和不对称联盟	根据联盟企业双方拥有的资源储备差异
	非竞争性战略联盟和竞争性战略联盟	基于联盟伙伴在业务上是否有竞争关系，非竞争性战略联盟伙伴间较少有利益冲突和竞争威胁，因此双方在合作上更加密切、联盟结构更加稳定。与之相反，竞争性战略联盟的特点在于其竞争合作性，联盟双方模糊了企业竞争和合作的区别来应对竞争日益激烈的市场。相较于非竞争性联盟，学术界更关注竞争性战略联盟
	产业研发联盟	日本以研究联合体模式为基础，建立了"工矿业技术研究组合"，这是日本产业技术创新联盟的雏形
	以股权互持形成的利益联盟	产业技术创新联盟通过股权的相互持有而结成利益密集型的联盟。以达到资源共享、分担风险或成本以及实现优势互补等目标
	企业在不同阶段的5种联盟形式	Customer Alliance（与产品用户组成的共同研究开发联盟），Supplier Alliance（与零部件供应商组成的共同研究开发联盟），Competitor Alliance（与以往竞争对手企业组成的共同研究开发联盟），Complementary Alliance（与和本企业关联密切的企业组成的共同研究开发联盟），Facilitating Alliance（与政府有关部门、学校等非企业组织组成的共同研究开发联盟）
宏观视角	美国政府推动：大学与工业界伙伴关系	1996年美国国家科学基金会（NSF）推出了"集成合作伙伴计划"（integrative partnerships program），目标是由形成合作伙伴关系的多所大学共同组建研究中心。不仅由大学参与研究中心的活动，而且由大学、非营利机构、企业和国家实验室共同合作开展研究中心的各项工作。这项计划不仅开创了许多新的科研领域，取得了不少原始性的创新成果，而且在各大学、各学科、各研究所之间，甚至社会各界（包括产业界在内）之间架起了桥梁，初步实现了"集成创新"的目标。在NSF的规划与资助下，美国陆续在大学建立了大学—工业合作研究中心、工程研究中心和科学技术中心，这些中心承担着交叉学科研究开发和人才培养的双重任务，它们依次配置在基础研究、应用研究和技术开发3个层面上，试图从科技成果的产生、中试直到商品化形成前后衔接、环环相扣的有机链条，从而对美国工业的近期、中期和长期发展提供源源不断的动力
	日本政府推动："官产学"合作	1981年，日本科技厅和通产省分别确立了官、产、学三位一体的以人为中心的流动科研体制（日本产经联自1981年开始实施的《下一代产业基础技术研究开发制度》）中，其中心内容是保证"官、产、学"各方面力量相互协作和充分发挥各自的优势。"大学—产业—政府"关系的"三重螺旋"创新模式首先由埃茨科威兹和莱德斯塔夫在1995年提出
	中国政府推动：产学研合作计划	1985年，《关于科技体制改革的决定》鼓励从事技术开发的机构和科研人员，通过市场化手段更多地创造收入、增加开发的经费，促进科技工作更好地同经济工作结合。这一决定对经济的发展与科技的进步起到了非常大的促进作用，也使我国开始形成具有中国特色的"产学研"合作模式。2006年，国务院颁布《国家中长期科学和技术发展计划纲要（2006—2020年）》，提出全面建设国家创新体系，重点之一就是建设以企业为主体、产学研结合的技术创新体系，并将其作为全面推进国家创新体系建设的突破口

13.3.5 产业技术创新战略联盟案例

国际典型产业技术创新战略联盟，见表13-9。

表13-9 国际典型产业技术创新战略联盟

国家或地区	美 国	日 本	欧 洲	
典型案例	半导体制造技术研发合作联盟（SEMATECH）	超大规模集成电路技术研究联盟（VLSI）	尤里卡研发计划下的环境振动改善系统联盟（ENVIB）	空中客车产业技术创新战略联盟（AIRBUS）
合作环节	竞争前共性技术	竞争前共性技术	以市场为导向的民用技术开发	产业链上的关键技术
发起与牵头	政府发起	政府发起	由项目带动	企业发起
联盟成员	IBM 年等美国最大的 14 家半导体龙头企业：1987—1996 年只吸收本国会员，1998 年至今吸收本国及国外会员	日本本国企业和科研院所，限制外资参与，前期成员主要是 NEC、日立 5 家日本最大的计算机公司，后期成员包含日本几乎所有的大型半导体制造商	比利时的 LMS International，法国的 Marta 和 Technicities MVI，联盟成立前均签订合同	法国宇航公司，德国空中客车公司，西班牙航空公司，英国航空公司
法律身份	前期为非营利的技术开发协会，后期为公司制	非营利的研究协会	以合作研究协议为基础的、松散的、非营利研究组织	公司制（产业技术创新战略联盟—合资企业—独资企业）
组织治理结构	设立董事会，下设指导委员会和国际半导体技术制造协会（ISM）执行顾问委员会	新设的联合研究所为常设机构，采用松散的会员协商模式	尤里卡计划设协调委员会为最高管理机构，每年召开部长会议，确定计划项目，部长会议下设小型秘书处作为日常办事机构	设有股东委员会、董事会、执行委员会，下辖各核心业务职能部门
资金投入	联盟成员以会费形式每年上缴其半导体收益的 1%，最低缴纳 100 万美元，最高缴纳 1 500 万美元	VLSI 项目总耗资 737 亿日元，其中政府出资 291 亿日元，其余为联盟成员共同出资，政府给予无息贷款，直到技术商业化并盈利	尤里卡计划不收取会费，而是按项目分担资金，且以项目参与成员自筹资金为主(30%~50%)，其余来自国家与欧共体预算	1970—1995 年以与所在政府以各种形式给予资助，扶持资金超过 250 亿美元
研发机制	初期，联盟向政府申报项目。后期，由成员管理和筛选项目。所雇用科技人员主要来自各成员，工作时间为 6~30 个月	联盟建有专门的联合研究所，约有 20% 的基础和共性技术研究在联合研究所中完成，其余 80% 的研发活动则在各成员企业的研究机构内进行	研发项目由参与国的成员自下而上地提出项目，由相关国家政府决定	法国负责机头、机腹中段的生产及最后的组装测试，德国负责机腹前段，后段，英国负责机翼的承制，西班牙负责尾翼，其他零部件则分包给全世界 1 000 多家供应商

续表

国家或地区	美国	日本		欧洲
绩效、技术成果分享与扩散、知识产权保护	为半导体制造设备制订了统一的质量认证程序	在超大规模集成电路基础技术研究方面取得了500多项专利和多项工业技术所有权，16%由不同企业的研究员联合所有，25%由单独企业的研究员联合所有，50%只有一个专利的持有人或发明者	该项目研发出三个软件模块，从1995年起先后被法、德、瑞、美、日等国商业化成员负责相关项目产生的所有知识产权，而不是由政府所有	完成项目包括A300、A310、A320等空客，成为民用飞机行业的佼佼者，为了避免联盟利益冲突，空客从产业技术创新战略联盟演化为了独资公司

资料来源：李玉梅. 基于产业技术创新战略联盟的高技术产业成长的评价与对策研究 [D]. 青岛：青岛科技大学，2018.

13.4 自主创新战略

13.4.1 自主创新理论的演绎

自主创新理论是从创新理论演绎过来的。自主创新是我国特有的提法，目前国外还没有统一的与自主创新相对应的概念，但与自主创新相似的内生创新和独立创新在国外早已被提出。法雷尔（1986）提出了独立创新的概念，雷纳·安德森和佛朗哥·纳迪尼（2005）进一步指出这是一种系统内部自发的行为，不同于模仿创新、外部引进等技术创新模式。在这之后，爱德华（2006）认为内生性创新是广义范畴，在企业的新产品或新技术中，只要有创新的都可以当作是内生性创新，这就排除了单纯的技术引进。

国内学者对自主创新的界定（见表13-10），主要从3个视角进行。

表13-10 对自主创新的界定

学者		观点
基于技术视角	陈劲（1994）	自主创新实质上是自主技术创新，是在引进、消化及改进国外技术后的特定创新
	傅家骥（2000）	自主创新是技术创新的一种战略选择，其基本特点包括：①技术突破的内在性。自主创新必须产生自主知识产权，这是自主创新的本质特征。②技术与市场的率先性。率先性虽然不是自主创新的本质特点，但却是自主创新努力追求的目标。③知识和能力支持的内在性。知识和能力的支持是创新成功的内在基础和必要条件。知识和能力直接关系到企业对不同自主创新模式的选择
	彭纪生（2003）	自主创新是指主要依靠企业自身完成创新的整个过程，企业实现关键技术上的突破，这与合作创新有很大的区别，合作创新是不同的企业共同努力以实现创新的结果

续表

	学　者	观　点
基于技术视角	路风（2006）	技术领先的欧美国家没有自主创新的概念，自主创新是一个与技术落后相关的概念，产生于从落后状态中赶超的国家，是一个与奋起自强有关的概念
	中国	要高度重视和大力推进自主创新，大力提高我国的原始创新能力、集成创新能力和引进消化吸收再创新能力
基于管理视角	杨德林、陈春宝（1997）	自主创新是企业自己主导的创新，自主创新在本质上是掌握发展的主导权、主动权，强化未来发展的选择空间
	蔡贺剑（2002）	自主创新是指完全依靠自身的力量，独立自主地创造或创立出新事物、新东西
	倪光南（2006）	自主创新是利用一切可利用的资源，在自主掌控下形成体制、产品及技术上的竞争力，并形成一种持续创新的能力
	金吾伦（2010）	自主创新即企业依靠自己的力量独立完成创新工作，技术创新所需要的资源由企业投入，企业对创新进行管理
基于知识产权视角	邹贺权（2005）	从政治、经济方面讲，没有自己的核心技术永远会处于被动地位，自主创新实际上是国家的自主，是站在整个国家利益上的自主，代表国家自立于世界之林能力上的自主
	柳卸林（2005）	自主创新是"创造了自己知识产权的创新"
	雷家骕（2006）	自主创新即创新过程具有科技含量、创新结果具有全部或部分自主知识产权
基于知识产权视角	高旭东（2006）	以形成拥有知识产权的技术为目的的科研活动
	杨武（2008）	自主创新是以形成自主知识产权为核心，以率先引入市场为特征，以实现商业化利润为目的，以知识产权保护为可持续发展的技术创新
	吴贵生（2010）	自主是针对我国过去过分依赖引进技术而言的。自主创新的内涵：自主是前提，创新是要害，知识产权是关键，创新能力是核心

表 13-10 中，傅家骥教授的定义清晰地阐述了自主创新的本质，中国的定义阐释了我国企业自主创新常见的三类模式。

13.4.2　案例分析：奇瑞汽车由技术引进走向自主创新

奇瑞汽车的创新历程大致经历了"反向工程—正向研发—自主创新"三个阶段。

（1）反向工程阶段。反向工程是发展中国家以及技术不发达企业进行技术创新和自主创新的必由之路，是指通过对市场上已有的产品进行剖析，获得产品设计结构和相关参数，掌握研究设计和开发的思想和原理，进而寻找并发现设计中的问题和不足，或者是技术上的问题，或者是与市场需求不吻合的方面，对其进行改进和再创新的过程，其实质为模仿创新，如图 13-2 所示。

奇瑞初期的"风云"和 QQ 可谓是奇瑞反向工程、模仿创新的代表作。"风云"车型的底盘模仿捷达轿车，车身也是在模仿的基础上设计出来的，模具是台湾

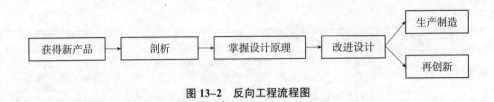

图 13-2　反向工程流程图

福臻公司开发的。2000 年,奇瑞公司生产了 2 000 多辆这款三厢轿车,与桑塔纳、捷达属于同一档次,但价格却比它们低了 1/3,在市场上颇受欢迎。2001 年,正值中国居民家庭消费需求结构从传统耐用品向住房、汽车等大宗消费品转型的第一个黄金机遇期,"风云"轿车在国内全面上市,以突出的性价比,在市场上热销,当年就给奇瑞带来 13 亿元的利润。正是有了这第一桶金的原始积累,才为奇瑞后来的新车型开发和产能扩大奠定了基础。反向工程和模仿创新还成功地运用在 QQ 的车型上。

（2）正向研发阶段。正向研发是指通过市场调研,了解市场需求,确定新产品功能,进行设计和研发,进而生产制造产品,并进行市场开拓的过程,如图 13-3 所示。

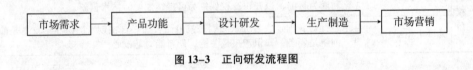

图 13-3　正向研发流程图

奇瑞通过整合和利用世界资源,加快技术和资金积累,仅用了几年的时间就跨越了反向工程、模仿创新阶段,2002 年开始进入正向研发阶段。奇瑞汽车制定了"以我为主、立足产权、国际合作、消化创新"的技术合作开发战略,充分利用改革开放后的新环境,大胆利用和整合世界资源,采用与国际著名的研发公司联合研发的方式,走集成创新与引进消化吸收再创新相结合的路子,实现产品的研发、生产、销售、管理等全面与世界标准接轨。在坚持以我为主的同时,奇瑞汽车提出"自主开发不等于自己研发,中国创造不等于闭门造车"的创新理念,积极开展国际技术合作,广泛利用国内外两种资源,兼容并蓄。2002 年以来,奇瑞汽车与世界上著名的奥地利 AVL 发动机公司合作,联合研发了从 0.8L 到 4.0L 的 18 款发动机,前 4 款以外方为主,其后以奇瑞为主,全部达到欧洲 4 号排放标准,包括采用缸内直喷技术的先进发动机。在与 AVL 的合作中,奇瑞汽车与对方形成了一种互利共赢又以我为主的关系,奇瑞汽车的研发人员全程参与新产品开发,而且完全拥有产品的知识产权，对方则以取得开发费来实现其商业性的回报。通过合作开发的方式，一方面缩短了研发周期，加快产品上市的时间；另一方面培育了技术骨干，掌握了先进的开发技术和设计理念，迅速缩小与世界先进水平的差距。

（3）自主创新阶段。2006年，奇瑞汽车的整车和发动机的研究开发已经从集成创新阶段进入了更高层次的自主创新阶段，不仅能够独立完成产品设计，还实现了汽车概念设计。以2007年8月22日第100万辆汽车下线为标志，奇瑞汽车实现了从"通过自主创新打造自主品牌"第一阶段向"通过开放创新打造自主国际名牌"第二阶段的转变，进入全面国际化的新时期。"自主创新"是奇瑞汽车发展战的核心，也是奇瑞汽车实现超常规发展的动力之源。从创立之初，奇瑞汽车就坚持自主创新，努力成为一个技术型企业。目前，奇瑞汽车已建成以汽车工程研究总院、中央研究院、规划设计院、试验技术中心为依托，与奇瑞汽车协作的关键零部件企业和供应商协同，和国内大专院校、科研院所等进行产、学、研联合开发的研发体系，并拥有一支6 000余人的研发团队，掌握了一批整车开发和关键零部件的核心技术。奇瑞汽车还高度重视观念创新、管理创新，不断完善体制机制，激发企业的创新活力，吸引并留住了一大批的技术和管理人才。2008年，奇瑞汽车成为我国首批"创新型企业"，"节能环保汽车技术平台建设""轿车整车自主开发系统的关键技术研究及其工程应用"两个项目分别荣获国家科技进步奖一等奖、二等奖。截至2017年底，奇瑞汽车获得发明专利授权数量为342件，在国内汽车企业中名列前茅。

本章思考题

1. 什么是企业创新战略？如何理解企业创新战略与技术创新战略的关系？
2. 国内外学者对技术创新战略有哪些不同的分类？
3. 什么是开放式创新战略？其发展历程和运行机制是怎样的？
4. 创新联盟战略和合作创新战略有什么区别？
5. 综合实践题：结合自己所熟悉企业实践，制定本企业的技术创新战略框架内容。

第14章　企业技术创新体系建设

本章的核心内容：
➢ 企业技术创新体系的内涵及界定
➢ 企业技术创新体系的结构及内容
➢ 企业技术创新体系的主要特征

在考察和分析日本二战后的经济快速发展特点的基础上，弗里曼提出了国家创新体系的概念。国家创新体系的提出是对科学技术与经济发展关系认识不断深入的结果，标志着技术创新研究进入新的发展阶段。伦德尔、纳尔逊等人对国家创新体系的概念作了进一步的研究，波特等人则在国家创新体系理论中提出了国家竞争优势的概念。国家竞争优势的提出开辟了国家创新体系理论研究的新领域。

进入21世纪，发达国家为了巩固在世界经济发展中的主导地位，纷纷出台了一系列技术创新战略和政策来促进本国创新的发展。美国制定了21世纪竞争战略，其核心是保护美国的技术创新和维护美国的产业竞争优势（摘自美国专利商标局2002年的《21世纪战略计划》）。美国于2009年、2011年、2015年连续发布三版《美国创新战略》，对内进一步强化知识产权保护，对外则"进攻性"地参与和推动知识产权国际规则的制定和调整。中美贸易战表明，美国正在实施该战略计划。这是美国等发达国家对国家创新体系建设的实践。特别是本轮中美贸易战中美国在一系列专利密集型产业中对我国进行的遏制，遏制的重点是我国的战略新兴产业和高技术产业，甚至提到了《中国制造2025》。针对此变局，我国必须加快企业技术创新体系建设，其核心是提高企业的技术创新能力，增强企业的核心竞争力。

14.1 企业技术创新体系的内涵

14.1.1 企业技术创新体系的界定

企业技术创新体系（enterprise technology innovation system）是国家技术创新体系的核心，企业技术创新体系建设直接关系到国家创新体系建设的进度和质量，作为促进企业技术创新的有机体，建立有效的企业技术创新体系是提高企业创新能力的保证。

技术创新理论的动态发展，表现出系统化的倾向。玖·迪德提出企业创新不能只强调技术纬度，因为技术、市场及组织之间存在着互动关系，技术创新的根本目的不再局限于改进研发效率，而在于如何将技术转化为成功的产品或服务。这也表明，技术创新不再是企业活动中孤立的一环，技术创新的有效实施，有赖于组织结构与过程的有效性。美国教授塔奇曼和赖利主要围绕企业创新系统化、一体化的方法和可操作的步骤等方面，进行了实用性较强的研究。

目前，关于企业技术创新体系的界定，见表14-1。

表14-1 技术创新体系的界定

代表性学者	概 念 界 定
郭斌、陈劲 （1997、2000）	完善的企业技术创新体系应包括6个要素：企业家和企业家精神、战略、组织结构、研究与开发、资金和人才。前3个要素决定企业创新活动的有效性和效率，后3个要素构成了企业的创新资源
克里斯托弗·梅耶 （1999）	技术创新体系需由战略协调、领导管理、组织与人、过程和衡量标准等核心要素构成
许庆瑞（2000）	企业技术创新体系必须加强研发部门、生产制造部门和营销部门的关系，并依托企业高层领导的企业家精神、完善的研究与发展体系和教育培训体系、资金和管理工具，以及企业文化和企业制度的全方位支持
李相银（2001）	企业创新体系是由企业的创新信息系统、动力系统、创新搜寻与选择系统、创新过程系统、创新方法系统、创新能力系统、创新支持系统以及各系统之间、系统与外部环境之间相互关系构成的整体
连燕华（2003）	企业技术创新体系是一个企业中与技术创新活动及创新资源的配置和利用相关的各种机构相互作用而形成的推动技术创新的组织系统、关系网络，以及保证系统有效运行的制度和机制。技术创新体系应包括组织系统、规则系统、资源配置系统和决策系统
王彬（2004）	认为企业创新体系是企业的创新者借助于技术发明、管理发现、制度变迁和市场机遇等，通过对生产要素和生产条件以及有关资源配置方式的变革，并使变革成果取得商业上的成功的一切活动所附带的条件、规则、结构、过程和方法等的总和

续表

代表性学者	概 念 界 定
张东生（2004）	把企业技术创新体系定位为持续激发技术创新动机并把它转化成为成果的各种相互作用的影响因素构成的协调系统。他认为技术创新体系由创新动力机制、激励机制、约束机制、支撑机制和运行机制构成
奚洁人等人（2007）	技术创新体系是指推动技术创新的组织系统、关系网络以及保证系统有效运行的制度和机制，并指出构建技术创新体系的原则是有利于推进企业技术创新的进行、有利于形成核心技术能力
辜秋琴（2008）	将企业创新体系分为企业技术创新体系和企业制度创新（产权制度、激励制度和日常管理制度）体系两大子系统
企罗杰（2010）	认为创新体系由企业内部要素和外部要素组成。从企业内部看，影响企业创新的内部因素，包括研发组织机构、创新资源要素、支撑保障机制和创新过程运行机制。从企业外部看，创新会受到企业外部经济、技术、政治和文化等方面因素的影响，特别是政府政策、客户行为与市场环境

14.1.2　企业技术创新体系的结构

本书将企业技术创新体系的结构划分为七大体系，见表 14-2。

表 14-2　企业技术创新七大体系与核心内容模块

体系构建	核心内容模块
管理体系	①企业家及企业家的创新精神。②技术创新战略管理。③技术创新知识管理。④技术创新知识产权管理。⑤技术创新激励管理。⑥技术创新成果管理
制度体系	①创新激励制度。②创新产权制度。③创新管理制度。④创新政策
研发体系	①研发项目动力源。②研发产品规划。③研发项目决策评估系统。④研发组织与流程体系设计。⑤研发管理。⑥研发产品质量管理体系。⑦研发产品市场化管理。⑧研发绩效测评与管理
组织体系	①创新组织部门机构设置。②组织管理制度设计。③组织创新绩效评估
文化体系	①创新价值观。②创新氛围。③创新激励制度
资源体系	①技术创新人力资源。②资金资源。③创新能力资源
人才体系	①企业创新型人才的选择机制。②人才培养机制。③人才评聘机制。④人才使用晋升等制度和管理机制

1. 技术创新管理体系

1961 年，伯恩斯《创新的管理》一书出版，标志着创新管理研究开始出现，美国麻省理工学院也在 1960 年正式成立研究组研究创新管理。自此以后，技术创新管理成为企业管理工作的一个重要领域。随着企业技术创新的应用与发展，美国和日本企业创立了各具特色的技术创新管理体系（关于企业技术创新管理体系的内容，可见本书第 16 章）。

2.技术创新制度体系

道格拉斯·诺思在论及经济增长、技术创新和制度变迁的关系时，认为传统的经济增长理论有其狭隘性，它不考虑制度方面的影响，把制度视为"外生变量"。实际上，在技术没有发生变化的情形下，通过制度创新或变迁亦能提供生产率和实现经济增长。他认为，对经济增长起决定性作用的是制度性因素，而非技术性因素，技术创新需要制度创新。

企业技术创新制度是指企业在技术创新管理活动中所形成的与企业创新精神、企业创新价值观等意识形态相适应的企业的制度、规章、条例和组织结构等。良好的技术创新制度是企业开展技术创新的基本保证。在现阶段，与我国企业密切相关的技术创新制度主要包括技术创新激励制度、技术创新产权制度和技术创新管理制度。（有关内容见本书第16章、第19章）

3.技术创新研发体系

企业技术创新研发体系是整个技术创新体系的核心系统，是一个相对完整和独立的子系统。该系统具有的功能，见表14-3。

表14-3 企业技术创新研发体系的结构与各子系统的功能

子系统	功能
研发项目动力源	解决研发新产品技术创新思维的来源问题，具体见本书第10章
研发新产品规划	新产品研发规划是指通过调查研究，在研究市场、探寻客户/消费者需求、分析竞争对手、衡量外在机会与风险，以及对市场和技术发展态势综合研究的基础上，根据企业自身的战略，制定出可以把握市场机会、满足消费者需要的产品的远景目标（Vision）以及实施该远景目标的过程。研发产品规划的内容主要包括：市场调研、新产品的概念与产品选择、产品功能设计、产品各类别结构规划、产品系列化规划、各机型定位规划、产品长度和宽度规划、产品生命周期规划等
研发项目决策评估系统	是对拟实施的研发项目在技术上是否具有先进性、适用性和可行性。经济上是否具有合理性和营利性，实施上是否具有可能性和风险性，以及建设上的必要性等进行综合分析和全面科学评价。重点是对研发产品的技术可行性、生产可行性、成本可行性和法规可行性等进行评估
研发组织与流程体系设计	研发组织主要是针对企业内部科研单位的组织管理模式。从国内外优秀企业的研发组织设置情况来看，有的集中在总部统一管理（集中模式），有的则分散在各业务板块（分散模式），还有的既有集中又有分散（混合模式），企业需要根据自己的实际情况确定合理的研发组织体系。在国际化经营的条件下，企业的研发机构既包括母国的研发机构，也包括海外研发机构。在开放式创新条件下，外部协作单位的协作方式、工作方向是企业内部研发组织的延伸，也是企业研发组织体系的重要组成部分。优秀企业和卓越企业的区别在哪里？流程。优秀的研发产品流程具有6个特征：清晰的层次结构——可管理、明确的阶段划分——可控制、明确的阶段目标——可测度、统一的专业术语——易沟通、明确的职责分工——可考察、量化的绩效指标——易评价

续表

子 系 统	功 能
研发管理	研发管理是在研发过程中形成的各种规章制度、工作流程、管理办法和运行机制等的总和。其范畴既包括微观视角的围绕研发项目所形成的产品战略设计和立项、组织、经费、人员、审查、验收、成果等方面的架构设计、流程设计，又包括与之相对应的宏观视角的企业计划管理、经费管理、人员管理、研发过程管理、风险管理、成本管理、成果管理、知识管理与知识产权等方面的专门管理制度等。研发管理是企业尤其是科技型企业不断实现自身价值的有效保障
研发产品质量管理体系	研发质量管理的基本前提是研发的业务流程清楚。在此基础上，把研发质量策划、质量控制、质量保证和质量改进融入研发的业务流程中，实现产品全寿命周期的质量管控
研发产品市场化管理	研发产品的市场化管理工作是连接用户需求与产品设计的重要桥梁，重点是对那些影响研发产品特点的市场因素进行管理。成功的研发产品市场化管理的内容包括市场需求信息的搜集与分析、客户关系管理（CRM）、制定研发产品规划和策略，囊括了现代市场营销管理的全部内容
研发绩效测评与管理	研发的绩效管理能够有效地激励研发团队积极工作，促成研发成果。企业的研发团队绩效管理体系的构建，对绩效计划、绩效实施、绩效考核和绩效沟通与反馈等绩效管理全流程进行方案设计和实施，重点提炼出该绩效考核方案设计中的关键绩效考核指标、权重和分值，并通过对部分重点岗位上的研发人员进行试验实施，以此验证绩效管理体系方案设计的科学性、有效性和可行性

早在 1867 年，德国巴斯夫化学公司，组建了国际范围内的首个研发机构，目的是为了开发新技术。十余年之后，美国的托马斯·爱迪生成立了专门的研发实验室，这就是西方优秀企业重视研发管理工作的雏形。近年来，研发管理的方法与模式也在不断地丰富与优化，主要包括产品及周期优化法、门径管理模式和集成产品开发，见表 14-4。

表 14-4 研发管理模式

管理方法	代表学者	核心内容
产品及周期优化法（PACE）	拉宾托德和麦格拉斯（1986）	针对研发流程相关环节进行优化提升，最终缩短新产品的面世时间，提升盈利水平。PACE 包括 7 项要素，分别是用于项目管理工作的决策、小组搭建、结构化产品开发、技术和工具 4 项要素，此外还有产品策略、技术管理、管道管理 3 项要素。上述 7 项要素，相互补充、相互产生作用，以此共同缩短产品研发周期、提升效率、降低风险，协助企业找到产品开发的灵感，从战略层面实现资源优化配置
门径管理模式（CSGS）	罗伯特·库珀（1988）	一种产品系统化的流程和路线图的开发方法。门径管理模式可以分为阶段（stage）与关卡（gate），前者由 5 个阶段构成：确定研发范围、项目立项、开发、检验与测试和投产与评估。所谓关卡，是指在每个阶段启动之前，设置关卡与决策点，对新产品进行质量把控。关卡包括 3 项基本要素检查项目、标准与阶段产出

续表

管理方法	代表学者	核 心 内 容
集成产品开发（IPD）	麦克哥拉斯（20世纪80年代）	集成化产品开发将用户的最终需求作为开展研发活动的驱动力，将产品开发视为一种可以获得收益的"投资行为"。IPD可以划分为市场管理、流程重组与产品重组。集成产品思想运用后，企业的开发周期可以明显缩短、研发成本可以显著降低、产品质量可以明显提升

4. 技术创新组织体系

技术创新是决定企业发展的关键因素，组织结构是影响企业技术创新的重要维度。技术创新的组织体系是企业实施技术创新战略的组织保障和体系的基本架构，主要是指技术创新活动和管理工作的机构设置以及各机构之间的分工协作关系。设计和构建有利于技术创新的组织结构，对于提升企业技术创新能力非常重要。组织结构影响着企业技术创新的成功率、方向和速度，不同的技术创新对企业组织结构有着不同的要求，技术创新的组织体系既要与企业的业务特点、经营规模和管理体制等相适应，又要体现技术创新的内在规律。技术创新组织体系总体上的要求：结构优化、分工合理、职责清晰、精干高效和有效协作。（详见本书第9章）。

5. 技术创新文化体系

以彼得·圣吉、吉姆·柯林斯和约翰·柯特等学者为代表，建立了企业文化创新与绩效、学习型组织等理论体系，学习型组织创新的实质是学习型的企业文化创新。吉姆·柯林斯主要研究了企业持续成长的动力以及百年企业成功的原因，认为企业文化是企业基业长青或从优秀到卓越的关键所在。彼得·圣吉（1990）提出了学习型组织这一全新的管理理念。这些研究表明：构建企业创新文化体系对于一个企业的技术创新与可持续发展是最持久的决定性因素。

企业技术创新的文化体系主要包括创新的文化氛围和活动载体，其中，文化氛围主要指企业家精神、员工创新意识和企业内部的舆论导向。活动载体主要包括创新典范介绍、宣传媒介和活动平台等文化展现方式。企业构建技术创新文化体系的核心：建立有利于调动科技人员积极性，促进创新活动的思想观念、理想信念、行为准则及价值观体系。

6. 技术创新资源体系

无论是熊彼特的生产要素组合创新论，还是勒梅特的创新资源匹配论以及克里斯藤森的企业创新基于资源与能力论，都表明从技术创新的整个过程来看，技术创新常常是多种类型的创新资源的特定集合共同作用的结果。技术创新的资源体系是技术创新体系建设的物质基础,在技术创新的要素体系中,科技投入总额、研发经费投入强度以及研发经费来源结构、分配结构等,都直接影响技术创新的力度,是技术创新资源体系中的核心资源,正如在本书第12章企业技术创新资源理论中指出的,企业的竞争优势与企业所拥有的独特资源密切相关,因此,构建企业独特的技术创新资源体系,是企业技术创新体系的重要环节。

企业技术创新的资源体系主要包括人力资源、文化资源、组织资源、物质资源和信息资源。构建企业技术创新资源体系的目标:投入有保障、资源配置合理、资源利用有效。

7. 技术创新人才体系

企业创新人才是具有创新精神和创造能力,并能够以自己的创新成果服务于企业的人才。作为企业最重要的创新资源,企业创新型人才体系主要包括:创新型人才选择、人才培养、人才评聘、人才使用等制度和管理体系。

14.2 企业技术创新体系的主要特征

14.2.1 整体性

企业技术创新体系作为企业技术创新相关活动的整合体,必须具有系统性的特征。

企业技术创新体系是由组织系统、规则系统、资源配置系统与决策系统相互作用共同构成的有机整体,其中每一要素的性质或行为都将影响整体的性质和行为,牵一发而动全身,系统的每一要素都起作用,如果系统的某一要素有缺陷,失去了与其他要素恰当地相互作用的能力,不能完成它特定的功能,就会影响整个系统。在进行技术创新体系建设时,不能仅注重某项要素的建设,而忽略其他要素,仅变革一个要素有时会产生始料不及的后果,要把各要素建设看作是一个整体等同对待。

14.2.2 开放性

企业技术创新体系具有开放性特征。按照技术创新体系研究的对象不同,可以分为宏观层面的国家技术创新体系、中观层面的区域技术创新体系和微观层面的企业技术创新体系，其中，企业技术创新体系是国家技术创新体系的子系统，在国家技术创新体系中占有核心地位。企业技术创新体系是一个开放系统。微观层面的各个企业的技术创新体系相互之间也有着密切的联系与影响，相互之间进行着资源的交换与共享，进行着技术创新的广泛合作。

14.2.3 动态调整性

企业技术创新体系还具有动态调整的特性，随着外部环境的变化趋向动态平衡。企业技术创新体系是一种开放系统，不断地与外界进行着物资、能量和信息的交换，从中获取资金、人才和信息等负熵流，从平衡状态到非平衡状态再到新的平衡状态，不断地进行着动态调整。

14.3 案例分析：华为技术创新体系建设 30 年

企业如何构建自己的技术创新体系，华为走过的 30 年，为我国企业做了最好的示范。

14.3.1 华为简介

华为技术有限公司（以下简称华为）成立于 1987 年，是由员工持股的高科技民营企业，是全球领先的信息与通信解决方案供应商。主要从事通信网络技术与产品的研究、开发、生产与销售，专门为电信运营商提供光网络、固定网、移动网和增值业务领域的网络解决方案。华为的产品和解决方案涵盖移动、核心网、网络、光网络、路由器、LAN Switch、电信增值业务和终端等领域。

2018 年，华为业绩稳健增长，实现全球销售收入 7 212 亿元人民币（折合 1 085 亿美元，首次突破 1 000 亿美元），同比增长 19.5%，净利润 593 亿元人民币，同比增长 25.1%。2018 年，华为的研发费用达 1 015 亿元人民币（首次突破 1 000 亿元人民币），投入销售收入占比 14.1%，位列欧盟发布的 2018 年工业研发投资排名第五位。华为 2018 年之前的 10 年投入研发费用总计超过 4 800 亿元人民币。联合国下属的世界知识产权组织（WIPO）公布数据称，2018 年华为向该机构提交了 5 405 份专利申请，在全球的所有企业中排名第一。

2019 福布斯中国创新峰会发布了"2019 中国最具创新力企业榜单"，华为、小米科技、蚂蚁金服等50家创新企业实力上榜，华为名列榜首。

是什么造就了华为今日的辉煌？答案是30年不断构建的企业自主创新体系建设之路。

14.3.2　华为技术创新管理体系

华为发展初期的管理水平远远落后于市场发展，华为想要做大做强，就必须向管理要效益。1995年"华为基本法"的制定开辟了华为管理创新的先河，将华为从人治过渡到法制，为华为的后续发展奠定了坚实的基础。

1. 企业家及企业家精神

企业家精神是华为走向成功的关键，华为的创始人任正非在坚持将创新置于企业家精神的重要位置时，还从技术创新和制度创新方面将企业家精神落到实处。任正非笃信"知识就是生产力"，通过强硬的军人作风，能够将知识最大限度地转化为行动，并且用低调淡泊和批判否定来约束自身、杜绝骄傲自满，保证自己能够一直清醒地看待形势的发展。

2. 技术创新战略管理

（1）全球化大格局：任正非有关中国企业全球化运营方面的一些创新性认知，使其超越了"中学为体、西学为用"的传统思维方式束缚。在看似"独立自主"发展模式的背后，任正非的全球视野使华为构建起"以全球应对全球"的竞争格局。

（2）走向开放式自主创新战略：在华为的发展历程中，模仿、改进创新、合作创新等多种创新模式均被选择过，通过不断的尝试，华为探索出了适合自身发展目标的开放式自主创新战略模式。

（3）居安思危：未来学家托夫勒也曾经指出："生存的第一定律：没有什么比昨天的成功更加危险。"居安思危是华为的企业生存之道。《华为的红旗到底能打多久》《华为的冬天》《下一个倒下的会不会是华为》，读过一本本华为相关书籍的人都了解，任正非是一个居安思危的人。2019年，华为在被美国列入出口管制实体名单的第二天，华为海思总裁何庭波发表公开信：为华为生存而打造的"备胎"——海思芯片，全部转正。当Google在"实体清单"事件的影响下，暂停向华为提供GMS服务时，华为选择了上马备胎计划，也就是华为的鸿蒙系统（HMS）。华为深知："我们不仅要保持开放创新，更要实现科技自立。"这些

"备胎"的转正,充分说明了华为技术创新战略的深谋远虑。

3. 技术创新知识管理

华为主要的知识管理体系包括正式的知识治理机制(如所有权分配、研发投入、信息技术基础、人力资源制度和组织结构)和非正式的知识治理机制(如领导者、企业文化和战略联盟)。华为的知识管理体系通过规范与激励企业内外知识拥有者的知识共享行为、创造知识共享的环境氛围,克服知识拥有者共享知识的担忧,有效地实现了企业内外知识的共享,见表14-5。

表14-5 华为的知识管理体系

知识共享主体		相应知识管理机制
华为内部知识共享	员工之间	企业文化、所有权分配、研发投入、人力资源(轮岗、绩效考核、师徒制培训)和信息技术基础等
	员工与团队(部门)	
	员工与华为	领导者、企业文化、所有权分配、研发投入、人力资源、组织结构和信息技术基础等
华为外部知识共享	共享公共机构知识	领导者、企业文化、研发投入和战略联盟等
	共享同行知识	
	共享客户知识	领导者、企业文化和人力资源(轮岗)等

4. 技术创新知识产权管理

华为把尊重和保护知识产权作为核心竞争力之"根"。

(1)注意保护自己的知识产权。2018年,华为的国际专利申请量为5 405件,创下WIPO历史上由一家公司提交国际专利申请的记录。华为5G专利全球排名第一,占比达到20%。在很多的科技领域,华为都是不可替代的。可以预见,在即将到来的5G时代,凭借在5G技术上的储备,华为的5G手机还将会是最具竞争力的玩家。

(2)尊重他人的知识产权。在知识产权领域,华为注重按照国际规则办事。遵守他国的法律。近年来,华为每年支付近3亿美元的专利许可费以获得业界其他公司专利技术的合法使用权。在3G/4G时代,高通是绝对的霸主,掌握了很多的核心技术专利。2020年,华为支付了高通126亿元人民币的专利费用用于买断一些专利的使用权,表明华为对国际规则的尊重。

随着公司的不断发展和积累,华为也开始采取一些主动进攻的策略——变防御、解释为自己主动建立知识产权体系。此外，华为在具体的执行方面，实施专利质量与数量并重的策略，并通过参与标准的竞争来提升企业专利的质量。华为的知识产权管理，见表 14-6。

表 14-6 华为的知识产权管理

项　目	具 体 内 容
管理制度	电脑操作分级别管理；技术开发领域高度分工；具体规章包括《专利管理办法》《国内专利申请流程》《国外专利申请流程》《专利国外申请指导》《专利分析流程》《专利分析指南》《专利申请加快处理需求管理规定》和《版权与软件管理办法》
激励机制	激励手段有组织权力和经济利益。重要的专利证书列入华为坂田基地数据中心大厅的"专利墙"，培养奋斗精神，小改进，大奖励
知识产权机构和人员	集中管理和分散管理结合：知识产权部与科技开发部相结合，负责全公司的专利管理工作
知识产权信息利用	建立专利数据库：由专人从事专利管理工作，收集管理专利信息及相关的情报，研究专利文献中所涉及的具体技术内容，特别是核心专利的技术细节和发展趋势
知识产权培训与宣传	组织专利知识讲座、学习班和专题报告会：新员工必须接受知识产权方面的培训，积极参加知识产权学术会议

资料来源：江洪，等. 我国企业知识产权管理前沿调查及对策研究[J]. 科技管理研究，2015，35（12）．

14.3.3 华为技术创新激励制度

（1）华为在国内开创性地实行员工持股制度，并且"普惠"认同华为的模范员工，结成公司与员工的利益与命运共同体。通过这项制度，员工与企业的共同利益实现了高度的一致性。

（2）股份和薪酬属于物质激励，除了最直接的物质奖励，华为还有完善的精神激励机制。华为专门设有荣誉部，对员工发放荣誉奖章，报道对公司有贡献的人或事件，为派遣海外的员工举行欢送会等，提升员工的荣誉感、责任感，满足人的尊重需求和自我实现等高层次精神需求，更有利于留住人才。

14.3.4 华为技术创新研发体系

1. 研发项目动力源

华为重视技术与市场双驱动。为避免研发人员只追求技术的新颖、先进而缺乏市场敏感性，规定每年必须有 5% 的研发人员转做市场，同时有一定比例的市场人员转做研发。在瞄准世界顶尖技术建立一流的研发团队的同时，坚持研发具有市场性的世界顶尖技术，坚持"培养工程商人而不是培养科学家"，华为人认为，适应市场而不是单纯地就技术而论技术，鼓励创新而不搞盲目创新，坚持技术推动和市场拉动的双驱动创新动力。

2. 研发目的以满足客户需求为中心

华为对"以客户为中心"的理解，分为两个层面：一是最大程度、最充分地满足客户的眼前需求和现实需求，这是一个成功公司的必要基础；一是创造客户需求，这是一个伟大公司的必然逻辑。

3. 构建科学的研发流程

华为的产品研发流程包含 6 个阶段，分别是概念阶段、计划阶段、开发阶段、验证阶段、发布阶段以及产品生命周期阶段。产品研发项目的各个流程都存在较高的研发失败风险，项目进行过程伴随着诸多风险，给研发项目的正常运行带来不利的影响。因此，华为建立了内部控制系统，主要包含控制环境、风险评估、控制活动、信息与沟通以及监督与评价 5 个要素。

14.3.5　华为技术创新组织体系

为适应通信技术急剧变化的速度，华为建立了一个既可保持相对稳定，又可迅速调整以适应变化的组织结构，如图 14-1 所示。

一旦出现机遇，相应的部门便迅速出击、抓住机遇，而非整个公司行动，有利于建立起一个与国际接轨的组织运作体系，及时发现客户需求，及时进行技术创新。

在企业整体的组织架构下，华为组建了由五大部门构成的技术创新研发组织机构，见表 14-7。

14.3.6　华为技术创新文化体系

华为在长期的发展中，形成了有特色的创新文化。

（1）"狼"文化。代表一种强烈的拼搏精神。首先，华为像"狼"一样有敏锐的嗅觉，可以感知他人看不出来的商机。1999 年，华为觉察到神州行预付费业务将要出现，提前做好技术准备，结果业务一经推出，只有华为一家可做，获得了超过预期的回报。其次，华为有"狼"的反应速度和果断的决策，快速响应客户需求也成为华为最大的优势。2008 年 10 月，华为负责中国电信 CDMA 网络的承建，曾

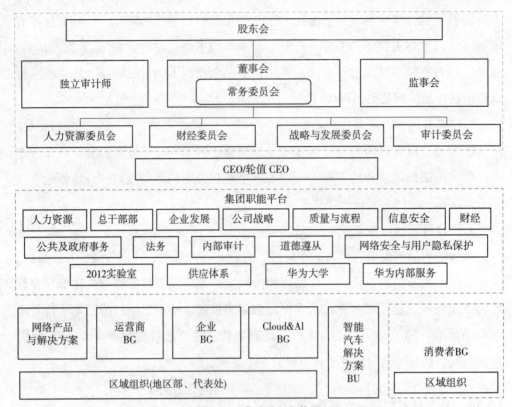

图 14-1 华为组织架构图

资料来源：根据 https://zhuanlan.zhihu.com/p/130399611 的资料整理。

表 14-7 华为研发机构的五大部门及其职能

研发机构	职能
战略规划办	基于对市场的认知负责提供产品研发的总体思路和方向
中央研究部	负责在预定时间内完成产品研发任务
中试部	负责对技术和产品进行预开发
预研部	负责通过测试，优化产品并将新产品定型
监管部	负责客观地对整个研发过程进行监督，评估战略规划办制定的研发战略是否符合市场定位、中央研究部的研发过程是否合理、新产品是否满足客户需求

用 21 天就完成了深圳、佛山等 7 个城市的 4 100 多个基站建设，不断刷新交付纪录，即使与西方先进的设备供应商相比，华为的速度与效率优势也非常明显。最后，华为的"狼团队"文化，狼群捕猎不会单独行动，而是协同作战，尤其是面对比自己强大的猎物时，团队精神让其威力无比。

（2）"人性"文化。在华为走向国际市场的历程中，文化跨度变大，华为的文化渐渐增加了更多的包容性，与国际巨头为友，给自己的文化中增加更多的"人性"和融合性，以适应自己的发展步伐。例如，华为与3COM成立合资企业后，大量地雇用当地人进行客户的营销与维护，使华为快速适应文化差异，打开国外市场。

14.3.7 华为技术创新资源体系

1. 技术创新人力资源

华为现在约17万员工中，45%是研发人员。华为的人力资源主要来自国内外的各大高校。近3年，全球超过700名技术牛人加入华为，其中30%来自欧洲、18%来自美国。华为另外一条途径就是高薪引进专业人才。2015年，华为发给员工的工资、福利等支出，加上分红以及股票升值，共支出近1 377亿元人民币给员工，人均年收入超过80万元，以最直接的物质利益来吸引和留住人才。

2. 创新经费投入资源

华为规定每年必须最低将收入的10%投入到研发中。每年研发经费的投入已经达到150亿~200亿美元。在欧盟发布的2018年企业研发投资排名中，华为研发费用高达1 015亿元人民币，投入约占销售收入7 212亿元人民币的14.1%，位列全球第五位，仅次于三星、谷歌、大众和微软，高于英特尔和苹果。

华为坚持将每年收入的10%以上投入研发，近10年投入研发费用总计超过4 800亿元人民币。

3. 创新能力资源

华为的创新能力资源主要包含：创新投入能力、研发能力、制造能力、营销能力与组织管理能力，见表14-8。

表14-8 华为创新能力资源

创新能力资源	具 体 内 容
创新投入能力	每年投入到研发团队的人才约占公司总人数的45%
研发能力	在我国的发明专利授权量为第一位，在美专利申请数跻身前十
制造能力	聚焦于信息与通信技术（ICT）基础设施平台的构建，以及云数据、网络管道、移动终端相互协同方面，努力从传统制造向智能制造迈进，以自身的实际行动对接中国制造2025
营销能力	华为的国际化发展之路是一个从易到难的过程，走的是"农村包围城市"的道路，先打开我国的农村市场，最后走向世界
组织管理能力	《华为基本法》明确了公司内部组织管理全流程

资料来源：陈秋菊.华为公司国际化发展中的技术创新模式分析[D].长春：吉林大学，2017.

华为的创新体系是一点点发展而来的,到今天已经形成华为特有的创新体系。

14.3.8 案例讨论

(1) 华为创新体系的核心是什么?

(2) 华为在知识产权方面有什么管理创新值得中国企业学习?

(3) 华为是如何进行开放式创新与全球化的?

(4) 华为在技术创新领域有哪些核心能力?

(5) 中国企业如何学习华为构建自己的企业创新体系?

本章思考题

1. 什么是企业技术创新体系的内涵和定义?根据技术创新体系的各类界定,阐释技术创新体系中的各相关主体及其角色、功能及相互关系。

2. 技术创新体系的结构主要包括哪些内容?技术创新各子体系之间的关系是什么?

3. 以华为构建企业技术创新体系为例,组织学员讨论案例中提出的问题。

4. 综合实践题:结合自己所熟悉企业的实践,讨论如何构建企业的技术创新体系?

第3篇 成长篇

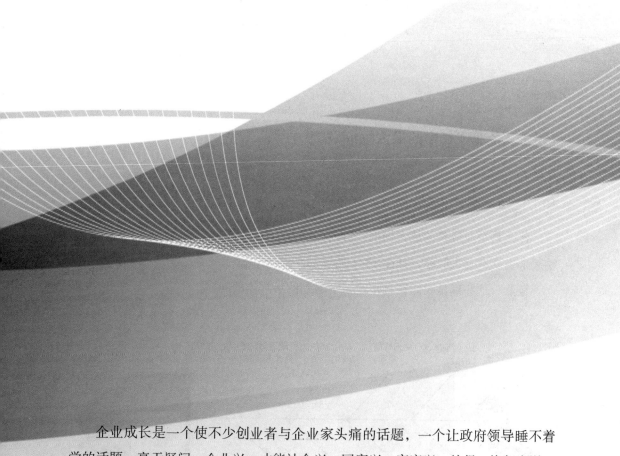

　　企业成长是一个使不少创业者与企业家头痛的话题,一个让政府领导睡不着觉的话题。毫无疑问,企业兴,才能社会兴、国家兴、家庭兴。彼得·德鲁克说:"一个企业只能在企业家的思维空间里成长,一个企业的成长被其经营者所能达到的思维空间所限制!"学习是打开思维空间即企业成长最快速的方式。

第 15 章　企业成长理论与实践

本章的核心内容：
- 企业发展的问题
- 企业成长理论的主要观点
- 影响企业成长的主要因素
- 中国企业成长的轨迹和历史
- 创新与企业可持续发展的关系

15.1　企业成长中的最大烦恼

15.1.1　企业成长中的最大问题

什么是企业成长的最大烦恼？目前已经有 2 700 多名学员回答了这个问题，归纳起来主要有七大问题，如图 15-1 所示。

显然，这些都是我们在日常经营中遇到的最具体的问题。

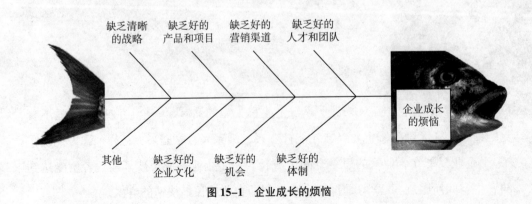

图 15-1　企业成长的烦恼

长期保持领先对任何企业都是一个挑战。在中国，很多企业家的梦想就是做百年老店。然而，国内外一系列调查表明：中外企业家的这个梦想也是很残酷的。

调查 1：对 1912 年世界上最大的跨国公司 100 强的调查，如图 15-2 所示。

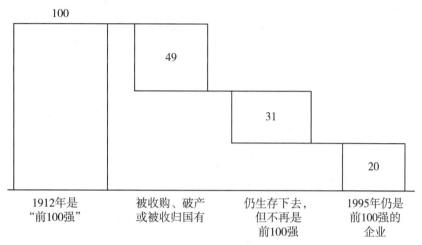

图 15-2　100 家跨国公司的百年老店梦

1912—1995 年，不到 100 年（83 年）的时间里，这 100 家公司中，49 家企业被收购、破产或被收归国有；31 家企业虽然仍然生存，但已经远离 100 强；只有 20 家企业仍然在 100 强以内。为什么这 20 家企业能够继续保持在前 100 强以内，它们共同的"基因"是什么？这些企业普遍的生存之道：富有创造性、愿意进行改革、能因时制宜调整业务组合。最终归结为：具有"创新精神"，并崇尚"知识管理"。

调查 2：荷兰壳牌等对企业寿命的研究。1900 年 25 个美国的顶级企业中，只有两个还有竞争力。跨国公司的平均寿命是 40~50 年。

调查 3：《财富》评选出的全球 500 强企业的寿命。平均寿命不到 50 年，而那些存活下来的幸运者中，至少有 45% 每 10 年会遭遇一次毁灭性的打击。在许多国家，40% 的企业活不过 10 年。10 年是死亡率最高的阶段。

结论：做企业是马拉松，不是百米赛跑。

15.1.2　关于百年老店的调查

在 1996 年世界 500 强企业中，有 203 家企业的寿命超过 100 年，其中 44 家企业超过 150 年、8 家企业超过 200 年。瑞典 Stora 公司是欧洲最大的木浆和纸业生产公司,已经存活 700 多年了。世界 500 强企业中,2017 年进入前 20 的百年老店,见表 15-1。

表 15-1　2017 年进入世界 500 强前 20 名的百年老店名单

500 强排名	企业名称	成立时间
7	荷兰皇家壳牌石油公司	1890 年
10	埃克森美孚公司	1882 年
11	麦克森公司	1833 年
12	英国石油公司	1909 年
17	戴姆勒股份公司	1890 年
18	通用汽车公司	1908 年
19	美国电话电报公司	1877 年

中国的百年老店企业主要集中在传统老字号(如餐饮、中药和酒业等),如全聚德、贵州茅台、同仁堂和东阿阿胶等,见表 15-2。

表 15-2　中国著名的老字号百年老店

企业名称	成立时间	经营范围
贵州茅台	800 年历史,康熙四十三年(1704 年)定名茅台	白酒酿造
六必居	明嘉靖九年(1530 年)	食品生产
张小泉	戊辰年(1663 年)	刀具、陶瓷刀具、美甲工具、日用五金制品和筷子等
陈李济	明万历二十七年(1600 年)	中药
广州同仁堂	清康熙八年(1669 年)	中药
王老吉	清道光年间(1828 年)	凉茶、茶饮料、中华老字号、百年老店和龟苓膏
全聚德	1864 年	北京烤鸭
老凤祥	1848 年	饰品品牌
吴裕泰	1887 年	茶叶
张裕	1892 年	葡萄酒
交通银行	1908 年	金融银行
中国银行	1912 年	金融银行

目前,世界上没有公认的超过 500 年历史的企业,有的也只不过是传承了 500 年前的企业文化罢了。

15.1.3 企业生存课

1. 企业寿命周期调查

工信部在 2010 年 4 月 12 日公布：全国 4 000 万注册中小企业平均寿命只有 2.9 岁。普华永道会计师事务所发布了《2011 年中国企业长期激励调研报告》，据统计，中国中小企业的平均寿命仅 2.5 年，集团企业的平均寿命仅 7~8 年，与欧美企业平均寿命 40 年相比相距甚远。

工信部指出：大部分中小企业员工素质不高、创新能力弱、开拓市场手段欠缺等是造成这一局面的重要原因，突如其来的国际金融危机使得中小企业高度依赖进出口、高度依赖投资的深层次矛盾集中出现。当前，中小企业必须苦练内功，创新管理模式，没有中小企业发展方式的转变，就无法实现我国经济发展方式的转变。

毫无疑问，生存问题仍然是我国中小企业面临的第一大问题。目前，社会上有很多涉及企业生存的课程，最流行的是如下两节课。

2. 企业生存课 1：必须做（坐）得非常高，才能轻松赢得竞争

【课程内容】一只乌鸦坐在树上，整天无所事事。一只小兔子看见乌鸦，就问："我能像你一样整天坐在那里，什么事也不干吗？"乌鸦答道："当然啦，为什么不呢？"于是，兔子便坐在树下，开始休息。突然，一只狐狸出现了，狐狸扑向兔子并把它给吃了。

【课程寓意】要想坐在那里什么也不干，你必须坐（做）得非常高。

【现实重现】中国加入 WTO 的国际专利诉讼第一仗——DVD 专利诉讼。

全球 DVD 制造中心在中国，中国的中心在广东，广东的中心在深圳，深圳的中心在宝安。3C、6C 联盟不生产一台 DVD，但赚取了最大的利润。在这场专利诉讼案中，国际 DVD 专利 3C 联盟（飞利浦、索尼、先锋等）和 6C 联盟（华纳、松下、东芝、日立、三菱、JVC 和 IBM）要求中国 DVD 企业支付专利费每台 16~24 美元。调查表明：中国出口一台 DVD 价格约为 32 美元，生产、材料成本 12~13 美元，专利费 18 美元，中国企业的利润仅为 1~2 美元。这场专利诉讼使中国的 100 多家 DVD 企业倒闭，深圳宝安区一半的 DVD 企业倒闭。

这些 3C 联盟和 6C 联盟的企业，由于手握 DVD 核心专利，尽管它们不生产 DVD，但是却能获取绝大部分的利润。因为它们做（坐）得高，掌握了产业链的制高点——核心专利和技术标准。

【现实重现】通信领域，我国经历了从1G、2G时代一无所有，到3G时代开始跟随、4G时代基本并跑、5G时代领先的发展历程。目前，5G标准立项共有45项，仅中国立项就达21项。在5G领域，根据德国专业机构2020年6月公布的5G专利数排行榜显示，华为拥有3 147件5G标准专利，占据全球所有5G专利份额的15%，以绝对的实力位居全球榜首。在2G、3G、4G时代，我国仅向美国高通公司就缴纳了1.5万亿元人民币的专利费。但是，从2015年开始，华为就不断地对外收取专利费，累计收回多达14亿美元（约为100亿元人民币）专利费用，而且随着5G的发展，还将收回更多的专利费。因为在5G领域，华为也做（坐）得高，掌握了产业链的制高点——核心专利和技术标准。

3. 企业生存课2：要可持续发展而不是昙花一现

【课程内容】一只火鸡和一头公牛在聊天。

"我非常想到那棵树顶上去，"火鸡叹口气道，"但是我没有那份力气。"

"这样啊，那你为什么不吃点我的粪便呢？"公牛答道，"那里面充满了营养。"

火鸡吃了一团牛粪，发现它真的使自己有力气到达树的第一个分叉处。

第二天，在吃了更多的牛粪以后，火鸡到达了树的第二个分叉处。

最终，两星期后，火鸡非常骄傲地站在了树的顶端。但不幸的是，没多久，它就被一个农夫盯上了，并且农夫非常利索地就将火鸡射了下来。

【课程寓意】牛粪（狗屎运）也许能使你抵达巅峰，但不能使你永远待在那儿（话糙理不糙）。

很多企业、产业都辉煌过，但是有的在达到巅峰后就迅速衰败，甚至破产。

【现实重现】20世纪90年代后期，"爱多VCD"红遍大江南北，一度成为中国家电行业最成功的品牌之一，爱多也成为当时民营企业的光辉典范。爱多从无到有、从小到大、从辉煌走向破灭，仅仅用了4年左右的时间。1999年4月17日，爱多股东之一在《羊城晚报》上发表"股东授权声明"，爱多危机正式爆发。随后，爱多商标被拍卖，爱多走向彻底的失败。

爱多的成败很典型地反映了我国中小企业的领导人对企业命运的决定性影响。但这种成功很难延续，原因在于：不重制度重经验、任人唯亲不唯贤和决策机制不科学。

总的来说，爱多赶上了中国最好的发展时代，选择了最具有爆发式增长的产业和消费群体，这是企业和个人的运气，但是这种运气并不能使企业永远待在巅峰。直至今天，对企业来说：可持续发展仍然是最大的难题，昙花一现的案例很多。

15.1.4 中小企业生存仍然是第一大问题

在现代经济中，从世界各国的情况看，中小企业的比重均在 90% 以上，50% 以上的 GDP 是中小企业创造的。美国是世界上最发达的国家之一，其经济核心也是中小企业。约 2 000 万家中小企业是美国经济中最具活力的部分，它们代表了 99% 的雇主、雇用 52% 的工人、雇用 38% 的高技术产业的工人，提供了所有的新工作岗位，创造的就业机会占私营部门的 54%。在我国，中小企业贡献了 50% 以上的税收、创造 60% 以上的 GDP、完成 70% 以上的发明专利、提供 80% 以上的城镇就业岗位，新增就业贡献率为 90%。但是，4 000 多万中小企业的寿命只有 2.9 年（2010 年工信部公布的调查）。美国《财富》杂志报道，美国的中小企业平均寿命大约为 7 年。

毫无疑问，提高创业企业的寿命周期和生存能力，仍然是中国中小企业面临的第一大问题。

15.2 企业成长理论

15.2.1 企业成长理论的主要观点

无论是企业成长的烦恼还是企业生存问题，无疑都对工商管理有关企业成长提出了理论问题。企业成长理论从诞生到今天一直是国内外经济和管理领域学术研究讨论的热点，先后经历了古典经济学、新古典经济学、后凯恩斯主义以及彭罗斯的企业成长论，主要涉及企业行为、企业成长、企业组织及结构以及企业组织管理等多种内涵。总体来说，企业成长理论可以分成企业外生性成长理论和企业内生性成长理论。

1. 企业外生性成长理论

企业外生性成长理论强调企业主要是由外部因素的推动进而导致的成长，尤其强调市场因素对企业成长的影响作用，代表人物有科斯（Coase）、威廉姆森（Williamson）和波特（Poter）等人，代表性理论有新古典经济学的企业成长理论、新制度经济学的企业成长理论和波特的企业竞争优势理论（李军波等人，2017）。

（1）新古典经济学的企业成长理论。新古典经济理论将企业仅仅看作一个生产函数，作为一般均衡理论的一个组件，企业内部的复杂安排均被抽象掉，"代表性企业"排除了实际企业之间的各种差别。企业成长的基本因素均是外生的，企业成长就是企业调整产量达到最优规模的过程（或从非最优规模走向最优规模的过程）。这个过程是在利润最大化目标既定、所有约束条件已知的情况下进行的，是根据最优化规则进行的被动选择，没有企业主动性的余地。

（2）新制度经济学的企业成长理论。科斯（1937）认为，企业进行扩张的重要动机是为了减少市场交易费用，并由此开启了企业成长理论在交易成本论视角下的研究。威廉姆森认为，企业进行扩张的动力就是为了减少市场交易费用，并由此开启了企业成长理论在交易成本论视角下的研究。分析了确定企业边界的原则等问题，他认为企业会通过一体化把原来属于市场交易的某些阶段纳入企业内部进而解决资产专用性带来的机会主义行为，这就造成了企业成长，而这种企业成长就表现为企业纵向边界的扩张。

（3）以竞争优势理论为核心的企业成长理论。波特（1985）等人提出了以竞争优势理论为核心的企业成长论，认为企业获取竞争优势主要有3种基本战略，即成本领先战略、标新立异战略和目标集聚战略。后来波特又创立了价值链理论，认为企业的竞争优势来源于价值链的优化。他对企业成长理论的主要贡献在于提出了产业结构的规范分析方法，认为企业竞争优势在一定程度上取决于企业所在产业的竞争结构，企业应该在综合考虑竞争者、购买者、供应者、替代者和潜在竞争者这5种要素的基础上确定企业的竞争战略，企业竞争战略又会对以上5种基本竞争要素产生一种反作用力，并进一步影响产业结构和竞争规则，从而增进企业的竞争优势，促进企业的成长。

2. 企业内生性成长理论

内生性成长理论的重点包括内生成长理论、古典企业成长理论、资源基础学说的企业成长理论、学习型组织理论的企业成长理论等，主要代表人物有亚当·斯密斯、马歇尔、彭罗斯、钱德勒、威廉姆森和博亚兹等人。

表 15-3 企业内生性成长理论

理 论	代表学者	内 容
基于企业分工与效率理论的企业成长理论	亚当·斯密、马歇尔、科斯等人（1776、1965）	企业成长理论的思想渊源最早可以追溯到亚当·斯密的古典经济学，从市场规模与分工程度研究企业的内生性成长。在一个企业中，人员的分工是提高生产效率的重要因素，而生产效率的提高间接导致企业的成长，因此企业成长的根源是人员劳动的分工。马歇尔（1965）更加强调规模经济在企业成长中的重要作用，并且认为企业成长从本质上讲就是寻求规模最优化的过程。企业的成长能力来源于企业内部职能分工中的知识积累和组织协调
基于企业资源和企业能力的企业成长理论	彭罗斯等人（1959）	在 1959 年首次提出了企业成长理论的概念。20 世纪 80 年代以来，资源基础企业理论的许多学者从企业内部资源的角度讨论企业的内生成长，他们认为，企业的成长是内生的，企业的内部资源、知识和能力决定了企业成长的方向和模式。彭罗斯本人被广泛誉为资源基础论（resource-based view）的奠基人之一
基于企业能力的企业成长理论	博亚兹（1982）、普拉哈拉德与哈默（1990）	美国学者博亚兹率先提出了能力理论，认为个性胜任工作角色或完成任务的绩效是人格特征、知识、技能和能力等因素综合作用的结果，而能力是其中的决定性因素。普拉哈拉德与哈默提出了企业核心能力理论，认为企业成长表现为企业之间不断的模仿和创新性竞争活动，而这些活动围绕的中心是核心知识和能力，因此企业成长是内生性的，即企业内部持续的知识积累过程
基于企业制度变迁理论的内生性成长理论	钱德勒、威廉姆森（1985）	现代工商企业的出现与两项重大的企业制度变迁相联系：①所有权与管理权的分离。②企业内部层级制管理结构的形成和发展。在钱德勒的经典著作《战略与结构：美国工商企业成长的若干篇章》等论著中，从组织制度创新的角度对企业成长进行了阐述。从历史上看，现代企业曾先后采用了 3 种内部管理层级制：①控股公司结构，简称 H 型结构，是现代企业成长中第一次重要的组织制度创新。②以权力集中为特征的功能垂直型结构，简称 U 型结构。③以企业总部和分支公司之间的分权为特征的多部门结构，即 M 结构，又称事业部制，M 型结构被当作对成长的一个反应，特别是对于现代企业多样化经营的一个反应。威廉姆森认为企业制度变迁是随企业经营规模扩张而出现的，而企业制度变迁又是维持和促进企业规模扩张的必要条件
基于学习型组织的企业内生性成长	露西·弗斯和大卫·梅洛尔（1993）	企业获得核心竞争力的关键在于建立健全的内部学习机制，企业内部的学习和发展机制是企业长期进步和发展的基础结构。现代企业是一个学习型的生命体（道森，1993）。组织通过学习就能够了解客户需求并开发出新产品；可以根据竞争对手的情况调整自己的市场策略，通过系统化的制度开发智力资本等，因此通过适应环境自我调整而获得生存与发展是企业组织生命体的基本机制
基于管理者理论的企业成长论	鲍莫尔（1967）、威廉姆森（1975）、马里斯（1964）、钱德勒（1972）等	企业成长的动力由企业管理层对企业成长速度最大化追求所推动，追求管理者阶层自身的效用最大化，企业成长成为企业的目标，在此前提下探讨决定企业成长的因素以及实现稳定增长的条件，主要包括鲍莫尔的销售收益最大化模型、威廉姆森的管理者效用函数模型和马里斯的企业成长模型。企业成长能力的关键在于本身有成长潜力的人为组织者

15.2.2 影响企业成长的主要因素及其评价

自彭罗斯的"企业成长理论"诞生以来,企业成长的内因驱动观点越来越被大家所接受。20世纪60年代,《财富》世界500强企业堪称当时全球竞争力最强的企业,然而发展到80年代,原有的500强已有1/3消失不见,到21世纪初更是所剩无几。

1. 企业成长的综合因素评价

美国管理学会提出了企业成长性评价指标体系,该指标涉及十大因素:经济功能、企业结构、盈利健康程度、股东服务、研究发展、董事会效力、财务政策、生产效率、销售活力和经理人员质量。

近年来,企业成长评价指标体系日趋完善,由最开始的单一指标逐渐演变为多指标综合评价体系,由单纯的财务性指标量化逐渐过渡到包含能够体现企业成长质变的非财务指标的、更为全面的评价体系。越来越多的高科技企业的出现,使得企业的竞争力不仅体现在财务水平的增长,而且受到很多其他方面的影响。

2. 创新成为企业成长评价的核心因素

早在1982年,尼尔森(1982)和温特等人就发现企业的成长和企业的创新能力有着密切的关系,并且尼尔森更进一步强调了研发经验的大量积累和强大的知识基础可以提高研发效率。赛菲斯(2006)和马西尼用荷兰制造业企业的数据研究了创新与企业存活之间的关系,指出创新溢价对企业在所属行业的生存是有益处的,过程创新似乎对企业的存活有着更加独特的影响。卡西亚(2008)和科隆贝尼的研究表明,大学知识的输入和输出是英国创业型企业成长的重要决定因素。科德(2008)等人的研究表明,相对于一般企业,创新的作用对于那些"高速成长"型的企业来说更加重要。影响企业成长的创新因素,见表15-4。

表15-4 影响企业成长的创新因素

影 响 因 素	作 用 机 理
学习能力对企业成长具有潜在的影响	研发能力和技术提升能力的不同将企业的成长模式分成3种:收敛型成长模式、持续增长型成长模式和衰退型成长模式
企业创新能力和企业成长之间存在正相关性	企业创新能力和企业成长之间的正向关联高度依赖于企业自身的一些特征,包括专利申请、创新的持久性,以及企业是否引入产品或流程创新,这些因素不仅会随着时间发生动态变化,还会相互制约

续表

影响因素	作用机理
国际知识的获取对企业成长有积极的影响	影响力度随着企业年限的增加逐渐减少,即企业成长与企业寿命也存在一定的关系。将技术知识与市场知识结合起来有助于科技型企业的国际化经营。企业通过进口和出口业务可以推进企业获取新的技术和市场知识,进而对企业成长有着显著的影响,并且在同一国家同时进行进口和出口业务的模式对企业成长的促进作用最大
企业不同的知识架构类型和战略之间的交互作用对科技型小企业成长状况具有影响	不同的知识架构会促使企业形成不同的战略选择,而战略管理又会促进知识的重新配置,彼此间在相互影响、相互依存下形成不同的成长路径
研发投入对企业成长的影响	与企业的"年龄"有关,相比于老企业,新企业中研发投入对其成长性的影响具有更大的不确定性。研发投入等指标均与企业的营业收入有正相关的关系,这验证了技术创新能力对企业成长的促进作用。研发支出对企业成长具有正向的积极作用
企业产品创新主要是由内部因素影响作用,而过程创新主要是由外部知识资源来形成和影响	产品创新可以推进企业的市场扩张及国际化,过程创新则对企业成长有显著的正向影响力。企业的创新能力对提高企业自身的竞争力,促进企业成长有着显著的促进作用

15.2.3 关注企业的高速成长

1. 高速成长成为优秀企业的常态

近年来,企业高速成长现象成为热点问题。2019年《财富》100家增长最快的企业排行榜出炉,增长最快的企业能够反映全球经济发展的趋势,榜单评选主要考虑财务因素,分别为每股收益增长率、营收增长率和三年年化股票回报。来自中国的陌陌成为全球增长最快的企业,该企业于2011年8月推出的一款基于地理位置的开放式移动视频社交应用,用户可以通过视频、文字、语音和图片来展示自己,建立真实、有效和健康的社交关系。每股收益增长193%,营收每年增长141%,成为增速最快的中国企业,更是全世界增长最快的企业。排名第三的高技术企业——美光科技有限公司是高级半导体解决方案的全球领先供应商之一,通过全球化的运营,美光制造并向市场推出DRAM、NAND闪存、CMOS图像传感器,用于前沿计算、消费品、网络和移动便携产品。过去的3年,美光的每股收益每年增长173%、年化股票回报率为41%。第4名Corcept公司是一家为严重的代谢性和精神疾病的人从事研究,开发和商业化药物治疗的制药企业。Corcept公司首次入选《财富》市值增长最快的企业榜单,过去3年每年营收增长74%,股票回报率每年为27%。第5名Netflix公司成立于1997年,是一家在线影片租赁提供商,主要提供Netflix超大数量的DVD并免费递送,用户可以通过PC、TV及

iPad、iPhone 收看电影、电视节目,过去 3 年它每年营收增长 33%,年化每股收益增长率高达 129%,股票回报率高达 59%。在前 5 名中,除了第 2 名是传统行业,其他均为高技术与互联网公司。

同样,在中国国内,高速成长已经成为优秀企业的常态。2011—2015 年,腾讯公司营业收入增长了 360%(年均增长 38%)、营业利润增长了 318%(年均增长 34%);阿里巴巴公司营业收入增长了 505%(年均增长 50%)、营业利润增长了 568%(年均增长 54%);华为公司营业收入增长了 194%(年均增长 18%)、营业利润增长了 244%(年均增长 25%)。

2. 高速成长企业的定义与测度

高成长企业为企业成长理论的研究提供了一个全新的视角,高成长企业的成长特征及企业具有高成长性的原因更是学术研究关注的焦点。

高成长企业是指在几年之内或者平均每年的成长速度比较快的企业。测度高成长企业的财务指标有销售额和销售利润的增长、雇员数量的增加以及生产率的增加。伯奇(1994)提出将高成长企业定义为销售额在一定期间内每年至少增长 20% 的企业。森德洛维茨等人将 4 年内企业增长率为 100%、累计销售收入或总利润大于 0 的企业认定为高成长企业。阿哈麦德等人认为在三年考察期内员工增长率超过 20% 的为高成长企业。

目前,最广泛使用的测量方法是"伯奇指数"(又称 Brich 指数),这是一种同时考虑相对增长和绝对增长的综合指数测度方法,最早用在衡量企业员工数量的增长方面。该指数减小了企业初始规模大小对企业成长性评价结果造成的影响,伯奇指数可表示为

$$(E_t - E_{t-k})\left(\frac{E_t}{E_{t-k}}\right) \qquad 式(15-1)$$

其中,E_t 代表第 t 年企业的员工数量,该指数通过对绝对增长和相对增长进行加权而得来,旨在中和、缓冲由于观测期内企业基期员工数量上的巨大差距带来的评判偏倚。

杨武、田雪姣(2018)提出了"企业成长加速度"的概念,用加速度的大小来衡量企业高速成长的情况。企业成长加速度是企业成长速度变化量与企业发生这一变化所用时间的比值,是企业成长速度变化趋势及企业发展潜力的量化结果。用公式表示为

$$A = \frac{V_j - V_i}{t} \qquad 式（15-2）$$

其中，$V_j - V_i$ 表示第 j 年和第 i 年的企业成长速度之差，t 表示时间，为 j 年和 i 年的时间之差。

企业成长加速度是描述在一定时间内成长速度变化的量，可以反映出一段时间内企业成长速度的变化趋势，是企业成长状态的动态反应。

3. 高速成长企业的成因

学者归纳出使企业具有高成长性的 5 个相关因素：人力资本因素、人力资源管理因素、战略管理因素、创新能力因素以及组织能力因素，这 5 项因素单独或者以不同的形式相互结合对企业的高成长性产生影响。德勤通过汇总分析首席执行官问卷的反馈并配合实地访谈，得出了《2016 德勤深圳高科技高成长 20 强调查报告》，并将入围企业的关键成功要素归结为：把握行业先机、战略高瞻远瞩、创新永不停步、完善数据分析以及合理借力资本。

在杨武、田雪姣（2018）构建的企业加速成长测度指标体系模型中，有 4 个维度影响企业的加速成长。

（1）时间特征维度。从彭罗斯的"企业成长 = 时间 × 成长率"这一函数关系范式来看，企业的成长本身就是一个具有时间维度概念的话题，用两个时间点间企业成长的变化来衡量企业的成长速度是一个比较重要的评价标准。在此基础上提出了企业成长"加速度"的概念，加速度是衡量成长速度相对于时间变化快慢的评价指标，毫无疑问更能体现出"时间维度"的内涵。

（2）企业规模维度。关于企业规模和企业成长的关系，绝大多数文献都将企业规模视为企业成长的重要指标和关键维度。"世界五百强""中国五百强"等企业的评定标准也都是按照企业"营业收入"这一能反映企业规模大小的指标进行评定。著名的"Gibrat 法则"也认为企业规模与企业成长密切相关，且企业成长和规模是成比例的。由此可见，企业规模维度在企业成长过程中扮演着非常重要的角色，因此是衡量企业成长的关键指标，在企业加速成长的内涵中应予以重点考虑。

（3）企业质量维度。诚然，企业加速成长的规模维度对企业加速成长的内涵具有非常重要的意义，但是如果过分关注企业的规模成长，将规模的扩张问题等同于企业的成长问题，那么将会很容易在现实中误导企业进行非理性的扩张行为。企业成长需要量变与质变的相适应，在企业规模扩张的同时，应该实现规模与内部结构的相互配合和适应，注重企业营运能力、盈利能力和偿债能力等各方面的提高。因此，在本书所提企业加速成长的内涵中，除企业规模这一维度外，还应考虑企业内在质量提升这一重要维度。

（4）企业创新能力维度。由前述关于企业竞争优势理论的演化和制造业企业核心竞争优势的获取可知，企业的知识积累及创新能力逐渐被认为是企业获取竞争优势的重要来源。尤其是在当今知识经济和信息时代的背景下，企业想要永葆基业长青，必须不断地进行持续创新，以适应外部环境的不断变化。因此，本书认为企业的创新能力可以视为企业未来成长的潜力，是企业得以超越竞争对手而实现快速发展的重要力量，故在企业加速成长的内涵中，除规模、质量之外，企业创新能力这一维度应当予以重点考虑。

由上述分析可知，企业加速成长本质上可以用一个与时间有关的四维函数来表示，即

企业加速成长 $A=f$（企业规模，企业质量，企业创新能力，t）　　式（15-3）

为了更直观地表达企业加速成长的过程，先将时间这一维度剔除，则企业加速成长应当包括企业规模、企业质量以及企业创新能力这 3 个构成要素的协同发展（简称"企业加速成长 SQI 模型"），企业加速成长则是这 3 个维度构成要素相对于时间的变化趋势，其中企业创新能力是企业得以持续成长的重要力量，反映的是企业加速成长的潜在能力，如图 15-3 所示。

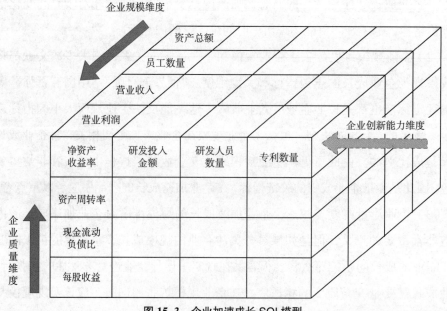

图 15-3　企业加速成长 SQI 模型

15.3 中国企业成长40年历程

企业成长的烦恼和生存课,以及企业成长理论再次给企业家提出一个值得深思的问题,什么是好企业的本质?要回答这个问题,必须从企业发展历史的实践和理论上去阐明。

15.3.1 中国企业成长演变的三个阶段

长江商学院的教授曾经总结了从改革开放开始,中国企业发展的3个阶段的关键要素,如图15-4所示。

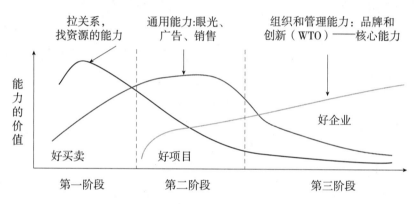

图15-4 中国企业成长演变(来自长江商学院讲义)

第一阶段:20世纪80年代的寻租

改革开放政策的实施,打开了中国市场经济的大门。当时物资极度短缺,处于短缺经济状态,因此企业要发挥拉关系、找资源的能力,寻求"好买卖"。

第二阶段:20世纪90年代的一招鲜

由于20世纪90年代我国逐步开始建立社会主义市场经济,物质供给开始发生变化,企业的产品不再极度短缺,甚至供大于求。因此,企业的发展不再取决于寻租、拉关系、找资源,而是要靠市场竞争、靠营销竞争,寻求适应市场需求的"好项目"成为企业发展的重要因素。

第三阶段:21世纪的全面竞争

进入21世纪,特别是中国加入WTO以后,中国的企业不仅面临国内市场的竞争,而且面临国际市场的竞争。因此,寻求做"好企业"成为中国企业的目标。

15.3.2 生命周期理论下的企业创新驱动

1. 企业生命周期

美国著名学者伊查克·爱迪思是美国最有影响力的管理学家之一,企业生命周期理论创立者,组织变革和组织治疗专家。企业生命周期理论告诉我们:企业的发展与成长是一条动态的轨迹,包括发展、成长、成熟、衰退几个阶段。企业生命周期理论的研究目的就在于试图为处于不同生命周期阶段的企业找到能够与其特点相适应并能不断促其发展延续的特定组织结构形式,使得企业可以从内部管理方面找到一个相对较优的模式来保持企业的发展能力,在每个生命周期阶段内充分发挥特色优势,进而延长企业的生命周期,帮助企业实现自身的可持续发展,如图 15-5 所示。

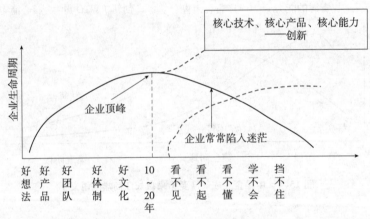

图 15-5 企业在生命周期中的变化

2. 创新驱动企业可持续发展

实践中,许多企业经过探索和发展,在 10 年内解决了企业发展所需要的好想法、好产品、好团队和好体制和好文化,使企业的发展达到一个顶峰。然而,在达到这个顶峰后,企业常常陷入迷茫。好企业看到在企业发展到顶峰的时候最需要解决的是企业的核心技术、核心产品、核心能力,创新是解决之道。很多企业看不见、看不起、看不懂、学不会、挡不住这种创新的浪潮,使企业走向衰亡。

【案例分析】计算机行业创新的生命周期

计算机是新技术革命的一支主力,也是推动社会向现代化迈进的活跃因素。

自 20 世纪 60 年代以来,计算机产业经历了大型计算机、微型计算机、个人机(PCs)和后 PC 机 4 个时代,如图 15-6 所示。

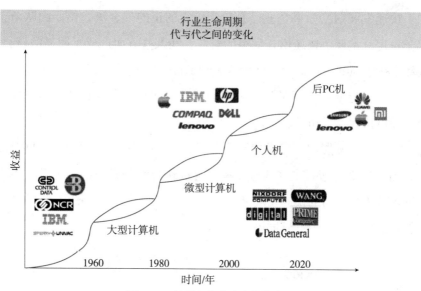

图 15-6 计算机行业生命周期变化

计算机这种跨代的变化，是由计算机产业不断创新引起的。包括：以苹果为代表的破坏性创新，以 VisiCalc 为代表的应用性创新、以 IBM 为代表的产品创新、以康柏为代表的程序创新、以戴尔为代表的体验创新、以 Voodoo 为代表的市场创新、以索尼为代表的商业模式创新、以苹果为代表的结构创新以及以谷歌为代表的网络化创新（见表 15-5）。创新给计算机产业运营模式带来了巨大的变化，从封闭系统（1977—1984）、开放系统（1984—1994）、全球采购与零售分销（1994—2001）、定制生产与直接合作（2001—2003）、TIME 管理（2003—2008）到网络化时代（2008—2020）。

表 15-5　PC 创新生命周期

年份	1977	1979	1981	1982	1984	1991	1996	1998—2007	2008—2020
创新方式	破坏性创新	应用性创新	产品创新	程序创新	体验创新	市场创新	商业模式创新	结构创新	网络化创新
代表企业	苹果	VisiCalc	IBM	康柏	戴尔	Voodoo	索尼	苹果	谷歌

3. 企业成长的阶段性

（1）初创期：企业开始筹备，即可认为企业进入了初创期。

（2）学习调整期：如果企业已有较为稳定的正的现金流，但企业组织或经营还不适应市场要求，甚至还缺少主导业务，即可认为企业到了学习调整期。

（3）快速发展期：如果企业已有较为稳定的正的现金流，核心团队与企业体制也趋于稳定，掌握了快速增长需要的资源，在某些方面形成了明显的核心能力，且发现和掌握了新的市场机会，即可认为到了快速发展期。

（4）相对稳定期：经历了一段时间的超常规增长，企业近期难以找到新的市场机会，即可认为到了相对稳定期。

（5）新的快速发展期：经过相对稳定期之后，如果企业又找到了新的增长点、创新切入口，培育了新增主导业务，有了再次快速增长必要的能力及资本积累和机会，即可认为到了新的快速发展期。

在企业的成长过程中，不同阶段的影响因素也不同（见图15-7）。

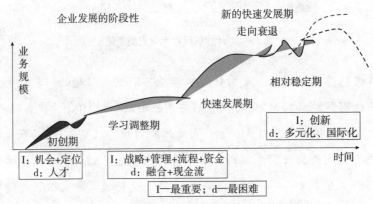

图15-7　不同成长时期企业发展的重要因素

15.3.3　没有创新的中国企业靠什么赚钱

没有创新的中国企业靠什么赚钱？有学者总结成功的中国企业有两大类：①"机会经营者"，以机会为导向，什么赚钱做什么，跳跃式发展。②"产品经营者"，起点是一个明确的产品和行业，得益于市场需求的爆炸式发展，企业较为专业化。

1. 机会经营者的赚钱之道

有学者将我国从计划经济向市场经济转轨中的"发财"分为4个轮次：发政策财，天上掉馅饼；发关系财，幕后抱馅饼；发技术财，自己造馅饼；发管理财，小饼变大饼。

中国企业未来该怎么做？我们的判断：发创新财，创造新大饼。

2. 产品和产业的赚钱之道

有学者将过去中国企业通过产品和产业经营大致分为4个发展阶段：得产品者

得天下——以技术取胜；得渠道者得天下——以营销取胜；得服务者得天下——以支持取胜；得客户者得天下——以满意取胜。

中国企业未来该怎么做？我们的判断：得品牌者得天下——以品牌取胜；得创新者得天下——以创新取胜。

3. 没有创新的中国企业的赚钱之道

（1）廉价的资源优势。尽管我国矿产资源品种多、总量大，已探明的矿产资源总量约占世界的12%，仅次于美国和俄罗斯，居世界第三位。但人均占有量仅为世界平均水平的58%，居世界第53位。过去我们常说："中东有石油，中国有稀土。"2010年7月，美国能源政策分析家马克·亨弗里斯向美国国会提交的稀土元素全球供应链报告披露，2009年，中国的稀土储量为3 600万t，占全球总量的36%，美国、俄罗斯、澳大利亚的稀土储量分别占全球总量的13%、19%和5.5%，但中国稀土产量占世界总产量的97%，其他三国的产量都为零。按这种生产速度，我国的稀土储备仅能维持15~20年，之后有可能需要进口。

（2）垄断的行业资源。在中国，最赚钱的行业少不了银行、保险、电信和石油等具有垄断性质的行业。2019年世界500强中，中国大陆（含香港）的企业数量达到124家，历史上第一次超过美国（121家）。进入榜单的中国金融类企业共有10家，其利润占全部上榜中国大陆企业利润总额的44%。在2019年世界500强盈利排名中，前10名中的3家中国大陆企业全部是金融类企业；前50名中，共有10家中国大陆企业，其中有7家是金融类企业。

（3）廉价的劳动力资源。曾经，廉价的劳动力资源是中国最大的竞争优势之一。2007年，世界银行报告中显示，中国大陆的年均收入为6 120元，不到世界平均值的15%，排在第158位。但是，2008—2012年，我国劳动力收入增速均超过劳动生产率增速。2013—2020年，我国劳动力收入年均增速在12%以上。国际劳工组织的数据显示，我国制造业的人工成本从2000年的0.71美元/h增至2013年的3.98美元/h，增长约4.6倍，年均增速为15.4%。2016年牛津经济研究院发布的一份研究报告分别将美国2003年、2012年和2016年的劳动力成本设定为基准值，发现2003年中国的劳动力成本仅为美国的40%左右，但2012年就已经接近美国的成本。

（4）传统（老字号）产品资源。在中国经济中，传统产业凭借悠久的历史文化和品牌，获得了大量的忠诚客户，特别是传统的食品、酿酒、中医产业，这些产业中的部分企业获得了丰厚的收益,甚至成为百年老店。但是,没有现代产业,特别是高科技产业的崛起,没有更多的制造和高技术进入百年老店,就没有中国经济的真正崛起。

1990年,迈克尔·波特在《国家的竞争优势》中提出了经济发展的4个阶段,要素驱动(factor-driven)、投资驱动(investment-driven)、创新驱动(innovation-driven)和财富驱动(wealth-driven)。进入21世纪,我国将从投资驱动阶段向创新驱动阶段转型,没有创新的中国企业是不可能实现可持续发展的。

15.3.4 什么是"好企业"

改革开放40年来,我国企业在寻求"好买卖""好项目"到"好企业"的目标转化中,不断地提出"什么是好企业""好企业的本质是什么"等评价标准问题。本教程从好企业的特征和标准两个方面诠释了什么是"好企业"。

1. 好企业的特征

有管理者认为,企业利润最大化是好企业最重要的标准之一。但这只是必要条件,不是充分条件。零售巨头沃尔玛多次被评为世界500强之首,但该企业曾遭到美国全国劳工委员会等机构的痛斥,指责其把巨额利润建立在对劳工压榨的基础上。因此,利润不是好企业的全部特征。工商管理理论视角下好企业的特征,见表15-6。

表15-6 工商管理理论视角下好企业的特征

工商管理理论	好企业的特征
管理学	企业是一类组织,好组织必须具有共同的目标和愿景
经济学	企业是一个创造利润的机器,最大化地实现企业利润毫无疑问是好企业的标志
法学	企业是由一组契约关系组成的,不守法的企业不是一个好企业
商学	企业是一种商业模式,优秀的商业模式是目前企业寻求的发展方向
人力资源管理	企业是人的集合,一个不以人为本的企业,是不可能成为好企业的
社会学	具有社会责任将是好企业不可或缺的要素
创新经济学	企业是创新的主体,当代企业竞争的核心是创新能力的竞争

2. 好企业的标准

什么是好企业?好企业一定是优秀的企业,甚至是一流的企业。不同的学者给出了不同的评价标准,见表15-7。

表 15-7　好企业的评价标准

学者或机构	评价标准
德鲁克	提出了"优秀企业的五大标准"： （1）有效产出是衡量优秀企业的底线标准 （2）管理者的时间在哪里，企业的战略就在哪里 （3）不要把人当成成本，要当成投资 （4）重要的事情先做，一次只做一件事 （5）优秀的企业只做重大决策，平庸的企业天天都在决策
未来500强组织	1995年，由美国加州大学环境管理科学部顾问、美国三菱公司原总裁木内多知和美国新经济学家比尔·沙伊尔曼创建。未来500强组织打破了过去工业经济的评价标准，不再固守收入规模这一经济指标，该体系以自我诊断的方法，将企业的经济、社会、环境三重职责作为评价基准
巴菲特	认为好企业应该具备四大特点： （1）具有良好的发展前景 （2）主营业务突出，商业模式简单、清晰 （3）产品具有核心竞争力和领先的市场优势 （4）拥有好的管理团队和企业文化
美国《商业词典》	在领导力、战略规划、客户与市场等关键指标上成为其他企业的标准和标杆
美国《财富》杂志	主要从企业的创新能力、产品服务质量、管理水平、社区与环境责任、吸引与留住人才、经营运作等方面进行评价
国有资产管理委员会	培育世界一流企业的观点：形成一批在国际资源配置中能够占据主导地位的领军企业，培育一批引领全球行业技术发展的领军企业，培育一批在全球产业发展中具有话语权和影响力的领军企业，从而培育具有全球竞争力的世界一流企业

15.4 基于资源观的企业成长

15.4.1 资源的价值性

从资源的角度出发研究企业成长的代表人物有彭罗斯、巴尼、沃纳菲尔特、科利斯和蒙哥马利等学者，此类研究强调企业内的特定资源对企业成长的关键影响。

基于资源观的企业成长理论起源于彭罗斯（1959），该理论认为，所拥有的战略资源是引起企业异质性的关键要素。由于资源具有私有性特征，难以实现完全的流动，因此，企业所占有的资源能为企业带来持久的异质性。彭罗斯建立了一个企业资源—企业能力—企业成长的分析框架，指出企业拥有的资源状况是决定企业能力的基础，企业能力决定了企业成长的速度、方式和界限，此外还强调了创新性对企业成长的重要性。彭罗斯着重从企业内部资源的角度分析企业成长的原动力，将企业的内部资源分为管理资源与创新资源，认为管理资源是企业成长的源泉，创新资源是维持企业成长的持续动力。资源学派打破了经济利润来自垄断的传统经济学思想，认为企业资源与能力的价值性和稀缺性是其经济利润的来源。所谓价值性，意指企业资源与能力能帮助企业开发新的机会和抵御威胁，给企业带来价值的增值。

【案例分析】企业有价值的资源是企业获得市场利润的关键

1. Sony 公司在设计、制造和销售微型化电子技术上具有大量的经验，利用这些经验，Sony 公司开发了许多市场机会，包括便携式录音机、唱片机和微型摄像机等。

2. 3M 公司运用它在感光底层和粘贴胶上的技能与经验以及奖励创新的文化，开发了在办公用品方面无数的市场机会。

3. 摩托罗拉公司在模拟传输技术上的能力就没能使之及时抓住数字时代的机遇，把在移动通信设备制造的领导地位让给了诺基亚，最终退出了移动通信设备制造领域。

15.4.2 资源的稀缺性

只有资源和能力是稀缺资源时，拥有这种资源与能力的企业才能因此获得竞争优势和赢得经济利润。

沃纳菲尔特（1984）和巴尼（1991）都提出企业资源优势对于企业成长的决定性作用。沃纳菲尔特在1984年出版的《企业资源基础论》中指出，是企业拥有资源的数量、质量和使用效率，而不是企业所处的外部环境，决定着企业的竞争优势。相比于环境，企业内部资源能力、知识、技术等特色资源是影响企业优势建立和保持的重要因素。同时，巴尼也认为企业内部条件对于企业获取市场竞争优势具有决定性作用。因此，建立强劲的资源优势比具备强大的市场优势更胜一筹。资源是"企业拥有的、能用于提高有效性的所有组织能力、资产、知识、企业属性等方面"。此外，他还认为稀缺、有价值、不易被完全复制、难以被替代和获取成本较低是成为优势资源所必须具备的5个条件。沃纳菲尔特和巴尼都强调内部资源优势对于企业成长的决定作用，同样忽略了外部环境的影响。

科利斯和蒙哥马利（1995）的资源观则更多地体现了资源的竞争性。他们提出，具有竞争优势的资源对企业成长有关键性的作用。有竞争价值表现为稀有性、专用性、需求性的企业资源与市场力量的动态相互作用决定某一资源或能力的价值。科利斯和蒙哥马利关于企业成长的观点体现了资源与市场环境的相互动态作用，是资源理论研究上的一大进步。

【案例分析】苹果公司超一流的工业设计能力是其独有的、难以模仿的核心能力，使其具有区别于竞争对手的竞争优势。这种能力能够提升人们的生活质量，同时给企业和经济的发展带来深远的影响。自创始人乔布斯回归后，苹果公司陆续推出了一系列广受消费者欢迎的明星产品，在市场上持续热销，最关键的因素就是其一流的产品设计能力。苹果公司的产品开发不是以技术为导向，而是以产品设计理念和消费者使用体验为导向，注重将科技、艺术和美学有机地结合起来。

2010—2020年，苹果公司的股价上涨了37.77倍，市值高达1.93万亿美元，雄冠全球，远远高于市值第二位的微软公司（1.58万亿美元）。

15.5 创新与企业可持续发展

15.5.1 从企业战略走向创新战略

可持续发展与创新是企业永恒的主题。如果说创新是中国企业目前流行的主题，那么可持续发展将是中国企业永恒的主题，走向创新战略是企业未来的方向。

1. 1970—1980年：行业定位学派

在这一阶段，企业战略注重行业选择和定位，要考虑四大因素。

（1）市场竞争。

（2）产品生命周期。

（3）产业的进入和转移。

（4）扩大市场份额带来的好处。

2. 1980—1990年：建立在资源基础上的学派

在这一阶段，企业的资源和能力成为企业战略选择的关键因素。

（1）注重能力识别。

（2）研发和杠杆作用。

（3）企业内在因素的驱动定位。

3. 1990年到现在：企业家学派

（1）注重动态竞争和创新。

（2）价值创新。

（3）商业模式创新。

（4）改变游戏规则的创新。

4. 公司战略创新：战略学派

20世纪60~90年代，企业所面对的市场竞争程度的不断加剧和层次的不断提高对企业战略管理提出了更高的要求，公司战略创新学派不断地向前发展。90年代后的战略创新，更加重视企业核心能力的培育，因为核心能力是竞争优势的"根"。战略学派的创新与发展，见表15-8。

表15-8 战略学派的创新与发展

观点	代表人物	时代	焦点问题	贡献	创新点
企业战略概念起源	安索夫和安德鲁斯	20世纪六七十年代	普通管理者的角色、战略的内涵与界定	企业与竞争战略的最初陈述	企业远景规划与分析的战略框架结构
组织结构变迁	钱德勒、威格利、波尔和宛斯尔	20世纪70年代	组织结构追随战略	M型组织、多事业部组织	企业组织结构服从于战略
多角化经营	罗曼尔、特蒙哥和马利	20世纪70年代	企业成长模式与经营方式	把一系列业务视为战略变量，强调协同效应	多角化（多种品种、多种经营）是企业成长的一种模式
业务组合计划	波士顿咨询公司、GE公司和海派斯拉夫	20世纪70年代	经营业务与资源分配	资产/业务组合管理，成长/市场份额矩阵，吸引力/竞争力矩阵	提供了企业业务单元与市场竞争优劣势分析的系列工具
基于价值	杰森、科普兰德、斯迈林西和罗曼尔特	20世纪80年代	企业战略目标制定和战略决策选择的判断标准	现金流量折现值、价值最大化	强调企业价值增值战略
通用的企业战略	波特、顾尔德、坎贝尔和麦肯锡企业	20世纪80年代	企业优势的来源	产业组织与竞争战略理论的创新与兼容	将产业结构理论、价值链等与企业竞争战略理论相结合
基于资源的观点	沃纳维尔特、普拉霍莱德、哈默和巴尼	20世纪八九十年代	企业特质与成长	企业资源、创新与核心能力	创新产生的核心能力是竞争优势的根

15.5.2 从生产制胜走向创新制胜

企业成长的过程，也是企业成长理论不断发展的过程。根据美国学者库佩和普莱特（1994）的分析，自20世纪初以来，企业发展的模式经历了由生产型企业、营销型企业、效率型企业、质量型企业、灵活型企业、创新型企业6个发展模式的演进，如图15-8所示。

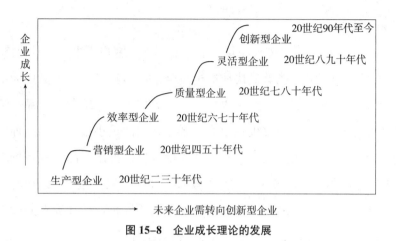

图 15-8　企业成长理论的发展

1. 生产型企业

20 世纪初，世界最显著的经济特征是"短缺"，物质生活资料极度匮乏，大量地生产出人们急需的产品，是企业成功的最关键因素。因此，快速生产的企业往往能够获得成功。

2. 营销型企业

随着二战的结束，生产力得到了快速发展。短缺经济现象得到了极大的缓解，很多产品开始甚至出现滞销。如何打开销路和市场，成为企业成功的主要因素，营销型企业应运而生。

3. 效率型企业

这是 20 世纪六七十年代企业发展的主流模式。由于当时所处的卖方市场环境，企业不需要过多地注重产品创新，只要把现有产品生产得更多更便宜，就不愁销路和源源不断的利润。因此，效率型企业的主要目标就是追求生产效率的提高，以生产出更多、更便宜的产品。效率型企业是内向的，坚持自动化、标准化作为主要控制手段。产品价格是效率型企业唯一的市场因素。

4. 质量型企业

进入 20 世纪 70 年代，随着全球贸易壁垒的逐渐打破和产品的逐渐丰富，卖方市场逐渐向买方市场转变。企业发现单纯依靠价格已无法继续扩大市场份额，而且由于过分强调低成本，往往导致产品质量低下，从而影响市场份额。此时美国和日本的企业开始提出全面质量管理的理论，企业开始逐渐由效率型企业转向质量型企业，质量型企业成为 20 世纪 70 年代最成功的企业管理模式。

5. 灵活型企业

随着市场竞争的日益激烈，市场产品日益丰富，客户不再只注重价格和质量，而是更追求时尚和新潮，能够最快地推出符合市场最新潮流的产品成为市场成功的主要因素。质量型企业一味地追求标准化、大规模、全球化的产品，结果是由于产品缺少独特性和个性而丧失竞争力。企业开始注重小批量、多品种以满足不同的需求，并且努力缩短产品开发和生产周期以尽快推出产品占领市场。灵活型企业是21世纪八九十年代最成功的企业模式。在灵活型企业中，最核心的要素是速度，最快地开发出新产品并最先进入市场。灵活性企业往往通过并行工程、项目管理、辅助制造和辅助设计、部件标准化等来缩短开发时间。

6. 创新型企业

（1）创新型企业的含义。国外学者从多个角度对创新型企业进行了界定。管理大师彼得·德鲁克（1987）认为，创新型组织可以使创新精神形成规范的制度，从而形成创新的习惯，以一个组织的形式来开展创新。白腾（2004）认为，创新型企业是指其成员系统地组成紧密联系的整体，通过将创新作为日常工作的一部分来不断地更新、完善整个组织。

迈克尔·贝斯特（2001）提出，创新型企业以追求独特能力为目标，而常规企业只关注产品的差异化。创新型企业的"技术—市场"动态过程导致了创新型企业的产生。

玖·笛德（2004）认为，创新型企业能够利用创新差别化产品和服务、改进业务流程，并且在成长率、获利能力等上都远超竞争对手。

布鲁斯·努斯鲍姆（2006）提出，拥有新的衡量标准与设计思维，设计出满足消费者需求或具有超前意识的产品，具备独具特色的创新基因（DNA），并可以建立起不断发展的企业文化的企业才是创新型企业。

卡拉古祖洛和布朗则认为那些实施产品创新并承担风险的企业是创新型企业。曼彻斯特商学院关于创新型企业的定义则是综合了创新型企业特征、创新行为、市场应对以及企业发展等方面的内容。

（2）创新型企业的特征。弗里曼（1982）从不同的角度首次总结出创新型企业的特征。

（1）企业内部的研究与开发能力相当强。

（2）从事基础或相关研究。

（3）注重利用专利等知识产权保护自己。

（4）企业规模足够大，能长期高额地资助研发的规模条件。

（5）新产品研制周期比竞争对手短。

（6）具有冒险精神。

（7）较早而且富有创造性地锁定一个潜在市场。

（8）持续关注潜在市场、努力服务并培养潜在客户。

（9）具备所需的企业家精神。

（10）与科学界、客户保持密切的联系。

麦地那、拉瓦多和卡布雷拉（2005）通过对不同行业和不同规模的4个企业进行案例研究，总结了创新型企业的主要特征：战略灵活性、信息技术的交流与使用、战略联盟与合作。

美国学者彼斯特和沃特曼总结出创新型企业的6个特点。

（1）企业家和员工普遍具有创新意识。

（2）企业与客户间联系密切。

（3）关注发掘生产率潜力中人的作用。

（4）倾向于价值驱动下的创新。

（5）紧密结合熟悉的业务。

（6）组织形式简单，具有集权与分权相结合的特征。

彼得·德鲁克认为，创新型企业将创新精神制度化，使企业形成一种创新习惯。

欧洲委员会发布的《创新绿皮书》提出，创新型企业的本质特征是具有独特的组织技能和战略技能。萨普诺利等人认为持续创新性是组织的一个特征，真正的创新型组织是那种始终持续地展现创新行为的组织。

从我国目前企业的发展看，主要还是效率型和质量型企业，但是越来越多的企业正在进入灵活型和创新型企业的行列中，如华为科技公司。特别是在新经济领域，我国创新型企业发展十分迅速，如在互联网领域的腾讯和阿里巴巴。它们的迅速成长，是我国企业走向创新型企业模式的主流方向。创新型企业与其他三类企业的比较，见表15-9。

15.5.3 世界创新型企业的排名

美国的 *Fast Company* 每年推出全球最具有创新力公司排行榜，见表15-10。

表 15-9 创新型企业与效率型企业、质量型企业、灵活型企业的比较

企业模式	市场背景	企业工作中心	组织结构	管理特点
效率型企业	卖方	生产效率	机械式	泰勒科学管理
质量型企业	卖方向买方转变	产品质量	机械式	全面质量管理
灵活型企业	买方	快速产品创新	有机式	柔性生产线
创新型企业	买方	全面创新	有机式	全面创新管理

资料来源：根据企业管理的演进模型整理

表 15-10 2012 年全球最具有创新力公司排行榜

企业排名	中文名称	英文名称	所在国家
1	苹果	Apple	美国
2	脸书	Facebook	美国
3	谷歌	Google	美国
4	亚马孙	Amazon	美国
5	方格	Square	美国
6	推特	Twitter	美国
7	占领运动	Occupy Movement	美国
8	腾讯	Tencent	中国
9	生命技术公司	Life Technologies	美国
10	太阳城	SolarCity	美国

2019 年全球最具创新力企业 50 强前 10 名，见表 15-11。

表 15-11 2019 年全球最具创新力企业 50 强前 10 名

企业排名	中文名称	英文名称	所在国家	所在领域
1	美团点评	Meituan	中国	餐饮外卖
2	枢密科技	Grab	美国	个人出行
3	美国职业篮球联赛	NBA	美国	职业篮球联赛
4	迪士尼	Disneyland	美国	影视娱乐
5	针迹修复	Stitch Fix	美国	电商
6	甜绿	Sveet Green	美国	餐厅
7	苹果科学	Apple Sciences	美国	食物保鲜技术
8	方格	Square	美国	移动支付
9	噢麦力	Oatly	美国	植物饮料品牌
10	老鼠台	Twitch	美国	游戏直播服务

2019 年全球最具创新力企业 50 强中国上榜前 10 名，见表 15-12。

表 15-12　2019 年全球最具创新力企业 50 强中国上榜前 10 名

企业排名	中文名称	英文名称	所在领域
1	美团点评	Meituan	餐饮外卖
2	阿里巴巴	Alibaba	电商公司
3	小红书	Little Red Book	生活方式
4	旷视科技	Megvii Technology	人工智能
5	蔚来汽车	NIO	汽车
6	蚂蚁金服	Ant Financial	金融
7	VIPKID	VIPKID	儿童教育服务
8	瑞星咖啡	Rising Coffee	O2O
9	搜狗	Sogou	人工智能
10	GJS 机器人	GJS Robot	人工智能

本章思考题

1. 比较中外百年老店的差异。
2. 用企业成长理论的主要观点分析中外企业生命周期产生差距的成因。
3. 总结中国企业发展 40 年给我们的启示。
4. 什么是"好企业"的本质和内涵？
5. 资源在企业成长中的作用是什么？
6. 企业生存课给我们的启示是什么？
7. 论述创新与企业可持续发展的关系。
8. 综合实践题：结合所在企业的发展史，综合分析以下问题：
（1）企业目前的主要问题是什么？哪些将会影响企业的生存？
（2）用企业成长理论分析本企业主要问题产生的成因。
（3）分析所在企业成长的资源条件。
（4）从多种思维分析如何使所在企业成为"好企业"并保持可持续发展。

第 16 章 企业技术创新管理体系

本章的核心内容：
- 技术创新管理体系的基本概念和模式
- 技术创新的激励机制和理论
- 技术创新激励机制的应用和适用性
- 技术创新成果转移管理的理论基础
- 技术创新成果转移的模式和途径
- 拜杜法案对技术创新转移的作用机理

企业技术创新管理体系是企业技术创新体系建设的重要组成部分。本章主要论述企业技术创新管理体系的内涵与模式、技术创新激励机制与管理、技术创新成果的转化等问题。

16.1 企业技术创新管理体系的内涵与模式

16.1.1 企业技术创新管理体系的内涵

1. 技术创新管理的内涵

技术创新管理不等于技术管理创新，两者不能混淆，这是两个不同的概念。因为技术管理的内容非常宽泛，所以技术管理创新的内容也非常宽泛。在本教程中，我们把技术创新管理的内容界定为技术从研发、中试、生产到商业化整个过程中的管理。这样，技术创新管理体系始终围绕熊彼特所界定的创新活动来阐述，避免泛化。

2. 技术创新管理体系的内涵

1990 年版的《商业大辞典》将管理体系定义为管理系统与被管理系统共同构

成的有机统一体。技术创新管理体系是对技术创新过程中的各项活动进行全面管理的全称。

本教程将企业技术创新管理体系的重点内容归纳为"六大模块",即企业家和企业家创新精神、企业技术创新战略管理、企业技术创新知识管理、企业技术创新知识产权管理、企业技术创新激励管理和企业技术创新成果转化管理。

16.1.2 企业技术创新管理体系的主要模块

模块1:企业家和企业家创新精神

熊彼特的企业家创新理论认为,企业家是管理者,其管理活动的核心是创新,企业家为追求利润目标实现新组合创新,从而打破经济非均衡状态。企业家作为一种变革的力量,是从事"创造性破坏"的创新者。从此,企业家作为企业创新管理的主导逐渐从创新主体中单独划分出来,并作为企业创新的"灵魂"发挥作用。对企业家的定位分析,主线就是企业家精神(即创新精神)。

模块2:企业技术创新战略管理

企业技术创新战略管理的核心是对企业技术创新的未来发展规划,对技术创新的战略定位、战略决策、战略规划。战略定位主要是对企业的创新理念、方向、目标的筹划或安排,以配合企业可持续发展的需求及发展战略(见本教材第13章)。

企业技术创新战略管理体系构建的核心内容包括目标明确、定位清晰、决策科学、业务落实和规划完备。

模块3:企业技术创新知识管理

将技术创新产生的知识视为企业最重要的资源,以知识的生产、获取、使用和传播为内容开展企业管理工作,是提升企业竞争能力的主要途径(见本教材第18章)。

模块4:企业技术创新知识产权管理

企业技术创新知识产权管理是指企业对其所拥有的知识产权资源进行有效的计划、组织、领导和控制,以实现最佳经济效益和提高竞争力的过程。它是企业技术创新管理体系中不可或缺的重要内容(见本教材第19章)。

模式5:企业技术创新激励管理

构建企业技术创新激励机制是激发技术创新活力的有力保证,技术创新的激励机制框架主要包括:产权激励、市场激励、政府激励和企业激励4个方面。开展企业技术创新激励管理活动,是创新型企业不可或缺的重要工作内容。

模式 6：企业技术创新成果转化管理

企业技术创新成果转化管理（国内也常称为科技成果管理）是指对技术创新成果的管理，在企业科研管理中占有十分重要的地位。我国企业科技成果转化管理的内容主要有 6 个方面：①制定科研成果管理条例和有关的规章制度，并组织实施。②组织对科研成果的评价鉴定，对成果的科学价值、经济价值、社会价值和应用可能性等进行审查评议，作出恰当的评价或鉴定意见。③组织科研成果的交流，促进推广应用，使科技成果尽快地发挥作用。④组织科研成果的考核，对优秀成果进行鼓励和奖励。⑤登记、汇总和上报科研成果材料，并协助有关部门建立科研成果档案。⑥贯彻执行科学技术保密规定，保护国家的科技财富。

16.2 企业技术创新激励的机制与管理

技术创新激励问题既是企业技术创新制度建设问题，又是企业技术创新管理问题，也是企业技术创新体系的重要环节。

16.2.1 企业技术创新激励制度的原理

对在推动企业创新中作出重大贡献的集体和个人，给予适当的物质与精神激励，是政府、企业开展技术创新管理的重要内容。技术创新激励的原理和方式，见表 16-1。

表 16-1 技术创新激励的原理与方法

激励的原理	激励的方式
马斯洛的需求层次理论	将人的需求划分为 5 类： ①生理的需要：食物、水分、空气、睡眠、性的需要等。 激励措施：增加工资、改善劳动条件、给予更多的业余时间和工间休息、提高福利待遇。 ②安全的需要：人们需要稳定、安全、受到保护、有秩序、能免除恐惧和焦虑。 激励措施：强调规章制度、职业保障和福利待遇，并保护员工不致失业，提供医疗保险、失业保险和退休福利，避免员工因受到双重的指令而变得混乱 ③归属和爱的需要：人们要求与他人建立情感的联系和关系。 激励措施：提供同事间社交往来机会，支持与赞许员工寻找及建立和谐温馨的人际关系，开展有组织的体育比赛和集体聚会。 ④尊重的需要：自尊和希望得到别人的尊重。 激励措施：公开奖励和表扬，强调工作任务的艰巨性以及成功所需要的高超技巧，颁发荣誉奖章、在公司刊物发表表扬文章、优秀员工光荣榜。 ⑤自我实现的需要：人们追求实现自己的能力或者潜力，并使之完善。 激励措施：设计工作时运用复杂情况的适应策略，委派有特长的人承担特别任务，在设计工作和执行计划时为下级留有余地。

续表

激励的原理	激励的方式
沃克曼的十大类员工需求	①薪酬和补助。②额外的福利。③工作安全。④自我工作的管理方式和控制手段。⑤工作条件的质量。⑥对工作感兴趣的程度。⑦对成就的认可。⑧工作的轻松和舒适。⑨晋升的机会。⑩学习的机会
Carle·Shlaes的四类激励方式	①公开的认可。这是采用最广泛的激励方式。②奖品与证书。③奖金。奖给发明创新者奖金、公司股票和证券等。④升迁。提升创新者的职级。还有一些企业采用诸如特殊的培训、工作选择、灵活的工作时间等激励方式
激励方式权重排序（以工程师为例）	①成就（41%）。②认同（33%）。③工作本身（26%）。④责任（23%）。⑤进步（20%）。⑥薪水（15%）

上述方法中，每种方法的相对重要性，取决于员工的个人情况。由于员工的需求不断变化，若干年前使用的激励手段不再有效。总之，企业激励系统是绝大多数企业鼓励员工创新所采用的方法。一种激励制度要取得成功，必须满足个人及企业的需求，使双方都获利。

16.2.2 企业技术创新激励机制

为了对在发明创造及推动其商品化的创新过程中作出突出成绩的个人和集体进行激励，国际上通行的激励机制有以下四大类。

1. 产权激励机制

产权激励是通过确立发明创造者与成果的所有权来推动发明创造，经济学家在论及产权激励时指出：产权的确定和保护是最经济、有效、持久的创新激励手段。因为确定产权的费用并不高，但它使资产所有者与资产发生最直接的经济关系，资产所有者因此成为能使资产增值的当事人。对于科技成果的产权确定，目前国际上普遍采用的方法就是知识产权的确定与保护。这样使得技术创新成果得以产权化，能有效地保障技术创新者的利益。

2. 市场激励机制

市场激励是通过市场力量来推动发明创造。这种方式将发明成果与市场推广使用结合在一起，将发明成果的应用与市场占有率相结合，充分体现了把科技成果转化为生产力的要求，这是国外广泛使用的对发明创新进行激励的方式。用户对产品的赞誉，是对该产品最好的激励。一项新技术、新产品的价值，关键在于它能在多大程度上满足用户的需求，这正是市场激励的目的。市场激励与产权激励一样，是一个实施费用低、效率高的激励制度。

3. 企业激励机制

政府行为、市场和企业产权关系的明确化，是从外部激励企业发明与创新的重要手段。与此同时，企业内部对发明创新的激励也是十分重要的。因此，这种激励方式把员工的发明创新和企业的发展与经济效益挂钩，较好地体现了激励的经济最大化原则。而且，激励本身必须满足员工的个人需求和企业的需求。

4. 政府激励机制

政府激励被视作是前几种激励机制所不能有效发挥作用时而实施的辅助措施。从各国的实践来看，政府在发明创新的激励方面最能发挥作用的领域有以下几个。

（1）基础研究。大多数基础研究是没有直接的经济收益的，但它们却是大多数发明创新得以产生的基础。在市场经济制度下，企业一般不会去做没有直接经济收益的基础研究，这就需要超越局部利益的政府承担组织、资助、激励基础研究的责任。

（2）社会收益大的发明创新。有一些领域，如医学、农业、能源、交通、环保等领域的发明创新，其社会收益大于经济收益，政府应采取激励方式促进这些领域的发明创新活动。

（3）增强国家实力的领域。例如：航空、航天、核能等军事及重要的高新技术研究领域的发明创新。

设立各种针对发明与创新的奖励制度，是许多国家的普遍做法，如我国设立的国家自然科学奖、科技进步奖、发明奖等。

显然，政府对发明创新的激励作用是不可忽视的，但是其作用的范围、措施是有限的。

16.3 技术创新成果转化管理

技术创新成果的转化管理，是技术创新管理体系的核心内容，也是我国科技工作目前面临的重大问题。

16.3.1 科技成果转化的理论基础

1. 问题的提出

世界银行苏尼力、柯雷亚（2013）的一项研究表明，发展中国家越来越重视市场机制在科研机构成果转化中的重要作用，但在总体上，科研机构成果转化还在采用传统的方式，如咨询、培训和交流等，还没有形成一个系统的科研机构成果转化机制。目前，我国大学的科技转化率在10%~15%，这与西方发达国家大学60%~70%的平均科技成果转化水平仍存在一定的差距。

我国高度重视科技成果转化工作。2016年，国务院分别出台了《实施〈促进科技成果转化法〉若干规定》《促进科技成果转化行动方案》《促进科技成果转化法》，形成了促进科技成果转化的"三部曲"，对推动科技成果转化具有重要意义。

2. 科技成果管理与转化的概念

（1）科技成果的概念。《中华人民共和国促进科技成果转化法》规定，科技成果指的是通过科学研究与技术开发所产生的具有使用价值的成果。

（2）科技成果转化的概念。《中国科技成果转化2018年度报告（高等院校与科研院所篇）》规定，科技成果转化是指为提高生产力水平而对科技成果所进行的后续试验、开发、应用、推广直至形成新技术、新工艺、新材料、新产品，发展新产业等活动。

注：针对成果转化，国外的政策和研究学者普遍使用技术转移（Technology Transfer）。

3. 科技成果管理与转化的理论基础

科技成果管理和转化的核心是科技成果产权的管理和权能的应用。没有产权的公开技术成果只是一项公共技术，任何人和机构都可以无偿使用，没有交易价值，不存在转移和交易现象。

（1）科技成果管理的核心——产权化。为了激励创新，必须授予创新者对创新成果具有私有权，有权在一定时期内独占技术创新的市场收益，而其他人只有通过与知识产权所有人进行市场交易，获得使用权或所有权来分享技术创新的收益。正如产权学家道格拉斯·C.诺思（1991）指出的：创新活动的水平在很大程度上归功于产权激励机制的不断完善，技术创新需要制度创新，制度创新的核心是知识产权制度的建立。

（2）科技成果产权化的权能结构。在产权理论中，产权的权能结构是理解和应用产权制度的核心内容。我们把产权化了的科技成果的权能结构分为四维结构。

1）技术创新所有权：创新主体对创新资产排他的最高支配权，是技术创新产权的核心。

2）技术创新使用权：在技术创新资产投向已定的前提下，具体组织、运用创新资产的权能。

3）技术创新收益权：人们对技术创新资产的占有，目的是为了享有从创新成果中获得的各种利益，特别是经济利益。实现收益权以技术创新所有权为前提，以直接占有为关键，以收益权为核心和最终目的。

4）技术创新处置权：允许创新产权所有人在权力允许的范围内以各种方式处置技术创新资产的权力，从而产生技术创新产权主体的变换（或让渡）。

(3) 科技成果产权化的创新功能。

1）创新外部性内在化功能。产权的主要功能就是让经济活动的主体最大限度地承担其经济责任和享受其利益，即引导人们实现将外部性较大地内在化的激励。例如：当从法律上确定对专利权人的权利时，其他使用者要获得专利权的使用，双方就要进行权利交易（内在化），使用者就必须提供部分补偿以弥补专利权人出让这部分使用权的成本及收益（专利权的外部性），因此，产权在将外部性内在化中所起的作用就十分明显了。

2）创新激励功能。从创新产权制度的引入起，激励人们进行技术创新就是其最重要的功能。正如在产权激励机制中指出的，产权的确定和保护是最经济、有效、持久的创新激励手段。

3）创新资源配置功能。在创新的过程中，对创新资源的优化配置和有效利用是两个核心问题。当经济学家说到资源配置时，实际上是说产权在经济参与者之间的分配。当今任何国家，要加快经济发展和技术创新，都必须充分利用国际和国内两种创新资源，开拓国际和国内两个创新市场，实现创新资源和要素的跨国流动和优化组合。目前，世界贸易的75%、工业生产的60%、科技成果转化的80%是在跨国公司之间完成的。技术创新产权的全球化，源于生产的国际化，生产的国际化主要表现为产品的国际化、生产过程的国际化和生产组织的国际化。创新资源国际化配置的结果使创新产品成为国际化的产品，全球生产、全球销售、全球竞争。显然，技术创新要素的流动，特别是技术的流动是促进国际经济发展的重要因素。

4）创新收入分配功能。创新者的收益在很大程度上取决于创新者与创新成果之间的产权关系，因此，创新产权包含利益内容。创新收益的分配是按照创新中的产权要素为依据进行的，创新产权的界定与明晰有助于创新收益分配的规范化。

现代企业是市场经济的基础,是技术创新决策的主体、技术创新投资的主体、技术创新竞争的主体、技术创新利益的主体,首先必须获得创新产权。

5)创新扩散功能。技术扩散是技术创新扩散的重要方面,技术创新扩散过程是否畅通,很大程度上取决于技术扩散是否顺利。对创新产权的保护,使得创新技术得以加速扩散,如专利制度对创新技术的公开促进了人类技术的扩散。德国慕尼黑经济信息研究所(IFO)的调查表明,没有专利保护,有相当数量的发明将处于保密状态,见表16-2。

表 16-2 如无专利保护,不同发明的公开情况

发 明 对 象	如无专利保护,将保密(%)
新产品	19
产品改进	15
利用和使用发明	40
新方法	41
方法改进	55
占调查样本的平均值	26

有了专利制度后,67% 的专利技术在第一年就得到公开,见表16-3。

表 16-3 从发明到申请专利的时间延迟

专利领域	……公开的(%)		
	在一年内	在两年内	在三年内
机械制造	69	28	3
化学工业	70	26	4
电子工业	63	32	5
精密机械和化学	63	32	—
钢铁工业	74	26	—
研究所	79	15	6
占调查样本的平均值	67	29	4

16.3.2 美国《拜杜法案》对科技创新成果转化的推动

1.《拜杜法案》提出的背景

第二次世界大战后,美国政府通过26个不同的机构筹措资金,在一些高水平

的大学里进行科学研究工作,然而,只有少数大学开展了技术转让活动。到了20世纪70年代后期,美国政府发现,凡是由联邦政府提供资金搞出的发明,都不能以有效的方式转让技术,而且大部分属于政府的发明都不能被工业部门继续开发下去。1968年,日本超过西德成为资本主义世界第二大经济体。70年代,技术优势的失落让美国感到极大的威胁和不安,在科技创新方面大有被日本、德国超越之势。大学有识之士忧心忡忡,恳请参议员伯奇·拜耳关注。根据美国以往的做法,大学等机构受到政府资助的研究,不拥有专利所有权,因为政府资助经费来自于纳税人。大学等机构可以申请专利所有权,但审批程序极为烦琐。当时,美国专利与商标办公室积累了2.8万件专利,这些专利被束之高阁,却没有带来任何经济价值。1978年,美国的科技成果转化率仅为5%。《拜杜法案》代表了美国政府创新政策的根本转变,但正如卢瓦泽尔、史蒂文斯所说,该法案其实也很简单,就是明确了谁拥有和管理大学发明,谁分享成功的果实。《拜杜法案》极大地推动了美国大学科技成果的转移,特别是对大量的、有国家资助的职务发明成果的转化影响深远。

2. 《拜杜法案》的诞生

1980年,美国政府修改了政府资助项目的知识产权权属,同年,美国颁布实施《拜杜法案》,这被认为是20世纪后半期美国颁布的最有激励性的法案,1984年又进行了修改。后被纳入美国法典第35编(《专利法》)第18章,标题为"联邦资助所完成发明的专利权"。在美国《经济学家》(2002)看来,《拜杜法案》与1984年修正案、1986年增补案一起,形成了促进科技成果转移转化的"三部曲",破除了纳税人资助的实验室产生的发明与发现的枷锁。

3. 《拜杜法案》对科技成果转化的巨大推动

据统计,《拜杜法案》出台前,美国只有23所大学设有许可办公室,但从1983年开始急剧增加,目前所有主要的研究机构都有技术转移机构。根据美国大学技术经理人协会(Association of University Technology Manager,AUTM)发布的年度材料,仅在1980—2002年,美国大学产生的专利增加10倍以上,创业企业超过2 200家,创造26万个工作岗位,每年为美国经济创收400亿美元。《拜杜法案》实施后,美国斯坦福大学对专利使用费的分配作了具体规定,每项专利总使用费的15%被扣除用作行政花费,除支付专利转让中必需的费用外,余下的为纯使用费,其中1/3给发明人、1/3给发明者所在的部门、1/3给学校。美国斯坦福大学的发明专利转让收入之所以能名列美国研究大学榜首，其利益分配机制起到了激励的作用。

【案例16-1】基因剪接（gene splicing）（重组DNA）技术的专利许可。

该技术由斯坦福大学的科恩教授和加利福尼亚大学的博耶教授发明，经过斯坦福大学许可办公室的不懈努力，1981年年底许可给73家企业后的一年便获得了140万美元收入，至1997年专利到期，该许可创造了40亿美元的市场，引领了美国生物技术产业的发展。该技术许可既为斯坦福大学（包括科技人员）带来了经济收益，也推动了美国经济社会的创新发展，有力地证明了大学从事科技成果转化市场活动的必要性、正当性。

【案例16-2】谷歌创业中的科技成果转化。

在来自斯坦福大学的人员（包括教职工、学生等）创办的企业中，有些没有使用大学拥有知识产权的技术，如惠普、雅虎；有些则使用大学拥有知识产权的技术，如谷歌。这些使用了斯坦福大学技术的创业企业，其在斯坦福大学技术许可数量中的比例，历史上仅仅占到8%~12%，但近年来增长很快。人们日益关注将大学发明许可给创业企业。布林和佩里发明了搜索技术，1996年佩里决定创业，许可办公室经过评估后决定将该项技术许可给创业企业，开启了该企业辉煌的发展历程。

16.3.3 国内外促进技术转移的模式和路径

1. 美国

美国大学科技成果转化大致经历了起步、快速发展和高速发展3个阶段（见图16-1）。

（1）美国大学科技成果转化模式：大学与政府合作。

模式的核心：政府推动的创新——官学合作。

美国政府对美国大学的科技成果转化发挥了极其强大的、重要的创新培育作用。尤其是隶属于美国政府的美国国立卫生研究院和美国健康与人类服务部，其作为美国政府部门的共同体，接受了美国大学超过50%的专利许可，对美国大学专利成果的转移转化起到了举足轻重和不可替代的重大作用。

美国政府促进大学科技成果转化的路径及措施有以下几种。

1）促进创新的相关立法。美国政府促进创新的相关立法对促进大学科技成果转化，发挥了重大的作用。1980年实施的《史蒂文森-怀勒技术创新法》和

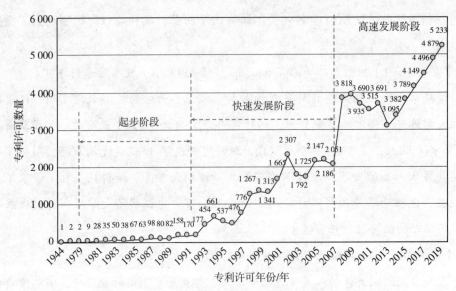

图 16-1 美国大学专利许可发展趋势

《拜杜法案》开启了美国大学科技成果转化的全新时代。1992 年的《小企业技术转移法》为美国小企业和非营利组织提供了大量的与联邦研究实验室合作的机会。2007 年推出的《美国竞争力法案》（或称《为有意义地促进技术、教育与科学创造机会法案》），以及再授权的该法案 2010 版和 2015 版，对 2008 年之后美国大学科技成果转化的跨越式腾飞起了重要的促进作用。

接受美国大学专利（1900–2017）数量超过 109 项（前 9 位）的高专利被许可方及其所获专利许可数量占比，如图 16-2 所示。

2）培育创新的机制。早在第二次世界大战结束之后，美国联邦政府科学顾问布什就提出了基础研究对国家发展的重要性，以及政府应加大对基础研究的投入等重要思想。来自于大学的科学突破往往为新兴产业的发展带来了革命，如生物技术领域。这些具有突破性和革命性的科技成果一旦顺利转化，则会助推国家经济的腾飞、新兴产业的生成、工作机会的创造，甚至美国产业全球竞争力的提升。美国政府促进大学科技成果转化遵循着这样的步骤：①选择新兴的前沿技术，这些技术在未来的产业发展和经济社会发展中将发挥关键作用。②孵化和培育这些新兴前沿技术，促进其产业化。③进一步将新兴产业全球化。

3）促进基础研究成果的商业化。美国政府在创新过程中的最佳作用就是将早期的基础研究成果产业化和市场化，正如美国国立卫生研究院声称的"将科学发现转化为公众健康"。20 世纪 90 年代，美国政府主导的、以信息技术为首的新兴

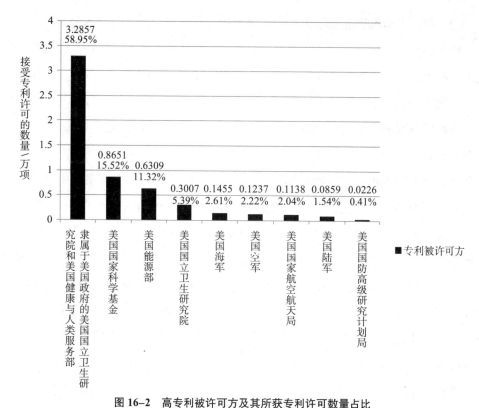

图 16-2　高专利被许可方及其所获专利许可数量占比

注：图中百分数表示该被许可方所获美国大学专利许可数占美国大学所有专利许可总数的比例。

前沿技术的产业化推动，后来都毫无例外地发展成为美国的国家支柱产业，并进一步发展成为 21 世纪的全球高端产业大学科技成果转化路径，即大学科技成果的流向和去处。

4）放松对新兴产业的管制。与其他国家政府相比，美国政府对产业变革的态度更为积极。美国政府积极支持新兴产业发展的态度，尤其是对新经济和传统经济之间利益冲突进行平衡的做法，对促进美国大学科技成果转化起到了重要的推动作用。

5）政府采购制度促进大学科技成果转化。政府采购是指政府或国有企业对商品、服务或工程等的购买。从 20 世纪 60 年代开始，发达国家普遍采取政府采购政策促进高新技术产业的创新发展。美国是最早采用政府采购政策的国家之一，也是世界上采用政府采购对科技创新进行扶持和推动最成功的范例。自 20 世纪 60 年代起，美国利用政府采购成功地扶持了计算机、半导体和集成电路等新兴高科技产业的发展。

（2）美国大学科技成果转化模式：大学建立科学园、开办高技术公司。

模式的核心：技术创新产权的实施——老师与学生（科技人员）的创业。在美国，有很多"大学派生企业"（academic spin of firms），即大学的教师、学生和科研人员离开学校自己创建企业，开发自己的研究成果，依赖企业的各种有利条件来实现科技成果的产业化。因此，在美国大学的企业活动往往是个人的创业行为，校办科技企业并不多。

麻省理工学院提出"教师和学生一起创业"，就不失为一个在实践中学习和提高创业教育教师创业技能的方法，因为创业本身也是一个干中学、学中干的过程。斯坦福大学在科技成果转化方面被公认为是世界上的领导者，开创了硅谷的高技术产业，在美国乃至全世界，孕育了一批在物理、生命科学领域具有巨大影响力的企业，斯坦福大学科技成果转化的成就显然改变了世界（佩奇，2007）。2016年是斯坦福大学成立125周年，其自豪地宣布，建校以来，大学科技人员创办了近4万个企业，为社会提供了500多万个工作岗位，创业企业每年给世界带来2.7万亿美元收入，如果聚合为一个独立的国家，将是世界上第10大经济体。斯坦福大学统计发现，与斯坦福大学有关的创业企业，其在斯坦福大学技术许可数量中的比例，近年来增长很快，2014—2015年超过了20%（斯坦福技术许可办公室，2015）。

资深许可专员桑德林（2003）在其《美国大学技术转移：历史、地位和趋势》一文中指出，通过科技人员创办企业转移技术，已成为美国科研机构成果转化最明显的趋势。

（3）美国大学科技成果转化模式：设立大学的成果转化办公室等机构。模式的核心：技术转让——促进技术创新产权的流动。

美国政府为了加强大学与企业之间的技术交流，提高大学的技术创新能力，设立了许多专门机构，负责校企合作事宜。科研机构成果转化机构大致可分为行政管理型、市场中介型和运营管理型。这些联络机构包括"咨询公司""联络办事处""大学专利公司"和"综合服务机构"等。美国大学技术转移的标准模式就是建立由法律、商业和技术专门人才组成的技术成果转化办公室（technology transfer office, TTO）来开展大学技术转移，并通过美国大学技术管理协会（AUTM），一个以技术转让为核心目标的全国性组织，进行广泛的合作与联系。

（4）美国大学科技成果转化模式：建立大学—企业伙伴关系。模式的核心：合作创新、产学合作。

在美国，合作研究主要有：企业对大学研究计划提供资金支持，开展合作研究，共享成果。美国政府鼓励大学教师及研究人员深入企业，到企业兼职。美国国家科学基金会从 20 世纪 70 年代起就在许多大学设立大学—工业合作研究中心，为了加强跨学科与高技术领域的研究与开发，80 年代又在大学建立工程研究中心。

《拜杜法案》自诞生 40 余年来，美国大学构建了多种技术转移的模式与路径，见表 16-4。

表 16-4　美国促进技术转移的模式和路径总结

模式	核心	路径与措施
模式一 大学与政府合作	政府推动的创新——官学合作	①促进创新的相关立法。②培育创新的机制。③促进基础研究成果的商业化。④放松对新兴产业的管制。⑤政府采购制度促进大学科技成果转化
模式二 大学建立科学园开办高技术公司	技术产权的实施——老师与学生的创业	成立"大学派生企业"，即通过大学的科研人员离开学校自己创办企业，依赖企业的各种有利条件实现自己的科技成果产业化，如斯坦福大学建校以来，学校科技人员离校创办了 4 万多家企业
模式三 设立大学的成果转化办公室等机构	技术转让——促进技术产权的流动	大学设立专门机构，负责校企合作事宜。科研机构成果转化机构大致可分为：行政管理型、市场中介型、运营管理型。建立由法律、商业和技术专门人才组成的技术成果转化办公室（Technology Transfer Office，TTO），并通过美国大学技术管理协会（AUTM）——一个以技术转让为核心目标的全国性组织
模式四 建立"大学—企业"伙伴关系	合作创新、产学合作	主要有：①企业联合对大学研究计划提供资金，进行合作研究，共享成果。②美国政府鼓励大学教师及研究人员深入企业，到企业兼职。③美国国家科学基金会在大学设立大学—工业合作研究中心。④在大学建立工程研究中心，以加强跨学科与高技术领域的研究与开发

2. 日本

日本的《大学技术转移促进法》（1998）支持大学成立科技中介机构，允许大学教师兼职技术转移工作、技术入股和投资。《研究交流促进法》（1998）鼓励国家研究机构的研究人员到民间企业参加共同研究，国立研究机构的设施设备向民间企业研究人员开放，接受他们参与研究项目，促进产、学、官等在人、物、信息方面交流协作。日本政府颁布的《产业教育振兴法》，对大学与企业间的合作形式、税收、拨款、管理等都有明确的优惠措施，并予以法律保障。

在日本，合作研究（共同研究）制度是大学和民间企业的研究人员利用企业提供的经费，对共同研究的课题在对等的基础上开展联合研究，如日立、日本电气、富士通公司和东京大学合作，进行集成电路和中央演算装置的开发。接受企业的委托研究在日本被称作委托研究制度，国立大学在不妨碍各自教学科研的情况下，接受民间企业委托的研究课题，大学研究人员利用企业提供的资金进行研究。

日本大学技术转让机构（Technology Licensing Organization，TLO）架起了大学与企业的桥梁，大大地降低了科技成果的信息不对称性，加快了大学科研成果的产业化和商业化。

3. 德国

在德国，科研以市场为导向，奉行"科学自由、科研自治、国家干预为辅、联邦与各州分权管理"的基本原则。在德国，大学受企业的委托接受科研任务，与企业进行"合同研究"，为企业的生产需要服务。例如，亚深高等工科学校的机床研究所，每年都能从工业部门取得1/3的科研经费。德国的柏林工业大学设有技术转让处，主要职能有合作项目的管理、为新机构提供技术、宣传大学的重要技术成果或人才、国际合作与交流等。德国史太白经济促进基金会于1971年成立，为企业提供咨询、研究与开发、国际技术转移、在职培训、提供评估报告等多种服务，属非营利性组织，享受德国政府的免税优惠。多数的大学技术转移中心则以企业机制运行，大学老师利用业余时间领导这些中心并对这些中心的经济效益负责。

创业也是德国大学开展技术转移的模式。在德国，柏林工业大学技术转让处经常举办培训班，传授自己当老板的经验及必要的知识，如法律程序等。大学支持愿意创业的毕业生开办自己的企业，在初创的两年内可以给学生提供很优惠的条件，如用房、电话等，开业初期可以提供咨询服务，可以优惠使用大学的仪器设备。巴伐利亚州促进新企业成立的法规规定，大学的师生创立新企业，可以有充裕的时间做企业的事情，工资可以由大学提供，在半年以内该企业可以免费使用大学的设备等。德国还有专门的"创业竞赛计划"，由国家和各州的政府支持，竞赛评委有大企业和投资公司的专家参与，优秀的竞赛计划能得到资金的支持，尽快按市场机制来实施。

德国政府非常重视利用高技术园区建设来促进科技成果产业化。国家通过立法，制定优惠的财政、金融和税收政策以及建立产学研合作协调机构，为产学研合作营造良好的外部政策环境，有力地促进了产学研合作。为了加快大学科技成果商品化和产业化的速度，密切大学与企业——特别是中小企业的合作关系，自1983年起，德国政府还采取专项投资的办法在全国范围内建立了80多个类似科技园区的科技中心或创新中心。建设中心的费用由政府、国家银行和企业各承担

1/3。中心不以盈利为主要目的，为中小企业提供免费的咨询服务，中心的经费由政府、银行和企业按比例负担。

德国大学的产学研合作。德国实施的工业 4.0，特别注重发挥企业、科研机构、政府与社会的合力，成立了包括上述各个部门代表的专门协作平台。德国在推动产学研合作的过程中，还特别注重科研机构之间进行研发分工合作，以便向企业提供更加适用的科技成果，如马普学会和弗劳恩霍夫学会（Fraunhofer Society）自 2005 年起，共同支持基础研究与应用研究相结合的中间研究，范围涵盖计算、材料、生物以及光电子、可再生能源等。2011 年以来，德国联邦政府和州政府达成研究与创新协议（the pact for research and innovation），进一步支持两个科研机构之间的合作，双方目前合作的 10 个项目涉及 23 个研究所参与，其中"针对腐蚀保护的活性层研究"（ASKORR-active layers for corrosion protection）项目就由来自双方的 4 个研究所参与。

4. 中国

1996 年颁布的《中华人民共和国促进科技成果转化法》（以下简称成果转化法），在组织实施、保障措施、技术权益和法律责任等方面都做了相关规定，也促进了中国的科技成果转化。2008 年我国实施了被称为"中国拜杜法案"的《科学技术进步法（修订版）》。国内大学科技成果转化的模式与路径，见表 16-5。

表 16-5　国内大学科技成果转化的模式与路径

模　式	核　心	内　容
产—学—研合作模式	合作创新	科技成果转化是大学与政府和企业等共同作用的综合结果。模式是大学与地方科技管理部门合作、共同建设依托当地产业结构和行业需求的、具有固定合作内容的转化模式
"四技合同"模式创新	技术创新产权的交易转让	科技成果的产权交易与流动是科技成果转化最广泛的路径，如我国大学的"四技合同"（技术开发、技术转让、技术服务和技术咨询）
大学创新资源与市场、产业对接	开放式创新	国内比较典型的有：①清华大学深圳研究院等地方研究院模式；②西南交通大学的股权前置处理改革，其核心是将专利技术成果从申请阶段就变更成企业、大学、个人共有的资产，从而破除国有资产处置权、收益分配的制度障碍和烦琐程序
校企横向合作模式	加强技术转让和创新产权的流动	基于大学已有专利或合作过程中产生的专利，通常包括技术直接转让许可、通过技术开发或技术服务连带专利转让。目前，该模式是大学专利转让的主要路径，大部分大学都是通过该模式将其专利进行转化
专利作价入股模式	专利产权转化为企业股权	专利作价入股是科技成果转移转化的重要模式之一。从理论角度来看，这种合作模式是最持久、最可靠、最能发挥专利价值和优势的

续表

模 式	核 心	内 容
专利技术中的中试孵化模式	将基础研究与应用基础研究孵化为成熟的应用技术推广	由于专利成果主要是基于实验室小试的成果，其技术成熟度还处于较低阶段，因此需要通过中试进行二次开发，进而形成真正具有商业化和市场化的科技成果
设立资产经营管理公司	设立专门机构处理大学的技术等无形资产	大学资产经营管理企业的出现源于我国大学校办企业的种种弊端。作为学校经营性资产的运营单位，大学资产经营管理企业的主要职责是力求高效的资产能保值增值。此外，大学资产经营管理企业还承担着推进学校科技成果转化、高科技企业孵化等产业化工作

16.4 影响科技成果转化成功的主要问题

德国学者基斯贝格和波尔于2016年，从大学与公共科研机构、创业企业、现存企业3类渠道出发，归纳出13个决定科技成果转化成功的因素，包括：产业紧密性、技术应用价值、中介支持、技术转移策略和大学政策与组织等。在这些成功的因素中，早期研究文献多聚焦于技术转移策略、技术应用价值、大学政策与组织等，21世纪后的研究文献则转到了团队组织、中介支持和可获得资源等，显示了创业企业、产学研合作对科技成果转化越来越重要的作用。

我国科技创新成果转化存在的主要问题。

1. 科技成果非产权化管理的问题

我国科技成果管理存在导向问题，发明者可以从发表论文、成果鉴定和获奖中得到比申请专利更多的实惠，使学校发明人更愿意发表论文、成果鉴定和获奖。这种激励方式过度会偏离奖励的最大经济原则，也使许多科技成果变为样品、展品，不利于市场竞争，特别是参加国际市场竞争。因此，必须改变我国目前技术创新成果管理的错误导向，要把"鉴定型成果"转变为"权利型成果"。

2. 创新激励机制失效问题

对在推动科学技术进步中作出重大贡献的集体和个人，给予适当的物质与精神奖励，是国家技术创新政策的重要内容，应该加强产权激励与市场激励的作用。

3. "重学术轻应用"的科研评价机制

长期形成的科技成果考核评价体系，过分地追求成果的"学术价值"，忽视了成果的"市场价值"，导致科研成果市场应用性差、工业化生产可行性低，大学科技创新成果转化的主动性、开放性不足。

4. 推动科技成果转化的投融资体系缺乏

建立大学自主的投资基金是促进大学科技成果转化的重要手段。迫切需要发展以投资大学项目为主、联合社会资本共同组建、市场化运营的风险投资公司。

5. 企业承接科技成果的能力有待提高

有效的成果转化需具备以下特征：需求企业具有主动的创新意识和遴选能力，有较强的消化吸收能力，科技成果的引进以提升企业技术创新水平为目标，转化成本可接受、风险较低。但我国企业由于自身资金、研发能力或科技人才不足等原因，导致企业对技术承接客观能力不足，多数企业不具备对大学产出的早期科研成果进行技术整合和工业开发的能力。

6. 成果转化过程中关键阶段资金支持不足

创新过程主要分为 3 个阶段：研发阶段、中试阶段、市场推广阶段。西方发达国家实践中得出三阶段需要投入的黄金定律为 1∶10∶100。我国资金投入的比重为 1∶0.1∶100，上海等一线城市为 1∶1.5∶261。显然，在中试这个成果转换的关键阶段资金严重不足。

7. 科技中介服务体系有待进一步发展

科技中介作为推动科技成果再转化的重要桥梁，能够有效地降低企业和科研院所的搜寻成本，快速准确地发现产学研合作的结合点，其在科技成果转化中作用到位与否直接影响着科技成果转化率的高低。在大力发展社会中介服务机构的同时，大学也应大力培育自身的科技中介服务体系。相比较而言，这类由大学参与建设的中介机构更容易担负起技术与企业两种资源、校内与市场两种文化之间的桥梁作用。

8. 政府因素

成果转化法（修正案）的颁布，以及各省市密集出台的系列鼓励政策，体现了宏观层面的政策创新和突破。但是，已出台的科技政策和财政扶持主要鼓励研究开发、发明创造，较少涉及中试放大、产业化和商业化。同时，在微观操作时，由于各项政策法规的落实涉及科技、教育、国资、财政、工商、税务等多个部门，各部门的管理规定还不够协调，政策落实进度也各不一致，迫切需要可操作的实施细则。

本章思考题

1. 技术创新激励的主要手段有哪些？各适用于什么条件？
2. 为什么说产权激励是技术创新激励中最经济、有效、持久的创新激励手段？
3. 技术创新企业有哪些激励的手段和方法？如何最有效地发挥企业激励的作用？
4. 技术创新成果转移的管理理论、机制是什么？
5. 促进技术创新成果转移的模式和路径有哪些？
6. 论述《拜杜法案》对技术创新成果转移的作用机制和对我国的借鉴作用。
7. 综合实践题：为企业设计一套促进技术创新成果转移的系统。

第 17 章 商业模式创新

本章的核心内容：
- 商业模式的内涵与本质
- 商业模式设计的三大内容
- 提升商业模式价值的方法

商业模式说明企业如何竞争、如何使用资源、如何构建关系、如何为客户提供价值并获得利润。商业模式创新是企业可持续发展的重要因素。

17.1 问题的提出

17.1.1 企业竞争成败的原因

在现在激烈的竞争中，企业家和学者们都在思考：什么是企业竞争成败的主要因素？一派学者认为"战略决定成败"，另一派学者则认为"细节决定成败"。

为此，学者们进行了多次调研。

【调研1】专家对创业企业案例中的数百家企业进行调研，得到了这样一组数据：在企业竞争中，因为战略原因失败的只有23%，因为执行原因夭折的也只不过是28%，但因为没有找到正确的商业模式而走上绝路的却高达49%。

【调研2】1998年MERCER咨询公司的分析表明：1980—1997年，标准普尔500的股票市值年均增长12.3%，市场份额领先的大企业增长只有7.7%，而商业模式重构后的企业增长23.3%。

【调研3】1998—2007年成功晋级财富500强的27家企业，其中有11家认为成功的关键在于商业模式的重构。

【调研4】2008年,IBM对一些CEO的调查表明:几乎所有接受调查的企业都认为任职企业的商业模式需要调整。2/3以上的CEO认为有必要进行大刀阔斧的变革,其中有一些已经成功地重构了商业模式。

在企业的竞争中,常规经营如果能使我们获得1个单位的利润,那么,商业模式的力量可以使利润增长10倍,比商业模式威力更大的是资本的力量,能使利润增长15倍。如果说常规经营中的营销和制造手段,是传统的竞争武器——坦克和大炮,那么商业模式和资本运营就是核武器、原子弹和氢弹。

17.1.2 商业模式的内涵

自从电子商务出现以来,学者和商业从业者对于商业模式的讨论越来越多。"商业模式"一词在信息系统、管理和战略研究中越来越流行(赫德曼和卡林,2003)。

1. 商业模式的定义

学者对商业模式的界定,见表17-1。

表17-1 学者对商业模式的界定

学　者	视角	界　定　内　容
理查森(2008)	战略管理视角	解释了企业活动是如何协同执行其战略的,从而架起战略制定和实施之间的桥梁
阿米特与佐特(2001)、哈默尔(2012)		从战略发展的角度来看,商业模式是基于交易关系的客观结构,与创新过程中的资源配置、网络建构等战略活动密切相关
波特(1996)		运营模式、盈利模式或战略定位的有机组合
拉帕(2004)	盈利视角	指导企业如何赚钱,即为企业带来收益的模式
斯图尔特(2000)		企业如何得到并维持其收益流的一种逻辑表达
曼斯菲尔德和弗里(2004)		描述了企业对市场需求的回应,包含企业结构、资源要素等复杂环境下企业如何获取经济收入
伊丹和西野(2010)		是盈利模式,也是商业传递系统和学习的系统。关注商业模式对企业投入商业化转化有着重要的作用
切萨布鲁夫和罗森布鲁姆(2002)	技术视角	认为商业模式是技术与盈利模式协同实现经济价值的逻辑,强调其将技术潜质与市场结果联系起来的作用
卡萨迪苏斯·马萨内尔和兰斯(2011)		商业模式创新的最主要的驱动力是技术等环境的波动
赫德曼和卡林(2003)	组织运营视角	描述了一系列关键的商业组件,包含客户、竞争对象、企业资源、要素获取及生产投入及覆盖商业活动并随时间动态变化的企业构件
卡萨迪苏斯·马萨内尔和里卡特(2010)		反映的是关于组织运作方式的管理选择,如薪酬实践、采购合同或所用资产
乔治和博克(2011)		旨在利用某种商业机会而进行的组织结构设计

续表

学者	视角	界定内容
戈丁（2001）	价值视角	将企业商业模式要素分为价值（价值点、价值提供、价值界面、价值活动、价值交换）、共同体（相关者网络、参与者）、市场细分等类别
沙弗尔（2005）		把商业模式看作是体现企业在价值网络中创造和获取价值的潜在核心逻辑和战略选择
切萨布鲁夫（2007）		应具有清晰的价值主张、确定的细分市场、经营所需的价值链结构、创收机制、成本结构及相应的战略

本教程的界定：说明企业如何竞争、如何使用资源、如何构建关系、如何为客户提供价值、如何获得利润的计划或者示意图。商业模式是分析企业运营的重要概念。分析时更加注重回归商业的最基本要素——价值：为客户提供价值、为股东创造价值、为员工提供自我价值实现的机会和空间。

显然，增加收入、降低成本是企业获得利润的关键。但是，商业模式不等于盈利模式，商业模式包含盈利模式，商业模式强调如何切入市场（价值是核心），盈利模式强调如何获取利润（盈利是核心）。商业模式更宏观，盈利模式更聚焦。

2. 商业模式的诠释

亚历山大·奥斯特瓦德和伊夫·皮尼厄（2011）提出了构成商业模式的9个基本构造块，认为这9个构造块覆盖了商业的四大支柱，见表17-2。

表17-2 商业模式构造一览表

四大支柱	基本构造块	构造块的含义
产品/服务（product/service）	价值主张（value proposition）	借助产品或服务的差异性来满足客户需求的主张，是企业生产何种产品或服务的核心因素，表现为标准化、个性化的产品、服务和解决方案等
客户界面（customer interface）	客户细分（customer segments）	企业在明确的战略业务模式和市场中，根据客户的属性、行为、需求、偏好以及价值等因素对客户进行分类，并提供有针对性的产品和服务，表现为本地区/全国/国际、政府/企业/消费者等
	渠道通路（channels）	产品/服务由生产企业向最终用户转移的各个环节，表现为直接/间接、单一/多渠道等
	客户关系（customer relationships）	企业为达到经营目标，主动与客户建立某种联系，目的是为交易提供方便、节约交易成本，为企业深入理解客户的需求和双方交流信息提供机会，表现为交易型/关系型、直接关系/间接关系等

续表

四大支柱	基本构造块	构造块的含义
资产管理 （infrastructure management）	关键业务 （key activities）	组织机构为维持其商业模式运营必须实施的活动，表现为强/弱研发体系、高/低效的供应链业务等
	核心资源 （key resources）	企业实施商业模式所需要的资源和能力，表现为技术/专利、品牌/成本/质量优势等
	重要合作 （key partnerships）	同其他企业为有效地提供价值而形成的合作关系网络，表现为产业链关系、竞争/合作关系、联盟/非联盟关系等
财务方面 （finance aspects）	成本结构 （cost structure）	描绘运营商业模式所引发的所有成本，即在特定的商业模式运作下引发的最重要的成本，表现为固定成本/流动成本、高/低经营杠杆等
	收入来源 （revenue streams）	企业通过各种收入流创造收入的途径，表现为高/低定价原则、高/中/低利润率、单一/多个收入渠道等

3. 典型的商业模式

企业已经构建的商业模式，见表17-3。

表17-3 企业已经构建的商业模式

商　业　模　式		举　例
资产所有者	制造一件，销售一件	福特、沃尔玛、联邦快递
服务提供商	雇用一件，销售一件	麻省总医院、埃森哲、摩根大通
技术创造者	制造一件，销售多件	微软、甲骨文、安进
平台构建者	多人制造，大量销售	爱彼迎、阿里巴巴、脸书

资料来源：The Value Multiplier。

17.2 如何设计企业的商业模式

商业模式的核心三要素是客户、价值和利润。一个好的商业模式，必须回答以下三个基本问题。

（1）企业细分的客户需求——价值主张。

（2）企业能为客户提供的（独特的）价值和服务——资源能力。

（3）企业以合适的方式和合理的价格为客户提升价值——价值提升。

17.2.1 商业模式的价值主张

客户价值主张给出了企业的产品、服务和客户咨询的总体定位。价值主张是承诺返还付费（或其他价值转移）客户受益的总和。价值主张可以用二维图描述，如 Google 和搜狐、新浪的价值主张比较（见图 17-1）。

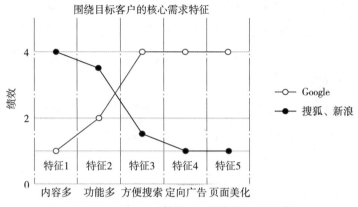

图 17-1　Google 和搜狐、新浪的价值主张比较

横轴：反映商业模式价值主张的特性。本案例选择网络广告的 5 个特征，即内容多少、功能多少、是否方便搜索、是否是定向广告、页面是否美化，反映不同企业的价值差异。

纵轴：反映这些价值主张特性的状态。

Google 追求的广告价值是为客户提供定向广告（以获得真实、有效的点击率），同时追求方便和页面的美化。搜狐和新浪依靠的是为客户提供大量有吸引力的内容和功能，从而提高广告的点击率。

17.2.2　商业模式与企业的资源能力

企业价值主张的设计，离不开对企业所拥有的资源和能力的分析。企业在确定其价值主张的时候，必须最大化地利用其资源和能力。

Google 的资源和能力表现为以下几个方面。

（1）关键业务：聚焦搜索引擎业务，通过提供大量免费的数字化内容聚集起大量的潜在客户。

（2）核心资源：世界一流的网络技术专家和核心技术，独特而高超的大数据、云计算技术，雄厚的资金支持，大客户资源。

（3）核心能力：高速的检索计算方法和大数据、云计算技术。

（4）客户关系：大量忠实、可靠的大客户。

（5）各类渠道：与所有重大的网站建立了广告战略联盟。

17.2.3 商业模式的价值提升

商业模式的价值提升有两种渠道：①价值驱动（value-driven）专注于创造价值，增值型的价值主张和高度个性化的服务通常是以价值驱动型商业模式为特征的。②成本驱动（cost-driven）侧重于尽可能地降低成本，目的是创造和维持最经济的成本结构，采用低价的价值主张。更多的情况是企业将从"价值—成本"双因素考虑提升价值。

Google 努力提高其商业模式的价值，主要措施包括以下几种。

（1）全力做好为客户开展的核心业务——检索服务（价值驱动）。

（2）为广告客户提供真实、有效的核心业务——广告服务（价值驱动）。

（3）透析企业的成本结构——不做与企业资源不具备的内容，减少成本（成本驱动）。

（4）掌握企业的收入来源，重点扩大广告客户和广告规模，降低运营成本（成本驱动）。

（5）促进价值链整体利益的最大化，在各环节间进行利益分配、成本分配、风险分配，使企业在各环节上的成本最低、风险最小（成本驱动）。

17.3 商业模式设计案例

17.3.1 美国西南航空公司的商业模式

美国西南航空公司达到的绩效水平是罕见的：它在 1998 年被《财富》命名为第一位的"最佳工作场所"。它是整个 20 世纪 90 年代行业内盈利能力最强的航空公司，自 1973 年以来每年都保持盈利。它在所有的主要航空公司中，是销售收入成长最快的。它获得了美国交通部颁发的"三冠王"称号。它在所有的主要航空公司中是运营成本最低的，每英里座位成本大约为 7 美分，这一优势使它能够用低价打击竞争对手。它定位于对票价敏感、力求方便的客户，如商业旅行者、举家外出者以及学生。

1. 价值主张

基于对资源和能力有限的分析的基础上，西南航空公司确定了自己的价值主张，如图 17-2 和图 17-3 所示。

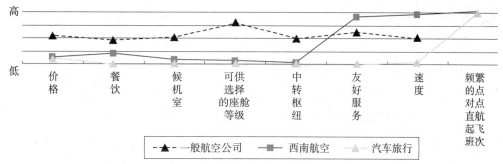

图17-2 西南航空公司价值主张图

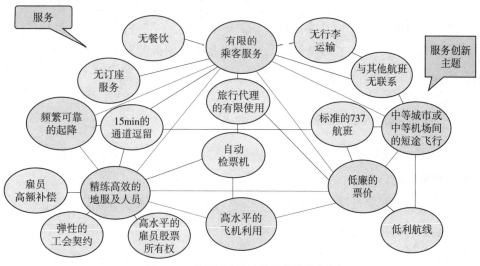

图17-3 美国西南航空公司的价值主张

（1）只做中等城市间的短途飞行业务。

（2）用较少的飞机实现频繁的飞行起降。

（3）不提供订座，减少中间售票环节。

（4）不提供机上用餐。

（5）不提供航班间的行李寄存核查。

（6）只采用标准的737班机。

（7）不设高级服务仓。

2. 资源与能力

在进入航空行业之初，与其他大型的航空公司相比，西南航空公司的资源和能力十分有限。因此，其价值主张（定位）为只做中短途的飞行服务，主要为白领和家庭旅游服务。

3. 价值提升

关键点：友好的服务、速度、频繁的点对点直航服务、低廉的价格。

（1）只购买737机型，以降低购机价格、提高维修效率——减少成本。

（2）不提供免费餐饮，没有餐饮的采购预算和人力配备——减少成本。

（3）不让旅客带大件的行李，飞机可以迅速地起降——提高效率。

（4）登记门前设有自动售票机，旅客不必通过旅行社买票，省去中介费——减少成本。

（5）一个"跑着"工作的企业。15min从降落到再次起飞——提高效率！

"9·11事件"之后的几年，美国几乎所有的航空企业都在亏损，只有西南航空公司除外。这是因为，西南航空公司的商业模式创新带来了竞争优势——飞机的速度和汽车旅行的价格，这是价值提升的结果。

17.3.2　中国如家酒店的商业模式

在中国，只用4年时间，如家酒店就成功上市，成为一个传奇。特别是在竞争最激烈的酒店行业。

酒店行业面临的市场竞争者很多，主要有两大类：星级酒店和社会旅馆饭店。

1. 如家酒店的价值主张

如家酒店确定了核心客户群：商务差旅人士、自费旅游人士。围绕他们的价值需求，与星级酒店和社会旅馆相比，如家酒店的价值主张（见图17-4）包括以下几种。

（1）住宿价格、附属设施向社会旅馆靠拢。

（2）住宿的舒适性、安全性、清洁性向星级酒店靠拢。

（3）为方便客户设有小餐厅。

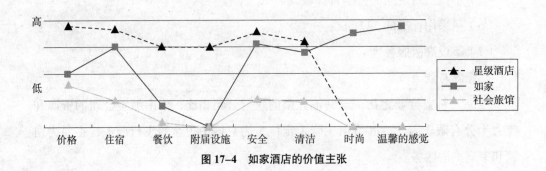

图17-4　如家酒店的价值主张

（4）突出家具的时尚和住宿的温馨感觉。

如家酒店重新定义了产业，确立了战略的价值和资源节约框架。

（1）有所为：高度关注床与卫生间，高住宿质量、良好家具带来的舒适性、清洁和安全周到的服务。选址尽量靠近商务区和酒店配套比较匹配的地方，周围具有良好的购物、餐饮和娱乐场所。

（2）有所不为：超出"住宿"需求以外的不做，剔除传统星级酒店（原为针对涉外旅游）过多的豪华装饰、享受性服务以及娱乐设施。没有豪华、气派的大堂，舍弃投资巨大、利用率低的康乐中心，没有桑拿、KTV、酒吧等娱乐设施。消除星级酒店很多旅客不需要或用得较少的功能服务，如购物区、康乐实施和会议场所等。租赁物业而非自建。

（3）有所少为：在保证服务质量的前提下，在非关键方面尽可能少为。人员管理方面，如家每百间房的用人为30~35人，远远低于传统高星级酒店的每百间房100~200人的配置。只有占地50~100m^{2}的小餐厅，且不对外服务。如果附近有餐馆，干脆就把餐厅省了。

（4）有所多为：为了增添房间的温馨感，改用碎花的布料。淋浴隔间用的是推拉门。毛巾有两种颜色，便于客户区分。开展"书适如家"的活动。积极为数十万会员提供额外的增值服务，与具有互补性产品的大品牌进行"异业联盟"，方便商务人士的商旅生活。

2. 提升价值

如家酒店围绕自己的价值主张，重点突出、另辟蹊径，进行了"加、减、乘、除"的行动，如图17-5所示。

如家酒店的商业模式实现了令人信服的主题：不同的城市，一样的家。

17.3.3 荷兰阿斯麦（ASML）光刻机公司独特的商业模式

ASML是目前全球最大的光刻机厂商，占据着全球大部分高端光刻机的市场，处于垄断地位。很多人至今都不明白，为什么ASML可以打败尼康、佳能而独霸全球。目前，越来越多的学者认识到ASML的竞争优势源于它独特的商业模式。

（1）技术研发合作——拥有最先进的技术。毫无疑问，在"芯片"光刻机制造领域，领先的技术是最重要的竞争优势。但是ASML在光刻机技术领域专利排名第2位，不及德国蔡司公司（第1位）。为垄断最新的技术，ASML和德国的蔡

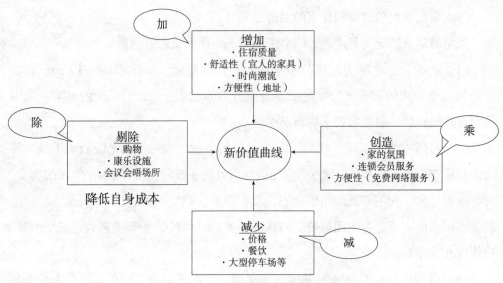

图 17-5 如家酒店的价值提升行动

司公司、韩国的 Helix 公司建立了密切的技术研发合作联盟,实现了追求最先进技术的价值主张。

(2)利益捆绑——获得最大的垄断利润。高技术产品最关键的还是客户和市场。在 2007 年以前,全球光刻机市场的霸主是日本的尼康和佳能,但是高端光刻机需要投入的研发资金非常大,客户却很少,导致佳能、尼康连年亏损,最后完全退出市场。抓住机遇的 ASML 马上改变商业模式,与光刻机最大的用户英特尔、三星、台积电等进行利益捆绑,建立了产业利益联盟,由客户共同出资参与研发,分摊研发风险,这样 ASML 便迅速占领了全球高端光刻机市场。在研发极紫外光微影量产技术与设备时,ASML 邀请了英特尔、台积电和三星等客户参与,3 家企业分别投入 41 亿美元、14 亿美元和 9.75 亿美元入股。客户入股可以保证最先拿到最新设备(在芯片行业,时间比钻石还贵重),同时可以卖出股票获取投资收益,对 ASML 来说,则抢占了市场,降低了经营风险。这种利益捆绑使大家获得了最大的垄断利润,这是 ASML 商业模式的核心。

(3)开放式创新——打造最强的产业链。一台 ASML 制造的极紫外 EUV 光刻机确实非常先进,由 80 000 多个零件、13 个子系统组成,是 ASML 的拳头产品。ASML 的微影机零件,90% 是外包制造,远远高于尼康。换句话说,ASML 采用的是"无生产工厂模式",更多的是设计和组装,保障了 ASML 光刻机产业链的完整和运转畅通。ASML 的开放式创新体现在两方面:①把供应商(包括大学等学术机构）作为研发伙伴，让出部分利润（以很低的价格卖出设备）换取供应商的支持。②对于重大项目，和客户共同介入，并以股权为纽带绑定大家的风险和收益。

ASML的合作模式，如图17-6所示。

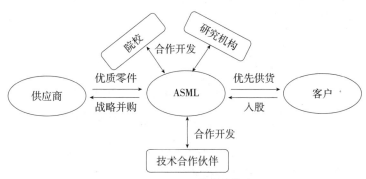

图17-6　ASML的合作模式

ASML光刻机的商业模式核心：研发合作、利益捆绑、开放式创新。

值得注意的是：ASML的开放式创新在IT界其实是一种较为普遍的商业模式，是市场后来者敲碎垄断门槛的大锤。例如：ARM出道时，CPU基本上被英特尔垄断，于是ARM采取出售IP的商业模式，将CPU的集成设计、生产和销售环节开放，打造出一个ARM架构的超级生态圈。

上面的案例中都是成功的商业模式，但是商业模式很难复制，不同的企业应该选择适合自己的商业模式。

本章思考题

1. 什么是商业模式？
2. 商业模式的本质是什么？与盈利模式的差异是什么？
3. 什么是商业模式的价值主张？如何设计并绘出价值主张图？
4. 综合实践题：结合所在企业的实践，从以下3个方面论述本企业的商业模式：

（1）与本企业的竞争对手相比，价值主张有何区别，绘出价值主张图并进行比较。

（2）设计本企业商业模式时，分析本企业有哪些资源和能力优势？

（3）结合本企业价值主张，如何提升本企业商业模式的价值？

第 18 章　企业知识管理

本章的核心内容：
- ➢ 知识经济的本质特征与内涵
- ➢ 知识经济下企业资产新结构
- ➢ 数据、信息、知识三者的区别与联系
- ➢ 企业知识的分类与分级管理
- ➢ 知识管理在企业中的应用

在知识经济下，企业最大的财富是知识资产，知识管理已成为现代企业重要的管理内容。

18.1　知识经济时代的企业新财富观

18.1.1　知识经济理论的诞生

知识经济（knowledge economy）并不是一个严格的经济学概念，它的缘起与新经济增长理论有关。1982 年，奈斯比特在《大趋势》中提出了"信息经济"的概念。1983 年，美国加州大学教授罗默提出了"新经济增长理论"，认为知识是一个重要的生产要素，可以提高投资的收益。"新经济增长理论"的提出，标志着知识经济在理论上的初步形成。知识经济作为一种经济产业形态的确立是新事物，其主要标志是以美国微软公司总裁比尔·盖茨为代表的软件知识产业的兴起。盖茨的主要产品是软件及软件中包含的知识，正是这些知识的广泛应用打开了计算机应用的大门，微软的产值已超过美国三大汽车企业产值的总和。美国经济增长的主要源泉就是 5 000 家软件企业，它们对世界经济的贡献不亚于名列前茅的 500 家世界大企业。

1990年,联合国首次提出了"知识经济的概念"。知识经济即以知识为基础的经济(knowledge-based economy),揭示了知识对现代经济增长的基础性作用,并准确地反映了知识经济的现实情况。

18.1.2 知识经济时代企业资产构成变化

人们在强调知识经济这一概念时,主要区别于物质、资本在生产中起主导作用的物质经济和资本经济。与依靠物资和资本等生产要素投入的经济增长相区别,现代经济的增长越来越依赖于其中的知识含量的增长。

对于知识经济时代之前的时代,我们常常称之为工业经济时代。知识经济时代与工业经济时代的最大差异,表现为对财富理解上的不同,如图18-1所示。

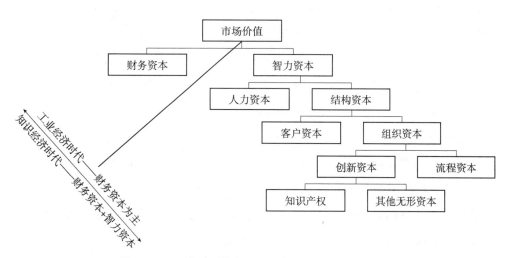

图 18-1　工业经济时代与知识经济时代财富构成的差异

工业经济时代,企业的市场价值更多的反映在财务资本上。

(1)财务资本:企业所有者投入企业的货币资本,它所代表的价值以货币数量表示,与传统会计中的净资产相同。实物资本是指企业的实物资产,反映企业实际具有的生产能力或经营能力,企业的生产经营能力一般以一定时期内企业生产的产品或劳务的实物数量表示。

(2)智力资本:智力资本是对物质资本以外的其他各种非物质资本的统称,即"无形资产"的统称,反映的是市场价值与账面价值的差异,包括人力资本、结构资本、客户资本、组织资本、创新资本和流程资本等。

18.1.3 知识财富的测度

知识就是财富,知识就是力量,这些理念尽管已经深入企业家的心中,但是如何测度知识财富的大小仍然是一个问题。学者对美国道·琼斯股市的市场价值进行了评估,可将总市场价值,划分为账面价值和无形资产价值两大部分(见图18-2)。

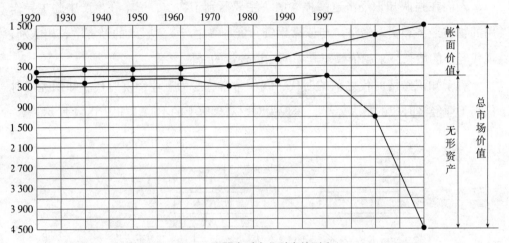

图 18-2 股市对企业财富的测度

账面价值和账面净值(Carrying Value 和 Book Value)是指按照会计核算的原理和方法反映计量的企业价值。《国际评估准则》指出,企业的账面价值是企业资产负债表上体现的企业全部资产(扣除折旧、损耗和摊销)与企业全部负债之间的差额,与账面资产、净值和股东权益是同义的。

市场价值是指一项资产在交易市场上的价格,它是自愿买方和自愿卖方在各自理性行事且未受任何强迫的情况下竞价后产生的、双方都能接受的价格。将所有企业的市场价值进行加总就是总市场价值。

由于总市场价值和企业账面价值是容易计算和核算获得的,因此总市场价值减去账面价值就是无形资产的价值。

根据对美国道·琼斯股市将近100年的测度,所有道·琼斯股市的企业账面价值是一条约以30°斜率增长的曲线。无形资产价值的变化,自20世纪后期开始,进入高速增长时期,以一条几乎达到60°斜率增长的曲线。在道·琼斯股市上,企业总市值中无形资产的价值占比几乎达到70%,而账面价值仅占30%左右。对于微软这样的企业,无形资产所占的比重更高。2021年1月28日股市收盘后,微软总市值高达 1.76 万亿美元，其账面价值合计为 1 302 亿美元，仅占总市值的 7.4%，而无形资产占比高达 92.6%。在企业无形资产的测度中，品牌价值是企业无形资产十分重要的组成部分。根据全球品牌顾问管理公司于 2017 年公布的全球百大品牌报告表明：知识型企业的品牌价值远远超过传统企业的品牌价值。

前 10 名中，前 3 名都是科技型企业，过去长期位居榜首的可口可乐落到了第 4 位，市值一直徘徊在 700 亿美元，而科技企业微软一年增加了 10%。2017 年全球品牌市值排名前 10 名，见表 18-1。

表 18-1　2017 年全球品牌市值排名前 10 名

2017 年排名	品牌标志	所在行业	品牌价值变化（%）	品牌价值/百万美元
1	Apple	技术	+3	184 154
2	Google	技术	+6	141 703
3	Microsoft	技术	+10	79 999
4	Coca-Cola	饮料	−5	69 733
5	amazon	零售	+29	64 796
6	SAMSUNG	技术	+9	56 249
7	TOYOTA	汽车	−6	50 291
8	f	技术	+48	48 188
9	Mercedes-Benz	汽车	+10	47 829
10	IBM	商业服务	−11	46 829

18.2 企业知识管理

联合国国际劳工组织于 1986 年正式提出"知识管理"这一概念。知识管理（knowledge management）是知识经济时代涌现出来的管理思想与方法，它融合了现代信息技术、知识经济理论、企业管理思想和现代管理理念。从知识的角度看，企业是知识的生产者、储存者和整合者。知识管理是企业管理的一项重要内容，主流的商业管理课程，如 EMBA 及 MBA 等的课程均将"知识管理"作为管理者的必备技能要求包含在内。

18.2.1 知识与信息

在企业创新的过程中，往往形成大量的、新的信息，但信息不等于知识。

1. 信息

信息是经过加工、组织后的数据，即以有意义的形式加以排列和处理的数据。信息管理是对以有意义的形式加以排列和处理的数据进行的进一步的整理、归纳、存储、利用和研究等。申农（1948）在《通信的数学理论》中指出，信息是"能够用来消除不确定性的东西"。达文波特（1998）把信息定义为"试图改变接收者认识的东西"。奎格利（1998）等人则认为，信息是回答"when""where""what"和"who"问题的文本或数据。

2. 知识

知识是对基于信息的有关事实之间的因果性或相关性联系的客观反映。《辞海》（1980 年版）的定义是："人们在社会实践中积累的经验，从本质上讲，知识属于认识范畴。"《韦伯斯特词典》（1997）的解释是："知识是通过实践、研究、联系或调查获得的事实或状态的认识，是对科学、艺术或技术的理解，包括人类获得的关于真理和原理的认识的总和。"奎格利（1998）则认为，知识是回答"how""why"问题的文本。根据知识管理学家达文波特和普鲁萨克（1998）的界定：知识是一种有组织的经验、价值观、相关信息及洞察力的动态组合，它所构成的框架可以不断地评价和吸收新的经验和信息。它起源并且作用于有知识的人们的大脑，知识就是可以转化为行动的信息。

3. 信息与知识的差异

IBM 认为"信息是数据处理的产物，知识则是信息与人的经验及分析能力相结合的产物"。情报学家塞得曼（1997）认为"信息是被收集、被排列但未被加工、分析和理解的数据。知识则是被加工成清晰的概念，并能深化人的认识，使人受到启迪的信息"。在《创造知识的企业——日本企业怎样创造创新的动力》一书中，野中郁次郎(1995)对知识和信息的区别专门进行了说明。他认为：①与信息不同，知识与信念、承诺有密切的关联，知识所反映的是一种特定的立场、视角或者意图。②与信息不同，知识是关于行动的概念。知识总是为了某种目的而存在。③知识和信息均与意义（meaning）有关。达文波特和普鲁萨克（1998）也认为，知识与人紧密相连，信息经人脑处理的结果并存在于人脑中就是知识，而脱离人脑后的其他存在形式，则是信息。彼得·圣吉奥一针见血地指出："知识就是行动的能力。"

18.2.2 知识的分类

1. OECD 的分类

经济合作与发展组织（OECD）在 1996 年明确提出了"以知识为基础的经济"，将知识归之为以下 4 类。

（1）事实知识（know-what），这类知识是可以通过观察、感知或数据呈现的知识。

（2）原理知识（know-why），包括自然原理或法则的科学知识。

（3）技能知识（know-how），指有关技术的知识或做事的技术诀窍。

（4）人际知识（know-who），应该向谁请教问题的知识。

2. 两分法：显性知识与隐性知识

迈克尔·波兰尼（1997）提出："人类的知识有两种。通常被描述为知识的，即以书面文字、图表和数学公式加以表述的，是一种类型的知识。而未被表述的知识，我们在做某事的行动中所拥有的知识，是另一种知识。"他把前者称为显性知识（explicit knowledge），而将后者称为隐性知识（tacit knowledge）。

野中郁次郎（2001）认为：显性知识是可以用正式的、系统的语言来表达，可以用数据、科学公式、说明书和手册等形式来共享，容易被处理、传递和储存的知识。隐性知识则是高度个人化、情境化、内在化的，难以公式化和用语言清楚地表达、传递。

3. 三分法显性知识：隐含知识和隐性知识

弗雷德·尼科尔斯（2000）在波兰尼（1997）和野中郁次郎（2001）等人对显

性知识与隐性知识的两分法研究的基础上，进一步把所有的知识划分为三类，即显性知识、隐含知识和隐性知识，并认为已经以文档、标准、产品设计书、公式和计算机程序等形式表现的知识是显性知识，能够显性化而没有显性化的知识是隐含知识，而不能够显性化的知识则是隐性知识。

许多学者都十分重视隐性知识创新对企业竞争的作用。德鲁克（1999）认为："隐性知识，如某种技能，是不可用语言来解释的，它只能被演示证明它是存在的，学习这种技能的唯一方法是领悟和练习。"他还认为："隐性知识源于经验和技能。"隐含经验类知识由于其巨大的客户价值、稀缺性以及难以模仿性和复制性，成为企业持续竞争优势的真正源泉。对于企业来说，编码化的知识显然不可能形成持续的竞争优势。但是，在企业中，经验、技能和心智模式等这些隐含经验类的知识由于其巨大的客户价值、稀缺性、不易模仿性和复制性，成为企业持续竞争优势的真正源泉。

18.2.3　企业知识管理的概念

美国生产协会认为，知识管理以部门间信息共享为主要目标，充分保证信息传播的效率水平和利用水平，从而为组织目标的实现提供有效的保障。我国学者乌家培（1999）提出，知识管理是对信息管理的创新和发展。以信息、活动与个人之间的科学连接为实现基础，通过人际交互实现知识、信息的高效共享，发挥群体智慧提升创新能力，从而为企业发展奠定竞争优势基础。

本书认为：企业知识管理是指在企业组织中构建一个量化与质化的知识系统，让组织中的知识，透过获得、创造、分享、整合、记录、存取、更新、创新等过程，不断地回馈到知识系统内，形成永不间断的企业知识的循环，并在企业组织中管理与应用知识，使企业获得持续的竞争力。一句话概括为：企业知识管理是以企业中知识的生产、获取、使用和传播为内容进行规划和管理的活动。

企业知识管理的七大领域，见表18-2。

表18-2　企业知识管理的七大领域

知识管理领域	主要内容
客户知识管理	了解客户，以及终端客户的需求；与客户充分沟通，取得反馈；企业各部门共享客户知识；建立CRM系统；识别新的市场机会
人力资源知识管理	了解人的思维方式和心智模式；建立学习型团队；建立知识共享的网络系统；建立先导小组和创新小组；将体现在员工头脑里的隐性知识转变为显性知识

续表

知识管理领域	主 要 内 容
产品与服务知识管理	提供个性化的产品和服务；提供产品和服务的详细信息；编制产品和服务手册；建立产品和服务的质量保证体系；物化在机器设备中的知识；体现在图书、资料、说明书、报告、软盘和光盘中；计算机中的编码化知识
流程知识管理	整合企业流程管理的知识；进行流程再造；建立流程效率的监控与评估体系
信息存储管理	建立信息共享系统；建立有效的数据库；建立人才库；建立局域网和交流平台
关系网知识管理	改进企业内外部的知识流动；建立合作伙伴关系网；建立供应商的关系网；建立投资者的关系网
资产知识管理	人力资本（技能、知识和经验）；组织资本（系统、流程和数据库）；客户资本（数量、质量和忠诚度）；知识产权（专利、版权和商标等）

18.3 企业知识管理案例

18.3.1 麦肯锡的全球咨询业务——显性知识的管理与应用

麦肯锡作为全球知名的咨询公司，特别是在金融领域，它们为许多大型企业做过咨询项目，如西南证券公司的发展战略等。很多的时候，接受咨询的标的高达几千万元。但是在谈判时，出现在客户面前的团队往往不超过 10 人，有的客户会抱怨：麦肯锡是大医院派来了小大夫，还拿着高工资。但是，在了解了麦肯锡后发现，麦肯锡业务人员的后面是强大的知识支持系统，几千名研究人员将麦肯锡曾经做过的上千种最佳的业务组成案例库，储存在公司的知识库中，并对一线业务人员随时提供支持服务。这就是麦肯锡的知识管理，将所有公司曾经做过的，甚至是同行做过的优良项目经验，储存在业务档案中，随时为一线人员提供借鉴和服务，一线人员有任何问题都可以从知识库获得支援，所以他们可以做到"大医院可以派小大夫"，因为"小大夫"的后面是庞大的"老大夫"的经验和在后台提供的支持服务，如图 18-3 所示。这就是知识管理！

18.3.2 美国施乐公司的《员工工作胜任指南》——显性知识的应用

某单位购买了 1 台美国施乐复印机，由于使用太频繁，复印机放置条件比较差，3 个多月后，机器出现故障。联系后，施乐公司马上派来了一位年轻的维修工。在交谈中，问第一次送货的小师傅为什么没有来，回答被日本佳能公司挖走了。新来的维修工到公司仅有 1 个多月，便问："你能修吗？"年轻人从包中拿出一本美

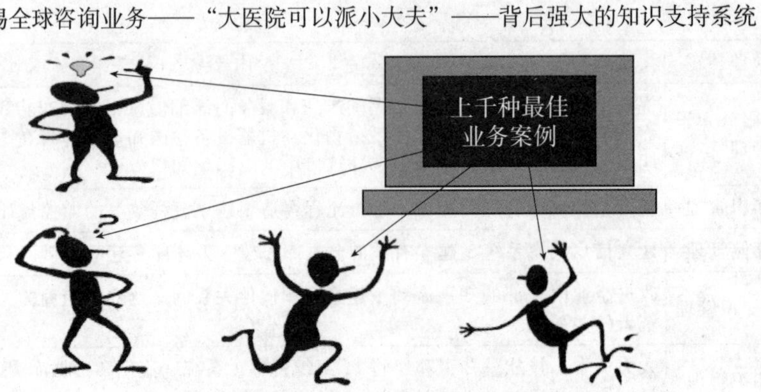

麦肯锡全球咨询业务——“大医院可以派小大夫”——背后强大的知识支持系统
上千种最佳
业务案例

图 18–3 知识管理——企业工作经验总结

国施乐公司编写的《员工工作胜任指南》。

在施乐公司，新招人员要集中进行一周的学习，材料就是这本《员工工作胜任指南》。该指南将复印机发生过的所有不同的故障、如何解决进行了经验性的全面总结，经过一周的培训，新的维修人员能够解决 75% 左右的复印机故障。如果有解决不了的，有经验丰富的老师傅随时提供后援。这就是知识管理：将施乐公司复印机过去遇到的所有故障和解决经验储存在知识库里，大大地提高了培训和解决问题的效率，如图 18–4 所示。

美国施乐公司的《员工工作胜任指南》
交互式
岗位
要求

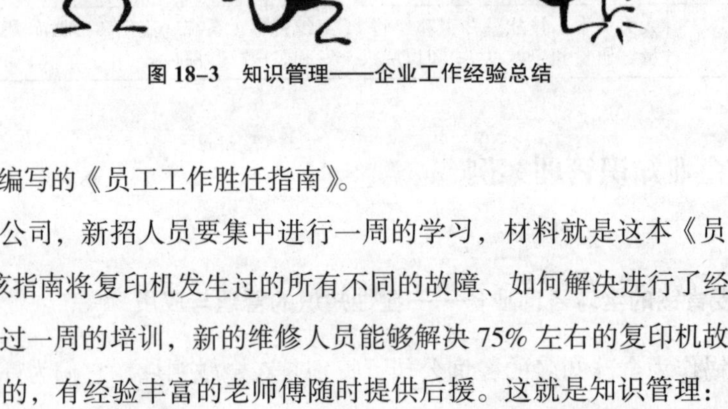

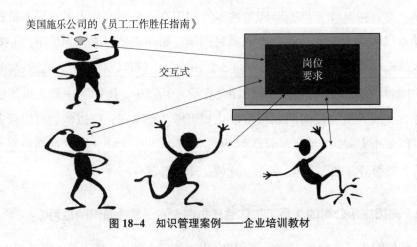

图 18–4 知识管理案例——企业培训教材

18.3.3 产品装配说明书——隐性知识转变为显性知识

国内最大的内河船舶设计院在一次船舶涡轮减速箱的产品设计生产中出现了大量的废品。

就在企业和车间都在埋怨设计有问题的时候，产品设计师（高工）在调查的时候，发现现场一位6级老师傅一声不吭，后来，高工单独请教这位老师傅的时候，老师傅才说出故障的原因，他认为主要是装配工序错了，由于这是一台高速旋转的涡轮减速器，要将电机轴输出的高速通过两个齿轮的啮合传动减速增大扭矩输出，因此要求两个齿轮的对中性要非常好，齿面的啮合才均匀。但是由于装配没有按照一定的顺序进行，破坏了这种齿轮的对中性，使齿轮齿面接触不好，因此在高速下出现了齿面被打坏的废品现象。高工在倾听的时候，马上拿出工作本，记下了老师傅的装配顺序，立即编辑油印了一份船舶涡轮减速箱装配说明书，发给装配人员人手一份，严格按照说明书规定的顺序安装产品，大大提高了产品的合格率，甚至是优良率。

这就是知识管理：如何将存在于企业有知识经验员工头脑里的隐性知识，从"暗默"的知识变成"明码"的显性知识，是任何一个企业知识管理的重要任务，如图18-5所示。

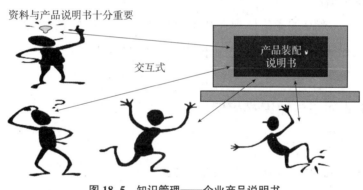

图18-5　知识管理——企业产品说明书

本章思考题

1. 简述数字、信息与知识的区别与联系。
2. 知识经济时代下企业资产结构有什么变化？
3. 如何进行知识的分类与分级？
4. 综合实践题：结合自己工作的企业，制定加强本企业知识管理的规章制度。

第 19 章 企业知识产权管理

本章的核心内容：
- 创新与知识产权的关系
- 技术创新与知识产权相关的理念
- 知识产权体系
- 企业知识产权管理的功能、目的和内容

进入 21 世纪，企业家们普遍认识到：企业的竞争体现在市场上、市场的竞争体现在产品上、产品的竞争体现在技术上、技术的竞争体现在知识产权保护上。加强企业知识产权管理已经成为企业长期发展的重要管理职能。

19.1 企业创新与知识产权保护

19.1.1 创新与知识产权制度安排的理论基础

1. 为什么需要知识产权保护——主流经济学家的观点

熊彼特时代（1943 年），技术以及技术创新一直在经济学、工业组织学和区域发展中扮演着重要的作用（多西等人，1998；钱德勒等人，1998；弗兰斯曼，1999）。在技术创新理论中，技术创新的模仿起着重要的作用。在熊彼特看来，经济会由于创新而增长，这是因为，创新一经出现，往往会引起其他企业的模仿，普遍的模仿会掀起、引发更大的创新浪潮，从而使经济走向高涨。当较多的企业模仿同一创新后，创新的浪潮即告消失，经济增长停滞，经济要再度增长，就必须有新一轮的创新，只有不断地创新和普遍的模仿，才能保证经济持续增长。模仿是技术创新溢出效应的重要方式。

但是，一个不能回避的问题是技术创新活动是追求经济利益的活动，人们愿不愿意创新，与技术创新的收益相关，而技术创新的收益在很大程度上取决于创新者与创新成果之间的产权关系，以及社会对创新产权的保护状况。50多年前，经济学家肯尼斯·阿洛（1962）提醒经济学家们注意产业中的研发投资与技术变化的关系。他观察到："当由投资产生的知识被不情愿地扩散到竞争者那里时，一个企业从事研发投入的激励将减少。"米切尔·史本斯（1984）也发现："在溢出方面的增加，将减少企业在研发方面的投资。"许多著名的学者，如熊彼特（1950），施莫克勒、埃文森和基斯列夫（1979），罗森堡（1979），格里利奇斯（1979）和M-史本斯（1984）都研究了溢出效应对研发的影响。他们指出，占有的程度影响研发投资。因为知识具有外部性，使得大量的模仿存在，模仿的企业可以用较少的成本从事相关的研发活动。但是，过度模仿会影响创新者的积极性。正如经济学家诺思指出的，一个社会如果没有实现经济增长，那就是因为该社会没有为经济方面的创新活动提供激励，也就是说，没有从制度方面去保证创新活动的行为主体应该得到的、最低限度的报偿或好处。通常，创新可以被别人无代价地模仿，而发明创造者得不到任何报酬，直到现代，不能在创新方面建立一个系统的产权制度仍是技术变化迟缓的主要根源。可以说，创新活动的水平在很大程度上归因于产权激励机制的不断完善。

2. 为什么技术创新产权需要制度安排——主流制度学派的观点

对于以发明创造为特征的技术创新，由于发明创造的费用往往很大，而公开之后，仿制和抄袭的成本很低，"学习"的代价远远低于发明创造本身。因此，要保持创新活动的持久和效率，需要在制度上作出安排，社会必须要求有一种制度来保护技术创新产权。这种制度必须使技术创新者从创新产权中得到的收益率接近社会收益率。诺思通过对公元900—1700年间西方经济史的考察，认为"对经济增长起决定性作用的是制度性因素，而非技术性因素。技术创新需要制度创新，制度创新的核心是产权制度的创新""一套鼓励技术变化，提高创新的私人收益率使之接近社会收益率的系统的激励机制仅仅随着专利制度（知识产权制度）的建立才被确立起来"。

19.1.2 知识产权与国家创新政策的结合

20世纪80年代以来，瑞典经济学家伦德瓦尔提出了"国家创新体系"（National

Innovation System)的概念,在国家创新体系中,政府的作用在于为创新设立制度规则和制定创新政策,可以是技术的、商业的、法律的、社会的和财政的。在法律中,对技术创新产权进行保护的有关知识产权制度起着越来越重要的作用。无论是发达国家还是发展中国家,都面临把技术创新产权与国家技术创新体制和政策相结合的现实问题:美国是把技术优势变成技术垄断;日本是变模仿创新为自主创新;我国是从增强国家创新能力出发,加强原始创新、集成创新和引进消化吸收再创新。

1980年12月,美国卡特总统竞选连任失败,里根当选总统。在美国国民群情激奋的时刻,即将卸任的卡特坐在白宫却在为制定一项新法案做最后的决策,最后一项法案是什么呢?

1979年10月31日,卡特向议会提交了关于"产业技术创新政策"的咨文。

"……我国历史上具有技术创新的优良传统,美国曾经是世界领袖。但是,今天我们的产品受到来自外国的不断增大的竞争威胁。现在世界上一些先进的产业国家正致力于通过技术创新来巩固其在竞争中的地位。""不容再忽视的挑战,要应对这一挑战,我们必须制定出在今后的几十年中,提高国家竞争力和振奋企业家精神的特殊政策。"

不言而喻,这里的外国主要指"日本",卡特总统将要签署的就是专利法修正法案。接下来,就让世界看到了"美日集成电路专利战""照相机自动聚焦专利战"……美国企业利用知识产权横扫日本产业界,把日本辛辛苦苦依靠贸易赚的7 500亿美元又给赚回来了。

今天,美国开始对中国采取这种知识产权战争。美国几乎对所有对其产业和企业竞争构成威胁的中国企业开展了专利战和技术封锁,尤其将华为等中国创新力强的企业列入实体清单,以采取全方位的限制措施。

19.1.3 美日专利战启示录

20世纪80年代,美日围绕专利侵权诉讼,进行了多年的交锋。

【经典案例19-1】世界上第一块集成电路(核心专利战)

美国得克萨斯仪器公司(TI)是世界上第一块集成电路的诞生地。然而,日本对这项技术的模仿与改进创新,使日本电子产业几乎打垮了美国的厂商并占领了大部分的市场。1987年,TI以侵犯DRAM基本专利为由,对日本及韩国的9

家企业提出起诉。其中除了日本电器公司以互惠交叉许可的方式作了和解外,其他8家企业同意支付的专利费共计6.8亿美元。对此,TI副总裁杜科比指出:"TI从1986年起,虽然已获6.8亿美元的专利使用费,但投入研究与开发的经费为23亿美元。"

【经典案例19-2】改进与模仿的区别(从属产权专利战)

在美国霍尼维尔公司对日本美能达等照相机及摄像机制造商进行的侵犯专利权诉讼中,主要涉及改进的发明与基本发明的产权关系。

20世纪70年代,霍尼维尔公司在照相机自动聚焦领域取得重大发明,1975—1977年,由发明人诺曼斯弗申请的4项重要发明获得美国专利,有效期为92~94年。其中,最重要的一项是一组镜头将视野内的物体在两个固态传感器中产生分离的图像,只有在镜头对于视野中的物体调好聚焦时,传感器的定位方式才使两个传感器能够检测到相同的光分布,由传感器发出的信号控制一个马达,前后移动镜头,使两个传感器检测到相同的光分布。只有新一代的袖珍照相机可以免受霍尼维尔公司专利的攻击。因为这些照相机中大多数采用超声波或红外线作为检测信号来对焦。

美能达公司获得该信息后,经研究,认为霍尼维尔公司的自动聚焦微型组件技术有缺陷,决定自己开发自动聚焦系统,并开发出了两种照相机。其设计的"MAXNUM"系列,推向美国后效果很好,进而确立了在美国的地位。这种照相机对霍尼维尔公司的专利技术作了一些修改,美能达公司拒绝购买霍尼维尔公司的专利,于是霍尼维尔公司于1987年对美能达公司进行了侵权诉讼,经过长达6年的诉讼,最终裁决美能达公司败诉,令其一次性支付霍尼维尔公司1.27亿美元的专利使用费。随后,霍尼维尔公司又对佳能、尼康、潘太克斯、奥林帕斯和亚西卡等厂家进行诉讼,最终获得数十亿美元的专利使用费。接着,霍尼维尔公司又在摄像机领域对日本企业侵权提出诉讼,最后又获得了几十亿美元的专利使用费。

19.1.4 自主创新与自主知识产权

判断1:知识产权决定各国企业在产业链上的分工和竞争优势

从全球市场竞争看,知识产权决定各国企业在产业链上的分工和竞争优势。如图19-1所示是一个典型的制造业产业链。

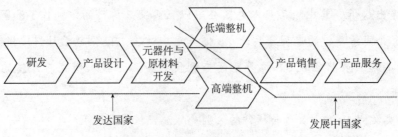

图 19-1 典型的制造业产业链

在该产业链的分工上,发达国家的企业主要做产业链的中高端,由研发(R&D)、产品设计、元器件与原材料开发、高端整机组成。发展中国家的企业主要做产业链的中低端,由低端整机(主要是装配)、产品销售、产品服务等构成。

这种由知识产权优劣势决定的产业分工,反映到国际贸易的结构中泾渭分明。例如:过去中国出口到美国、欧洲的主要是轻工产品,中国买一架空客 A380 需卖出 8 亿件衬衫,买一架波音 777-300ER 必须卖出 7.4 亿件衬衣。曾经,我们的 DVD 企业制造了全世界将近 80% 的产品,但是发达国家组成的 6C 联盟和 3C 联盟凭借专利和技术标准,从每台中国出口的 DVD 产品中拿走 18 美元的专利费,而中国企业仅仅得到 1~2 美元的利润。

2013 年,尽管我国的对外贸易出口已经是世界第一,但是在国际贸易中出现的"放量下跌"现象(出口量增大、出口商品的平均价格下降和企业利润下跌)引人担忧。但是,这种分工是由企业所拥有的知识产权的优劣势决定的。正因如此,发达国家的企业充分认识到了:企业的竞争体现在市场上、市场上的竞争体现在产品上、产品的竞争体现在技术上、技术的竞争体现在知识产权上、知识产权的竞争体现在技术标准上,上述竞争的根源最后都体现在企业的创新能力上。

判断 2:自主创新的本质是获得自主知识产权

近年来,在企业技术创新领域,技术创新理论与知识产权理论的结合正在对企业的自主创新模式产生重大影响。进入 21 世纪,发达国家为了巩固在世界经济发展中的主导地位,纷纷出台了一系列促进创新保护的知识产权政策。世界上创新型国家的基本标志是 70% 的新财富是靠技术创新实现的。促进创新的核心是企业加强了对自主知识产权的创造、运用、管理和保护。美国公布的 21 世纪战略核心是"保护知识产权,维护美国的竞争优势"。运用自主创新获得的知识产权,成为美国企业最大限度地获取市场效益、遏制竞争对手的关键。日本在 2003 年公布的《日本知识产权促进战略》中第一次提出"知识产权立国"的国家战略,这是日本在总结了过去"技术立国""科技立国"后,针对日本核心技术自主知识产权不足提出的新战略。

从理论上讲,学术界到目前为止对自主创新还没有一个统一、规范的概念。但是,现有界定都强调了自主创新与知识产权密不可分。邬贺铨院士认为"从政治、经济方面讲,没有自己的核心技术永远处于被动地位,自主创新实际上是国家的自主,是站在整个国家利益上的自主,代表国家自立于世界之林能力上的自主"(《科技日报》,2005年3月21日)。吴贵生(2006)认为"自主"是针对我国过去过分依赖引进技术而言的。自主是前提,创新是要害,知识产权是关键,创新能力是核心。雷家骕(2006)认为自主创新即创新过程具有科技含量、创新结果具有全部或部分自主知识产权。高旭东(2006)把自主创新定义为以形成拥有知识产权的技术为目的的科研活动。柳卸林(2005)更简洁地指出,自主创新是"创造了自己知识产权的创新"。王九云认为面对当今日益激烈的国际技术创新与知识产权竞争,在技术创新过程中的知识产权保护呈现十大趋势,这既有利于据此进一步规范技术创新,也有利于据此全面调整知识产权战略,特别是保护知识产权战略。朱雪忠等人研究了促进我国自主创新的知识产权管理问题,特别指出要改变我国企业创新过程中存在的"重科技成果鉴定、轻专利保护"的政策导向问题。

我国提出的"自主创新"有以下3层含义。

(1)强调原始性创新,即努力获得新的科学发现、新的理论、新的方法和更多的技术发明。

(2)强调集成创新,使各种相关技术有机融合,形成具有市场竞争力的产品或产业。

(3)强调对引进先进技术的消化、吸收与再创新。

本教程认为:自主创新是技术创新的一种战略选择,具有以下3个特点。

(1)技术突破的内在性。自主创新必须产生自主知识产权,这是自主创新的本质特征。

(2)技术与市场的率先性。率先性虽然不是自主创新的本质特点,但却是自主创新努力追求的目标。新技术成果具有独占性,在技术研发的竞争中,真正取得知识产权法律赋予垄断权的成功者只有一个。自主创新的优势在很大程度上正是由技术与市场两方面的率先性决定的,而率先性的优势绝大多数(尽管不是全部)都采用了知识产权的保护和认可。

(3)知识和能力支持的内在性。知识和能力的支持是创新成功的内在基础和必要条件。知识和能力直接关系到企业对不同自主创新模式的选择(傅家骥,2000)。

19.2 知识产权体系

19.2.1 知识产权及其体系的概念

1. 知识产权体系的构成

按照世界知识产权组织(WIPO)的定义,财产分为以下3类。

(1)动产:即可以移动的物产,如汽车、手表。

(2)不动产:即土地和永久固定在土地上的东西,如房屋等。

(3)知识产权(知识财产):知识产权的对象是人的心智、人的智力的创造。

按照1967年7月14日在斯德哥尔摩签订的建立世界知识产权组织公约的界定,知识产权体系,如图19-2所示。

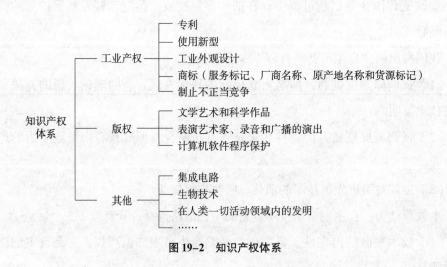

图19-2 知识产权体系

2. TRIPS协议

与贸易有关的知识产权协议规定,知识产权包括以下内容。

(1)著作权及邻接权。

（2）专利权。

（3）工业品外观设计权。

（4）商标权。

（5）地理标志权：《巴黎公约》表达为原产地信息。

（6）集成电路布图设计权：这是近10年来出现的新权。

（7）未公开信息：为拥有者带来经济和社会效益的信息，其包括的内容十分宽广，从技术秘密到经营的客户名单，主要涉及刑法的商业秘密。

（8）植物新品种：近20年来的新成员。

3. 不正当竞争

（1）保护的对象是针对违反工商业中诚实的、习惯做法的竞争行为的。

（2）不正当竞争的活动和习惯做法的范围是很广的，《巴黎公约》认为下列3种习惯做法是不正当竞争：

1）具有不择手段地对竞争者的营业场所、商品或工商业活动造成混淆那样性质的一切行为。

2）在经营商业中，具有损害竞争者的营业场所、商品或工商业活动的名誉那样的说法。

3）在经营商业中，使用会使公众对商品的性质、制造方法、特点、适用性或数量易于产生误解的表示或说法。

（3）发展中国家商标、厂商名称和不正当竞争虚伪示范法的释义认为还有12种习惯做法是不正当竞争。

1）贿赂竞争者的买主以获得或保持它们的惠顾。

2）进行间谍活动或对其雇员进行贿赂以获得竞争者的经营秘密或贸易秘密。

3）未经过许可而使用或泄露竞争者的保密技术诀窍。

4）劝诱竞争者的雇员违反其雇用合同或脱离其雇主。

5）恶意的或者以使竞争者减少贸易和妨碍竞争为目的，以专利或商标侵权诉讼对竞争者进行威胁。

6）抵制贸易以阻止或妨碍竞争。

7）意图和实现妨碍或压制竞争的目的而倾销，即以低于成本的价格销售。

8）造成这样的印象，即已经向客户提供按照非凡有利的条件购货的机会，而事实并非如此。

9）依样仿效竞争者的商品、服务、广告或贸易的其他特点。

10）鼓励或利用竞争者违反合同。

11）发布与竞争者的商品或服务进行比较的广告。

12）违反不是与竞争者直接有关的法律规定，以便通过这种违反获得不正当的利益而胜过其他竞争者。

4. 知识产权的新发展

随着人类科技的不断发展，世界知识产权组织对不断涌现的新技术都进行了知识产权法的界定和保护，20世纪90年代以来，新增加的知识产权保护领域主要有：计算机程序、集成电路、生物技术（克隆技术和基因技术等）和数字化技术的知识产权保护。

【案例19-1】牛津大学域名纠纷

2001年8月28日，世界知识产权组织宣布，域名"牛津大学"（Oxford University）属于英国牛津大学而不是一个恶意抢注该域名的网站，这意味着牛津大学在互联网域名争夺中成功地夺回了已有800年历史的学校名称。

在过去的两年里，牛津大学与一位自称"牛津大学先生"的人进行过两次有关域名的交锋，这位"牛津大学先生"在互联网上先后注册了"牛津先生"域名和"牛津大学先生"域名，但后来都被牛津大学夺回。世界知识产权组织的文档显示，这位所谓的"牛津人士"原来只是澳大利亚新南威尔士州的一位名叫西格尔的先生，与牛津大学沾不上任何关系。

2001年6月，牛津大学的官员们向世界知识产权组织提起诉讼，要求西格尔将注册的"牛津大学"域名（www.university-of-oxford.com）归还给牛津大学。世界知识产权组织经过两个多月的调查，裁定该域名应当属于牛津大学。

对于世界知识产权组织的裁定，西格尔没有提出任何异议，似乎他自己也知道这个域名应当属于谁。但是人们在评议该事件的时候，对牛津大学保护自己域名的懈怠还不如个人提出了质疑。该案例警示任何机构和企业都应该注意保护自己的知识产权。

19.2.2 知识产权体系的国内外法律保护体系

经过100多年的发展，知识产权保护体系也在不断完善。国际主要知识产权的构建历程，见表19-1。

表 19-1 国际主要知识产权体系的构建历程

知识产权体系	颁布、修订历程
《成立世界知识产权组织公约》	1967 年 7 月 4 日在瑞典斯德哥尔摩签定
《保护工业产权巴黎公约》	1883 年 3 月 20 日制定，1900 年 12 月 14 日在布鲁塞尔修订，1911 年 6 月 2 日在华盛顿修订，1925 年 11 月 6 日在海牙修订，1934 年 6 月 2 日在伦敦修订，1958 年 10 月 30 日在里斯本修订，1967 年 7 月 4 日在斯德哥尔摩修订
《商标国际注册马德里协定》	1891 年 4 月 14 日签定，1900 年 1 月 14 日修订于布鲁塞尔，1911 年 6 月 2 日修订于华盛顿，1925 年 11 月 6 日修订于海牙，1934 年 6 月 2 日修订于伦敦，1957 年 6 月 15 日修订于尼斯，1967 年 7 月 14 日及 1979 年 10 月 2 日修订于斯德哥尔摩
《关于集成电路的知识产权条约》	1989 年 5 月 26 日在华盛顿签定
《伯尔尼保护文学和艺术作品条约》	1896 年 5 月 4 日在巴黎补充完备，1908 年 11 月 13 日在柏林修订，1914 年 3 月 20 日在伯尔尼补充完备，1928 年 6 月 2 日在罗马修订，1948 年 6 月 26 日在布鲁塞尔修订，1967 年 7 月 14 日在斯德哥尔摩修订，1971 年 7 月 24 日在巴黎修订，1979 年 10 月 2 日更改
《世界版权公约》	1971 年 7 月 24 日修订于巴黎

19.2.3 知识产权体系的中国法律保护体系

经过 10 多年的努力，我国知识产权保护体系不断完善。国际知识产权组织前干事长鲍格胥曾经评价：中国用十几年的时间走完了发达国家 100 多年的知识产权立法历程。我国主要知识产权体系的构建历程，见表 19-2。

表 19-2 我国主要知识产权体系的构建历程

知识产权体系	颁布、实施时间
《中华人民共和国技术合同法》	1987 年 6 月 23 日人大通过，1987 年 11 月 1 日实施
《中华人民共和国专利法》	1984 年 3 月 12 日人大通过，自 1985 年 4 月 1 日开始施行
《中华人民共和国商标法》	1982 年 6 月 23 日人大通过，自 1983 年 3 月 1 日开始施行
《中华人民共和国著作权法》	1990 年 9 月 7 日人大通过，实施条例于 1991 年 5 月 24 日经国务院批准，1991 年 6 月 1 日开始实施
《集成电路布图设计保护制度》	2001 年 3 月 28 日国务院第 36 次常务会议通过，自 2001 年 10 月 1 日起施行

19.3 企业知识产权管理体系的内容

2013 年 3 月 1 日，我国颁布实施《企业知识产权管理规范》，这是我国首部企业知识产权管理国家标准。

企业知识产权管理是指企业对其所拥有的知识产权资源进行有效的计划、组织、领导和控制，以实现最佳经济效益和提高竞争力的过程，主要包括：知识产权创造管理、知识产权信息管理、知识产权应用管理、知识产权保护管理、知识产权战略管理和知识产权组织管理。

19.3.1 知识产权创造管理

企业知识产权创造管理的核心是知识产权来源管理，促使企业不断产生具有竞争优势的知识产权，主要内容见表19-3。

表19-3 企业知识产权创造管理的主要内容

功能或目的	管理的主要内容
重视企业知识成果产权化	为企业的技术创新成果申请专利，把"鉴定型成果""奖励型成果"转变为"产权型成果"，开展研发成果专利三性（新颖性、创造性、实用性）审查。获得知识产权，如专利申请、商标注册、版权（软件）登记、保密防范等技术标准的制定与管理工作，将知识产权管理纳入企业技术创新管理全过程，保障企业知识产权创造所需要的申请费、维持费等财务经费支持
加强知识产权中介代理工作	加强与知识产权中介部门的合作，做好企业知识产权分项代理工作
制定知识产权激励政策	制定促进企业知识产权创造的激励机制和各项政策与措施。将知识产权指标纳入企业考核工作中
维护知识产权的持有，缴纳费用	开展知识产权申请与维护的成本分析，确定知识产权保护期限，跟踪、缴纳相关产权申请与维持费用，维护好企业的知识产权
知识产权人才的引进与培养	组建企业知识产权管理队伍，制定知识产权管理人才的招聘、使用、考评制度
企业知识产权知识培训	提高企业科技人员的知识产权意识和管理水平，制订企业知识产权培训计划，开展不同层次、不同内容的培训活动，培养知识产权的动力源
企业知识产权管理制度的制定	制定企业知识产权管理的各项制度，鼓励创新创造；从制度和流程上保障企业知识产权的创造和产权化管理；结合创新型企业建设，建立企业知识产权考核评价体系

【案例19-2】创新成果非产权化管理造成巨大损失

20世纪80年代，福建农业大学在菌草技术的研究与应用方面获得了突破性进展，先后成功研制了"菌草代木代粮栽培食用菌""香菇、木耳菌草发酵法栽培"等20项具有国际先进水平的成果。然而，这些高新技术中只有3项申请了专利，外国专利仅1项。而且，自1989年以来，在绝大部分技术未申请专利的情况下，我国的菌草高技术已经传递到了16个国家。据推算，用菌草技术每年使用我国1%

的草地就可以生产出 4 000t 菇类食品，产值可达 1 000 亿元人民币。现在全世界每年仅"花菇"一项的产值就达到 100 亿美元，日本就达到 30 多亿美元，尽管有如此之大的市场，该校菌草技术课题的领导者和主要发明人林占喜高级农艺师十分忧虑地说："申请中国专利的经费困难，申请外国专利就更困难了。一些研究人员出国都把资料带出去了，现在想保密是不可能的了。"因为几千元、几万元的专利申请费，就这样轻易地失去了一个广大的国际市场，而同时，该项目却为各种鉴定会、奖励会、学术研讨会、国际发明展览会花费了远远高于专利申请的费用。

19.3.2 知识产权信息管理

专利法律发起人之一的美国发明家本杰明·富兰克林曾指出：专利的目的之一是为了减少重复性研究，并造福于广大民众。从我国目前从事技术创新的整体水平看，低水平重复是一个亟待解决的问题，原因之一在于忽视对专利等知识产权信息的检索。专利文献对技术创新的作用，可以从世界知识产权组织的一项统计调查中看出。根据这项调查，世界上每年发明成果的 90%~95% 可在专利文献中查到，而在其他科技文献中只反映 5%~10%，在应用研究中，经常查阅专利文献可以使研究时间缩短 60%、节省研究经费 40%。目前，全世界每年出版的专利文献为 100 多万份，现有的专利文献已达近 4 000 万份，是技术创新的重要信息源。企业知识产权信息管理，见表 19-4。

表 19-4 企业知识产权信息管理

功能或目的	管理的主要内容
避免侵权（自己或别人侵权）	①避免侵权技术设计/侵权判断 ②对竞争对手及侵权者的知识产权进行监视、异议和诉讼 ③制定知识产权保护策略（防御策略或进攻策略）
跟踪预测技术发展	①跟踪目前国内外专利技术发展的趋势 ②预测未来的技术发展 ③跟踪、分析竞争对手的技术状况和未来发展方向
建立技术资料库	①建立企业内部自有知识产权资料、数据管理信息系统（根据专利检索工具和检索策略、技术分类、资料库建立和更新） ②加强企业外部知识产权信息平台等基础建设（充分利用国内外的专利库）
研发项目查新检索	①立项前的查新、分析和论证 ②研制过程中的查新、分析和论证 ③研制完成申请专利前的查新、分析和论证
进行技术竞争分析	①技术竞争对手分析 ②核心技术识别 ③基本专利辨识

【案例 19-3】研究过程中信息缺乏导致重复研究

由于不注意对信息的动态跟踪,造成重复研究。过去中科院某所曾经对全所正在进行的国家"七五"攻关项目进行专利检索,结果发现该所正在做的60%以上的研究,都在国内外已有专利申请或报道的成果。

【案例 19-4】利用专利信息预测技术发展趋势

美国专利局技术评价与预测处每年对专利申请中增长率最高、外国人拥有比率最大的专利分类中的小类进行统计,并评选出最活跃的技术领域。例如：1975—1977年太阳能热水器从长期无人问津的"死技术"一跃而成为最活跃的技术领域。美国专利局技术评价与预测处在1975—1980年间通过对专利数的变化,评出了150个技术最活跃的领域,它们是此阶段技术创新的重点。

19.3.3 知识产权运营管理

对企业来说,利用好、实施好知识产权就是最好的保护。知识产权的经营管理主要是对知识产权的经营和使用进行规范、研究核定知识产权经营方式和管理方式、知识产权价值交易,在知识产权交易中确保企业长远的竞争利益不受伤害。知识产权运营管理,见表19-5。

表 19-5 知识产权运营管理

功能或目的	管理的主要内容
知识产权无形资产的评估	加强对企业知识产权价值的评估,确定企业所拥有的知识产权的有形价值,这是知识产权运营的基础。将知识产权作为企业最重要的核心资产予以管理,使企业的知识产权价值最大化
知识产权的转移(转化)	①专利、know-how等技术的实施、转让与许可 ②商标权的实施、转让与许可 ③企业根据自身情况确定对知识产权的转让、拍卖和终止 ④知识产权交叉许可
国际贸易中的知识产权	①防止无效知识产权的交易 ②知识产权在合资中的运用 ③知识产权产品的购买与使用管理 ④加强对诸如美国知识产权综合贸易法案301条款、337条款的研究
企业知识产权的开发、实施	①做好知识产权的登记统计 ②推动知识产权的实施应用 ③对知识产权的使用效益情况进行统计,并合理分配。专利是高新技术企业研发投资的重要回报
知识产权资本化	①知识产权资本化(含技术入股等) ②知识产权证券化 ③知识产权资产质押

续表

功能或目的	管理的主要内容
清资核产工作，掌握产权变动情况	①对直接占有的知识产权实施直接管理，对非直接占有的知识产权实施管理、监督 ②对知识产权进行产业价值评估 ③对知识产权的水平、保护范围的最大化、避免侵权的可能性进行评审（其他开发新的替代技术的可能性，反映出技术的难度）

【案例19-5】加强知识产权的多元化运营管理

国家知识产权局公布的数据显示，2019年全国专利转让、许可、质押等运营次数达到了30.7万次，同比增长21.3%。专利和商标质押融资金额达到了1 515亿元，同比增长23.8%。全国涉及知识产权技术合同成交额达到了9 286.9亿元，同比增长137.7%。截至2019年底，知识产权运营服务体系建设重点城市已经增加到了26个，9个国家级知识产权运营平台挂牌各类知识产权12.1万件，注册用户达到28.4万个。2020年第一季度，全国新增专利和商标质押贷款337亿元，同比增长15.5%，质押项目数1 633项，同比增长13.8%，一大批疫情防控物资生产企业通过质押登记绿色通道快速获得融资支持。4月26日，石家庄市召开知识产权运营服务体系建设新闻发布会，提出石家庄知识产权运营服务体系建设将重点完成20项具体任务，包括高价值专利培育、商标品牌培育、专利导航计划、知识产权贯标、质押融资、特色平台、知识产权聚集区、产业联盟和运营服务机构培育等。

品牌是企业的重要资产，需要企业长期的经营。但是，由于不重视品牌的长期经营，我国很多的著名品牌最后丢失了商标权。

（1）美加净：该品牌原占有国内市场近20%的份额。1990年，上海家化与庄臣合资，"美加净"商标被搁置。

（2）中华牙膏：1994年初，联合利华取得上海牙膏厂的控股权，如今，中华牙膏在市场上的份额已少得可怜。

（3）活力28：1996年，与德国美洁时公司合资后，"活力28"这个知名品牌从人们的记忆中渐渐消失了。

（4）南孚电池：2003年，72%的股权落入吉列手中，如今这一曾经占领了大半个中国市场，中国第一的电池品牌已经不属于民族品牌了。

（5）乐百氏：2000年，乐百氏被达能公司收购，现在乐百氏品牌已基本退出市场。

（6）小护士：法国欧莱雅于2003年收购小护士。如今，小护士在市场上几乎销声匿迹。

（7）苏泊尔：苏泊尔品牌销售额约占压力锅市场的40%。2006年8月，法国SEB（世界小家电头号品牌）获得苏泊尔的控股权。

（8）大宝：2008年7月30日，强生（中国）投资有限公司宣布，大宝成为该公司旗下全资子公司。

（9）哈尔滨啤酒：中国历史最悠久的啤酒品牌，诞生于1900年，2004年被百威的母公司安海斯－布希（AB）公司全额收购。

（10）双汇：2006年4月26日，由美国高盛集团、鼎辉中国成长基金Ⅱ授权，香港罗特克斯有限公司（高盛集团的一家子公司）以20.1亿元人民币中标双汇股权拍卖，获得双汇集团100%的股权，间接持有双汇发展35.715%的股权。

【案例19-6】以专利作为资产的创业

电话的发明是人类社会发展史上的伟大壮举。该项伟大的创新应该主要归功于亚历山大·格雷厄姆·贝尔。当贝尔获得电话发明的专利权后，无力将其商业化，绝望中贝尔曾欲以10万美元的费用将电话发明的专利权转让给当时实力雄厚的西方联合公司，却被其拒绝（当然，后来西方联合公司对此深为后悔）。最后，靠着将其专利权出售给波士顿的一些金融家，贝尔才得以建立贝尔电话公司。当然这些金融大亨们在后来的20多年里，从这项技术创新中获得了巨大的收益。

19.3.4 知识产权保护管理

知识产权保护是建立知识产权制度的重要内容之一。特别是对中小企业来说，知识产权保护是企业创新的保护神。企业知识产权保护管理的主要内容，见表19-6。

表19-6 企业知识产权保护管理的主要内容

功能或目的	管理的主要内容
企业知识产权维权管理	①加强对企业产品市场侵权的监视和商务调查，防止产品侵权和被侵权管理 ②参与知识产权侵权纠纷的调处和诉讼等司法程序
企业知识产权保护方案设计	①加强企业人员流动中的技术秘密和商业秘密等知识产权保护 ②加强在企业并购、改制、合资和技术出口等经营中的知识产权监管
研究知识产权法律的变更及其对企业的影响	①掌握最新的知识产权法律变化 ②加强与国内外知识产权界的联系与沟通 ③加强研究知识产权对企业发展的作用和影响

续表

功能或目的	管理的主要内容
知识产权保护制度的建设	①随着新技术、新知识、知识产权新类别的不断出现，知识产权保护范围的不断扩展，企业要制定相应的政策和措施 ②建立企业知识产权应急、预警机制，特别是企业内外相关人才的储备和管理 ③制定、完善企业知识产权内部管理规章制度

【案例 19-7】小企业专利保护——微软与 Stac 公司的专利诉讼案

微软开发的 MS-DOS、Windows、NT、Chicago 等软件，每个都使软件工业界震惊不已。然而，在这场专利权的官司中，微软败在了名不见经传的数据压缩软件供应商——Stac 公司的手下。双方争论的焦点是数据压缩技术（Lempel-Ziv方式），这种技术可以在不需要配置昂贵的硬件情况下改善 PC 机的存储能力。

1991 年，微软公司 MS-DOS 开发部与 Stac 公司协商在 MS-DOS 中引入"Stacker"数据压缩软件的许可，1992 年 6 月由于双方在使用费问题上的争议使协议破裂。1993 年 1 月，微软公司推出了使用 Stac 公司压缩工具——"Stacker"即 MS-DOS6.0 版本。随即，Stac 公司诉讼微软公司侵犯其软件产权。1993 年 3 月，微软公司要求美法院撤销 Stac 公司的专利，并推出了 DoubleSpace 压缩程序的 MS-DOS6.0。"DoubleSpace"压缩软件的出现，使"Stacker"的销量大跌。1993 年 1—9 月，Stac 公司的利润下降到 4.15 万美元，而 1992 年同期为 830 万美元，严重威胁了 Stac 公司的生存和发展。1993 年 9 月，微软公司要求法院下达 Stac 公司的初步禁令失败，难以阻止"Stacker3.1"软件的销售。

1994 年 1 月，微软公司总裁到洛杉矶地区联邦法院出庭作证。1994 年 2 月，Stac 公司推出"Stacker4.1"。1994 年末，法院裁决"DoubleSpace"侵犯了 Stac 公司两项专利权，勒令微软公司向 Stac 公司支付 1.2 亿美元的损失费。

判决后，微软公司称，在结案后的 60 天内推出一种新的数据压缩软件——"Extraspace"替代有争议的"DoubleSpace"软件。这一软件没有使用 Stac 公司的专利技术。显然，知识产权保护加速了技术创新的速度。

判决后，Stac 公司开始与 IBM 公司合作。不仅如此，微软公司与 Stac 公司在有关数据压缩技术侵权的法律纠纷结束后，双方签署了和解协议。Stac 公司同意微软公司使用其数据压缩技术，微软公司也获得了少量的 Stac 公司的股份。

【案例评析】

这场专利权的法律纠纷表明创新产权对创新市场的垄断与竞争的作用是多方

面的:知识产权的确立,对创新企业是十分重要的;知识产权的保护为市场平等竞争创造了良好的环境;知识产权的压力,转化成企业创新的动力;知识产权促进了企业的合作创新。

19.3.5 知识产权战略管理

企业知识产权战略是企业职能战略之一。日本将企业知识产权战略看作企业为了在竞争中保持优势,有目的地有效利用知识产权制度的战略。

本教程认为:知识产权战略是企业从自身的发展出发进行的战略性知识产权活动,从战略上进行攻击和防卫,充分发挥知识产权的各种作用,在技术竞争、市场竞争中谋求最佳的经济效益,保持竞争优势。知识产权战略管理是为了企业的长远利益和发展,充分依靠和运用知识产权制度,使专利等知识产权机制成为促进企业技术创新的一个主要的动力机制和保护机制,在技术竞争和市场竞争中谋求最大的经济利益,并保持自身技术优势的深层次、全局性谋略。

企业知识产权战略的主要内容,见表19-7。

表 19-7 企业知识产权战略的主要内容

功 能	战略的主要内容
企业知识产权战略分类	①企业知识产权总体战略:在现代竞争中,企业知识产权战略已经成为不可或缺的企业职能战略之一,并融合了技术发展战略、组织管理战略和国际化战略等 ②企业知识产权分项战略:专利战略、商标战略、版权战略和技术标准战略等
企业知识产权战略制定框架	①指导思想:知识产权战略制定和实施的基本思路与观念,是整个战略谋划的灵魂,具有一元性、稳定性、纲领性3个基本特征 ②战略定位:在企业总体战略的指导下,寻找适合企业运用知识产权制度获取竞争优势的手段和方法,使企业在知识产权竞争中处于最佳位置 ③战略目标:对企业知识产权战略活动预期要取得的主要成果的期望值,由定性和定量指标组成,具有科学性、长期性、可分解性、可考察性等特征 ④战略重点:对企业知识产权战略具有决定性意义的战略任务,找出并努力解决影响战略目标实现的重大或薄弱的环节 ⑤战略实施:战略实施是战略管理过程的行动阶段,它比战略的制订更重要。战略实施最终体现为采取一系列的实施政策、体制和机制
企业知识产权攻防策略	①防御策略——为防止其他企业知识产权的进攻、恶意侵权与勒索,要有防御策略,采取知识产权交叉许可,避免被卡脖子 ②进取策略——针对竞争者和拟进入市场的竞争者,要有进取策略,排挤竞争对手,获取市场机会,开展诉讼,阻止竞争对手获得优势 ③保护策略——系统考虑,适度、适时申请知识产权保护,获得合法的垄断权,通过排他产权的保护,获得核心竞争优势 ④价值策略——使价值最大化,加强知识产权的动态化利用。开辟市场,保护创新成果,避免支付高额的许可费 ⑤技术预测——基于产业竞争与技术分析,预测技术发展趋势,提前在知识产权领域进行战略布局

续表

功能	战略的主要内容
常见的专利战略	战略1：进攻型专利战略。通过大量的研发和知识产权投入，开展自主创新战略、形成强大的专利组合（Patent Portfolio），获得较多的基本专利。通过知识产权许可获得一定的收益或排斥其他竞争对手获得优势市场地位 战略2：防御型专利战略。异议掉对方专利权、文献公开、交叉许可、失效和无效专利的使用、绕开规避专利技术、开展专利合作与联盟 战略3：专利改进战略。通过分析竞争对手的原创性基础专利，在基础专利的基础上进行各种产品化的改进，并申请大量的改进型专利，使得基础专利的实施还要使用改进型专利，以达到与基础专利交叉许可的目的 战略4：核心技术专利战略。充分利用核心技术申请基本专利，形成专利技术锁定、专利技术路径锁定、核心专利池构建的技术标准锁定；通过保持绝对的技术领先获得行业的事实标准来保证自己的经营安全 战略5：专利应用战略。专利转让出售、专利回输、产品输出专利先行、专利权投资与收购、专利收买战略、专利特许经营战略、专利与技术转让的补偿贸易战略等

19.3.6 知识产权组织管理

知识产权组织建设是知识产权制度管理的前提。企业知识产权组织工作的主要内容，见表19-8。

表19-8 企业知识产权组织工作的主要内容

功能或目的	工作的主要内容
三层次知识产权组织模式	①企业领导有专人分管知识产权工作 ②企业总部设立知识产权管理部 ③企业生产部门或分支机构由专人负责知识产权工作
机构与组织三种架构模式	①隶属研发部门（如技术研发部门）。优点是将研发与知识产权管理直接结合，但知识产权工作难以针对企业整体，适合小企业 ②隶属行政体系（如设置法务部或知识产权部）。优点是有利于知识产权创造、运营、保护等业务的统筹安排，缺点是不易掌握研发动向 ③直属决策层（如总经理室）。优点是将知识产权工作纳入企业整体决策、较易推动相关制度的实施，缺点是不易掌握研发动向，需要多方协调研发部门
知识产权部门管理两大职能	①综合性的知识产权管理工作。主要包括研究并向企业领导层提出实施知识产权的战略、年度知识产权工作计划；各项知识产权管理制度的制定、改进和实施计划；年度工作总结；激励员工的知识产权创造；维护同政府知识产权新增部门、司法机关以及行业性知识产权中介服务机构的联系；对研发成果的价值进行分析评估；技术资料的建档与信息管理；对企业研发过程中的知识产权保护（登记、申请等）；技术贸易与对外单位技术合作中的知识产权管理工作与协议及合同的洽谈和草拟；调查国内外竞争对手对本企业的侵权行为，评估本企业涉及的各项法律诉讼的发展前景、选择律师事务所，处理法律诉讼事宜；向本单位各部门提供有关知识产权方面的法律咨询 ②分项的知识产权管理工作。主要是按照知识产权专业类别进行管理，如企业专利管理工作、企业商标管理工作、企业著作权（软件）管理工作、企业商业秘密管理工作、企业其他知识产权管理工作

19.4 华为的知识产权管理案例

美国波士顿咨询公司在一份研究报告中指出:"中国最成功的企业,是那些建立了内部能力来创造并管理宝贵的知识产权宝库的企业。"华为就是这样的企业。

19.4.1 华为与思科的专利战

2003年1月23日,思科在美国得克萨斯州地方法院正式起诉华为技术有限华为及华为在美国的两家分公司(华为美国公司、Future Wei 技术公司),称华为在美国销售的 Quid Way 路由器和转换器侵犯其专利,盗用包括源代码在内的思科 IOS 软件,抄袭思科拥有知识产权的文件和资料并侵犯思科其他多项专利。

思科,世界上最大的网络及电信设备制造商,2002财年营业额为189亿美元。华为,中国实力最强的网络及电信设备制造商,2002财年营业额为220亿元人民币。与在世界许多其他地方一样,思科虽然在中国的路由器和网络交换机等方面占据了相当可观的市场份额,但在中国,他有一个强有力的竞争对手——华为,华为与思科几乎在全线产品上有直接的竞争关系。

思科之所以选择在美国状告华为,一个非常重要的原因就是华为成功地打入了美国市场,打入了思科的"老巢"。据称,思科在亚太区的收入仅相当于其在美国纽约一个地区的收入。美国市场是思科的发家之地,也是其业绩的主要来源之一。华为"登陆"美国市场,踩在了思科的痛处。

【法律宣判结果】

2003年6月初,美国得克萨斯州的地区法官签署了一份初步禁令,禁止华为使用在思科路由器上运行的部分软件,同时禁止华为使用网上求助文档和用户手册。但该法官拒绝在更大范围上禁止华为使用思科所有的路由器软件。对此,控辩双方都宣布,此项判决是它们的胜利。2004年7月28日,在经历了1年6个月零5天的进退之后,华为与思科的知识产权案最终以和解拉上了幕布。

华为为什么能够取得这样好的诉讼结果?

(1)重视知识产权。2005年华为提交PCT(专利合作条约)国际专利申请249件,在全球申请人中排名第37,超过其老对手思科的212件,并且占到中国PCT国际专利申请量的10%。

(2)重视技术创新并已经国际化。在海外,华为已经分别在印度、瑞典、俄罗斯和美国等地成立了6家海外研究所。目前，其海外市场人员和研发人员已经超过2 000人。

（3）尊重知识产权。为了支付海外市场的专利费用，华为同样花费不菲。以CDMA设备为例，海外市场上，华为向高通缴纳的专利许可费率高达6.75%，而在国内这个比例只有1%。

（4）重视研发投入。华为规定，企业研发经费投入占销售额的比重（研发投入强度）不低于10%。2018年，华为研发投入资金总额113亿欧元，列世界企业第5位（中国企业第1位），研发强度14.7%。2019年华为研发经费高达1 317亿元人民币（约171亿欧元），研发强度达到了15.3%。

19.4.2 华为的知识产权管理

1. 知识产权理念

（1）知识产权作为国际商业竞争的重要组成部分。

（2）企业参与国际竞争必须具备强大的知识产权能力。

（3）切实保护好自己的知识产权，充分尊重他人的知识产权是国际化企业的基本要求。

（4）按照国际通行的游戏规则来处理与其他公司的知识产权纠纷。

2. 原则暨目标

保护、运用自有知识产权，尊重他人知识产权，提高核心能力，有力地支撑产品的全球市场战略。

3. 知识产权战略

（1）知识产权是企业的核心能力，每年把不低于销售收入10%的经费用于产品研发和技术创新，以保持参与市场竞争所必需的知识产权能力。

（2）实施标准专利战略，积极参与国际标准的制定，推动自有技术方案纳入标准，积累基本专利。

（3）始终以开放的态度学习、遵守和运用国际知识产权规则。按照国际通行的规则来处理知识产权事务，以积极友好的态度，通过协商谈判、产品合作、合资合作等多种途径解决知识产权问题。

（4）内部运作。作为整体业务的重要组成部分，知识产权成果的背后，是健全的组织架构、完善的制度体系、全面高效的业务活动、长期持续的投入与积累。

19.4.3 华为的知识产权管理组织运作

（1）组织结构与流程。华为于1995年成立知识产权部，目前拥有300多人的知识产权专职队伍，如图19-3所示。建立预研标准专利体系，预研以标准、专利为导向，输出前瞻性的技术解决方案。

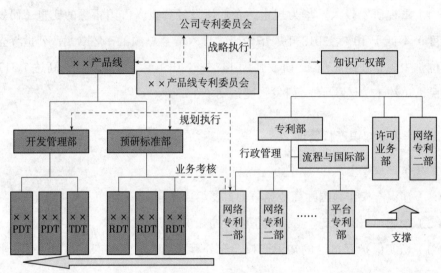

图19-3 华为知识产权组织结构

（2）长期持续的投入与积累。

1）每年将不少于销售额的10%投入研发。

2）知识产权能力的体现源自长期持续的投入与积累，有效的激励机制是保证。

3）专利创新鼓励办法确定的多阶段奖励政策保证发明人全流程地关注其专利申请。

4）专利墙的设置给予发明人的荣誉，极大地激发了研发人员进行技术创新的积极性。

（3）华为采取多种途径实现自有的知识产权价值最大化，包括产品合作，如Motorola、NEC、富士通等；合资企业，如3COM、Siemens等；业务出售，如出售电源业务给艾默生；结成联盟，如参加TD-SCDMA联盟；其他合作方式、项目。

（4）外部事务。

1）始终以开放的态度学习、遵守、运用国际知识产权规则，多方位、多角度地解决知识产权问题、实现知识产权价值。

2）脚踏实地、努力创新，保护自己的劳动和知识产权。

3）诚信对待客户、竞争对手和合作伙伴，尊重他人的劳动和知识产权。

（5）知识产权工作面临的挑战。

1）与跨国公司相比，总体上目前所掌握的授权专利数量比较少，需要踏踏实实地去钻研知识、创新技术，需要长期积累，专利质量和数量并重。

2）知识产权管理是衡量企业内功成熟、强大与否的重要部分，华为将继续进行管理变革，不断提升管理素质和能力。

3）目前，中国高科技公司仍面临有着长期积累的国际巨头们精心布置的专利，尤其是基本专利的挑战。

4）为更好地保护自身知识产权安全，并积极实施专利与标准相结合的策略，在国家、国际标准制定中有所作为，对国际、国内、行业作出更大的贡献。

5）加强与业界的合作，共同营造良好的竞争环境和创新氛围。

本章思考题

1. 企业技术创新为什么需要知识产权制度？
2. 美日专利战对我国企业的启示是什么？
3. 自主创新的本质是什么？
4. 结合中日企业知识产权的案例，简述企业知识产权管理的主要内容是什么？
5. 综合实践题：结合所在企业的实践，构建本企业的知识产权管理体系。

第 20 章　企业核心能力理论

本章的核心内容：
- 企业扩张理论的发展与演绎
- 企业核心能力理论的内涵与本质
- 识别企业核心能力的方法
- 培育企业核心能力的方法

在激烈的竞争环境下，许多企业追求快速的扩张性成长，然而大多陷入"大而不强"的境地。20 世纪 90 年代初，企业核心能力理论的提出，震惊了工商管理界，使得企业认识到只有培育企业核心能力才是获得竞争优势的"根"。

20.1　中国企业成长中的一类现象

中国的很多企业家都有一个梦——做大企业，使企业成为世界 500 强，他们采取的途径是跨产业的多元化经营。

20.1.1　曾经的农垦商社

农垦商社（股票代码 600837）是全国农垦系统第一家上市的综合类企业。然而，1998 年 4 月，农垦商社已被上海证交所实施特别处理（ST 农商社）。农垦商社上市不过 4 年的时间，不仅把发行股票募集到的数千万元资金全部用光，而且把改制时大股东投入的资产也亏掉了大半。更为严重的是，农垦商社每股净资产为 –0.24 元，也就是说，按照这种远不及国际会计准则稳健的会计处理原则，农垦商社已是资不抵债了。

20.1.2 世界的春兰的衰落

1. 多元化经营

春兰是在20世纪年代以空调起家,逐步形成了集制造、科研、投资、贸易于一体的多元化、高科技、国际化的大型现代公司,下辖42个独立子公司,其中制造公司18家,并设有春兰研究院、春兰学院、博士后工作站和国家级技术研发中心。春兰有电器、自动车、新能源三大支柱产业,主导产品包括空调、洗衣机、除湿机、中重型载货汽车、摩托车、电动自行车、高能动力镍氢电池、摩托车发动机和空调压缩机等,是中国最大的企业集团之一。

2. 实践多元化

随着1995年春兰集团实施多元化战略,短短几年里在汽车、能源、摩托车、彩电和压缩机等领域不断扩张,整个集团在资金、管理、技术和人才等方面出现了众多问题,最终使多元化发展以失败而告终。

(1)多元化第一站:1994年进入摩托车行业,推出春兰虎、春兰豹。1997年上半年实现销售6万台,销售收入10亿元。后由于城市禁摩、增加摩托车10%的消费税政策,2008年退出前10名,最后名存实亡。

(2)多元化第二站:1997年进入载货汽车行业。2001年批量生产,名列第三。由于合作方日野因没有牌照而离开,春兰丧失竞争力。从2007年开始,春兰汽车一直亏损,2008年被收购。

(3)多元化第三站:2004年进入新能源产业,投入30亿元打造镍氢电池和生物电池。

3. 企业的衰落

由于海尔、格力、美的和海信等空调企业的"侵蚀",尽管多元化后主营业务收入大幅上涨,但是净利润大幅下降。2008年,春兰出现连续3年亏损,股票被ST。2006年,*ST春兰仅实现主营业务收入22亿元,较2005年下降了10亿多元,2007年亏损达2亿多元。同样是在2007年,美的电器的主营业务却是一路高歌猛进,销售收入高达近333亿元,是*ST春兰的十几倍。春兰丢了西瓜,也丢了芝麻,在进入的多元化领域中无所建树,没有形成经济规模,在经营业务上也一落千丈,造成了当前春兰惨淡经营的局面。

20.1.3 一组隐形冠军企业

面对多元化的诱惑，一些企业仍然坚持"聚焦"战略，形成了一批"业务集中"的隐形冠军（hidden champions）。1986年，赫尔曼·西蒙第一次提出"隐形冠军"的概念。隐形冠军企业的特征有：鲜为人知、中等规模、收入少于50亿美元、世界范围内市场的领导者和全球市场的前三名或者所处大洲的第一名。

关于隐形冠军的标准数据，赫尔曼·西蒙每隔一段时间都会调整。过去的20多年，赫尔曼·西蒙收集了全世界2 734家隐形冠军企业的数据，德国拥有1 307（接近50%）家隐形冠军，是数量最多的国家。此外美国是366家，日本是220家，中国只有68家。

【案例20-1】爱纳康

企业成立于1984年，2013年年收入54亿美元，2014年位居德国企业第一（占有43%的市场份额），全球第五（7.8%的市场份额），具有全球发电领域30%的专利。

【案例20-2】凯驰

企业成立于1935年，世界领先的高压清洁器生产企业，2012年年收入19.2亿美元，截止到2013年在全球拥有1万名员工、100家分公司。20世纪70年代正式进军国际市场，从那时起，每年都会新进入1~3个国家的市场。

【案例20-3】比福尔

企业成立于1946年，是一家工业服务企业，消除洪灾和风暴所带来的破坏，是全球唯一一家提供这类服务的企业，年收入15亿美元，覆盖90%以上的全球保险市场：在26个国家有300多家以上的办公地点，该企业拥有7 000名以上的行业专家。

在我国，特别是在浙江民营企业中，崛起了一大批"业务集中"的隐形冠军，见表20-1。

表20-1 浙江部分"业务集中"的行业隐形冠军

企业名称	主导产品	国内市场的占有率（%）
三花集团	空调制冷元件	45
天乐集团	扬声器配件	80
杭州飞鹰船艇公司	赛艇、皮划艇	40

续表

企业名称	主导产品	国内市场的占有率（%）
杭州前进齿轮集团	船用齿轮箱	79
大丰影视设备公司	座椅、活动看台	95
浙江康莱特药品公司	康莱特注射液	100
中科生命股份公司	医用冷冻/冷藏箱	100
浙江春晖集团	智能控制元件和制冷设备	35 和 25
浙江天皇野生植物有限公司	铁皮枫斗晶	100
浙江华海药业集团	普利类系列产品	85
浙江升华集团公司	碱性蛋白酶	70
浙江佳雪集团	微型电机	70

20.2 企业扩张理论的发展演化

20.2.1 企业扩张理论的演化过程

伴随着企业的成长，企业扩张理论不断演化，如图 20-1 所示。

第一阶段（20 世纪六七十年代）：由于企业加强了多角化经营，这一时期很多企业得到了快速发展。到了 20 世纪 70 年代后期，国际上一批型综合性企业集团得到了发展。这一阶段被誉为是大型综合企业集团的"黄金时期"。

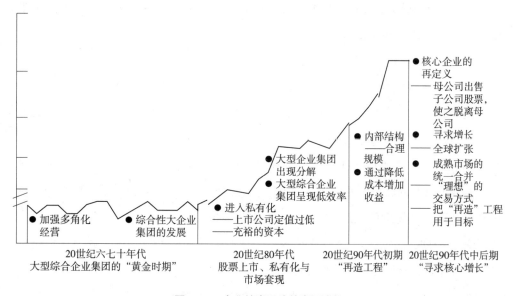

图 20-1 企业扩张理论的发展演化

第二阶段（20世纪80年代）：由于20世纪六七十年代大型企业集团的快速增长，大型综合企业集团呈现出效率低下的状态，一些大型企业集团通过拆分上市进入私有化阶段。

第三阶段（20世纪90年代初）：企业出现了再造工程，合理规划企业结构，通过降低企业的管理成本增加效益，聚焦主业成为众多企业的明智选择。

第四阶段（20世纪90年代中后期）：针对企业成长过程中出现的问题，核心能力理论诞生。在核心能力理论的指导下，寻求"核心增长"，对核心企业进行再定义。

特别是20世纪90年代以来，回归主业再次成为众多企业明智的选择。企业能力理论从企业内在发展的观点出发分析企业和市场，企业内因成为企业竞争优势中的重要因素。特别是在1990年，帕汉拉德和哈米尔在《哈佛商业评论》上发表了《公司核心能力》后，越来越多的研究人员和企业家开始热衷于企业能力理论的研究，如1992年兰格路易斯提出的《能力论》、1993年福斯发表的《核心能力论》、1994年哈默和哈尼发表的《企业能力基础竞争论》等。这一时期，在美国知名度非常高的《战略管理》《管理》和《哈佛商业评论》等期刊上，企业能力理论方面的论文占有相当大的比重。

20.2.2 案例分析：GE——多元化成功的典范？

既然企业成长案例和扩张理论的发展历程，都不支持企业跨产业、多元化的观点，但是在谈到多元化时必言GE。

1. GE是典型的多元化企业吗？

多元化战略是GE的"传统"，韦尔奇把这种传统发挥到淋漓尽致——从电力系统到航空引擎，从塑料到照明，从金融服务到电子商务，韦尔奇时代的GE几乎成了无所不包的巨无霸。GE的13个业务集团——8个工业产品集团、4个金融产品集团和1个新闻媒体集团，每个集团都是全球市场上的佼佼者，每年都能创造120亿美元以上的收益。难怪海尔、春兰、联想、TCL、长虹、方正和奥克斯等国内众多企业都争先恐后地以GE为师，大举实施多元化战略。

纵观全球，多元化经营本身就不是一种普遍成功的经营模式。财富500强前10名中有两家石油企业、两家汽车企业、两家电信企业、一家零售企业、一家金融企业和一家技术企业，只有GE是多元化发展的大型企业集团。

用一个简单的统计数据，就足以清晰地说明多元化经营和专业化经营之间孰优孰劣。通过对412家企业样本进行分析，麦肯锡将其分为专业化经营（67%的营业收入来自一个事业单位）、适度多元化经营（至少67%的营业收入来自两个事业单位）、多元化经营（少于67%的营业收入来自两个事业单位）。结果表明：专业化经营方式的股东回报率（TRS）为22%，适度多元化经营方式的TRS为18%，多元化经营方式的TRS为16%。从回报率来说，专业化经营的方式远优于多元化的经营方式。

GE无疑是个特例，为什么它会成为特例？

我们先来看GE的一些数据与案例。这些数据与案例，你可能分别看到过，然而你可能没有将它们放在一起分析，更没有发现它们与多元化战略之间隐含的逻辑关系。

（1）上任的头两年，韦尔奇就购进了118个新业务，同时出售了原有的71项业务（如果按5天工作制算，等于每2天一次）。在韦尔奇20年的GE职业生涯里，他操刀的业务收购、兼并、出售项目多达近千项。

（2）标准普尔的罗伯特·佛里德曼在对GE 1995—2001年的数据进行分析后发现，如果把所谓的"非核心"业务的利润（包括养老金收入、期权成本和资产处置等）剥离出去，那么GE每年的增长只有9.2%。

显然，韦尔奇的多元化经营之道，不但在于"卖、买什么产品"，更在于"卖、买什么企业"。韦尔奇经营之道的核心，在于资本运作，就是利用庞大的资本规模、优质的企业信用、美国发达的金融工具和金融衍生工具，通过高超的资本运作手段，谋求远超产业经营利润的资本运营利润。更直接一点的说法，就是：GE不是靠生产和销售什么产品来赚钱，而是通过倒买与倒卖企业来获得超额利润，这是投资银行业务的核心内容。

在认清GE多元化的实质之后，接下来的问题就更为严峻了：我们具备一个像美国那样的资本环境吗？我们能像GE那样，每年100多次地"卖、买企业"吗？我们能像GE那样灵活地应用各种金融工具和金融衍生工具来提高资本运营的收益吗？

2. 是什么维系着GE的卓越经营？

除资本运作收益外，GE每年的增长只有9.2%，这已经不再是一个惊人的增长。然而为了达到这个增长率，GE所付出的努力和所建立的体系，是一般企业难以望其项背的。

（1）高效的业务运营管理系统。GE 在 2000 年的年报中，其业务管理系统被称为公司业务运行软件（operating software of the company）。

2001 年，GE 的全球化战略已经在这个运营系统中执行了 15 圈，取得的成果是其利润从全球化运营不到 10% 上升到 40% 以上，六西格玛战略是第五圈，创造的利润近 20 亿美元，服务战略是第六圈，70% 的收入来自于服务。电子商务是第三圈，GE 电子商务的交易额是 70 亿美元，而运营成本节约了 50%。

通过这样一个运营管理系统，GE 能够将战略思想在其 30 多种业务和 30 万名员工中变成行动。

（2）超越具体业务的公司战略。GE 拥有一个超越于具体业务的公司战略，从而使公司战略更加强调未来愿景与总体控制，避免业务单元成为没有战略的利润中心。GE 著名的四大战略：全球化、服务转型、六西格玛和电子商务，没有一个是与具体业务有关的。

（3）精明的业务筛选策略。GE 的愿景与具备筛选功能的业务模型非常有竞争性，所以业务"多而不乱"。

（4）强大的企业文化。GE 的企业文化中强烈要求价值观上的认同，要求绝对遵守 GE 的企业道德原则和规则。因为强势凝聚力和控制力的企业文化可以形成共同理念，减少管理成本。

"高超的资本运作 × 完整的经营体系"打造了 GE 多元化的成功。显然，正是这些经营管理中创造的无数个"第一""与众不同"的经营能力和战略，才是构成 GE 核心能力的源泉，也是维系 GE 竞争优势的核心能力。

3. 衰落的 GE

近年来，这样一个百年老店的工业巨头，却遭遇到了大麻烦。

（1）开始衰落的 GE。在经历了多年的金融扩张后，近年来，从业务到财务全面崩盘，股价暴跌近 70%，连续每年亏损过百亿美元。这家曾经是 3A 级信用评级的企业，目前已下降 5 级，降为 A2 级。而在债券市场的实际交易利率，已经下调至"BBB+"级，离垃圾级只差一步之遥了。

（2）多元化的核心业务在剥离。韦尔奇时代，GE 金融业务的利润，大约占 GE 公司总利润的 40%。而在其继任者伊梅尔特手中，金融危机之前，这一利润占比曾高达 55%。但当危机到来，一切问题都会显露无遗，GE 金融在 2008 年遭遇了重创，并一直无法从亏损的黑洞中逃离出来。"出售部分金融资产"这一回归主业的举措，并没有停止 GE 热衷"并购交易"的传统经营风格，而这又正是 GE 陷入困境的第二个原因。2017 年，GE 负债高达 816 亿美元，而 2001 年，这一数字仅为 19 亿美元。

（3）迷茫的未来。虽然新上任的 CEO 卡尔普，誓将 GE 的融资信用重新带回 A 级别，但在实现可持续盈利增长，尤其是解决当前 GE 电力经营危机并获得持续现金流之前，这一切也依旧是梦想。而市场留给 GE 的时间，已经不多了……

20.3 深入解读核心能力理论

核心能力理论，被认为是战略资源学派的核心内容之一。

20.3.1 核心能力原文解读

1. 核心能力理论的论点

1990 年，普拉霍莱德和哈默发表了经典论文《公司的核心能力》，该文曾获美国 1990 年管理学会年度最佳论文奖（每年一篇）。论文将企业能力划分为核心能力和非核心能力。

论点 1：核心能力是竞争优势的"根"。从企业的发展看，核心能力是竞争优势的"根"。从短期看，企业的竞争能力来源于当前业务的优势（如现有产品的性价比特性）。从长期来看，竞争优势将取决于企业能否以比对手更低的成本和更快的速度构建核心能力，这些核心能力将为企业生出意想不到的产品。对企业来说，业务会发生变化（正如产品具有周期一样），因此短期优势会发生转变，而长期的核心能力优势则会不断地被补充与加强。

观点 2：核心能力源于企业管理。管理层有能力把整个企业的技术和生产技能整合成核心能力，使各项业务能够及时地把握不断变化的机遇，这才是真正的优势所在。

论点 3：核心能力是企业组织中的集体学习能力，尤其是如何协调各个生产技能并且把多种技术整合在一起的能力。

论点 4：核心能力是企业协调、把握相互关联的技术和市场变化趋势的创新能力。

论点 5：核心能力是企业沟通、参与和对跨越组织边界协同工作的把握，涉及所有的职能部门和不同级别的员工。

论点 6：核心能力是企业所具有的竞争优势和区别于竞争对手的知识体系。核心能力是企业在发展过程中建立与发展起来的一种知识与资产互补的体系，是企业竞争能力的基础。

论点 7：核心竞争能力具体体现在其核心产品上，核心产品决定最终产品的竞争性。核心产品是核心竞争能力与最终产品的有形联系。企业是围绕核心产品而最终是围绕核心能力来组织的。

论点 8：人们常常把核心能力描述为"独一无二""与众不同""难以模仿"或"竞争优势"。它们反映了企业的基本素质和发展潜力。

论点 9：核心能力并不会随着使用的增多而减少。有形资产会随着时间的流逝而减损，核心能力却会随着应用和共享的增多而增强。但是，核心能力也需要培养和保护。

2. 核心能力理论的诠释

论点 1："核心能力"概念提供了一套战略原则的基础：假如管理者充分意识到企业的核心能力，他们就能以此为基础，制定一个既满足客户需要，又达到企业目标的竞争战略。企业具有很多的能力，但是只有核心能力才能带来竞争优势，核心能力是竞争优势的"根"。

论点 2：核心能力可以来自企业管理，任何企业在管理方面，都可能产生核心能力，形成竞争优势。加仑（1995）提出企业核心能力是企业竞争元素的共同体，反映在职能部门的基础能力、SBU 的关键能力和企业层次的核心能力。因此，高层管理人员应该把大量的时间放在制定战略架构上，从而确定打造核心能力的目标。战略架构是未来的路线图，指明需要培养哪些核心能力以及这些核心能力是由哪些相关技术组成的。

论点 3：集体学习是学习型组织进行学习的基本组成单位，便于单位成员之间的互相学习、互相交流、互相启发和共同进步。团队学习是发展团队成员整体搭配与实现共同目标能力的过程。团队学习对组织与个体来说是双赢的选择，也是双赢的结果。

论点 4：知识是一种竞争力资源，企业核心能力是组织中能够协调不同的生产技能和整合各种技术的累积性知识。在组织方面，核心能力强调组织如何协调把握不同的生产技能和整合多种技术与市场的能力。管理层有能力把整个企业的技术和生产技能整合成核心能力，使各项业务能够及时把握不断变化的市场机遇，这才是优势的真正所在。

论点5：为什么那么多跨产业多元化的企业经营不强或最终倒闭？普拉哈拉德和哈默尔有一个形象的比喻：多元化企业好比一棵大树，树干和树枝是核心产品，较小的树枝是经营单位，而树叶、花、果实则是最终产品，提供抚育、营养和稳定性的根系就是核心能力。这个比喻形象地说明了企业核心能力与多元化经营之间的关系。从企业战略的角度来看，所谓"多元化"或"集中化"，从本质上讲，是企业的核心能力问题。

论点6：核心能力构建，需要整个企业的资源，理应由总部管理层重新进行调配。只有发挥体系的优势，才能创造出良好的管理文化、团队合作精神、变革能力，形成资源共享、专有技能受保护和长远思考的氛围。这也就是为什么特定的战略架构不可能轻易被竞争对手模仿的原因。所有具备核心能力的员工都应当定期聚集在一起，分享彼此的心得和体会。这样做的目的是为了在他们之间建立一种强烈的社区归属感，让他们忠诚于他们所代表的整个企业的核心能力，而不是某个特别的业务部。

论点7：企业的最终产品往往由很多不同的零部件产品构成，核心能力首先体现在这些零部件产品上（通常称为核心产品），这些核心零部件产品最终要构成企业的最终产品。因此，核心能力最终要体现在企业的产品上。全球竞争有3个层面：核心能力、核心产品以及最终产品。企业必须了解自己在每个层面上的输赢状况与客户所需要的最终产品不同，核心产品是企业最基本的核心零部件，核心能力实际上是隐含在核心产品中的知识和技能。如果企业能够在打造核心能力方面而不是在少数几项技术上领先，它几乎必定会在新业务开发上胜过对手。如果企业的核心产品在世界上的制造份额能够领先对手，那么它很有可能在提高产品的功能和性价比上胜过对手。

论点8：这一论点很好地阐述了核心能力的特征，从而给我们判断、识别核心能力提供了很好的方法。在企业很多的能力中，我们重点寻找企业具有"独一无二""难以模仿""具有竞争优势"的能力，如专利、商标和品牌等知识产权都是企业独一无二的能力。企业的文化和领导风格往往是其他企业难以模仿的能力，因此这些能力往往构成企业的核心能力。如果能力是"你有、我有、大家全都有的能力"，那就不是核心能力，不能给企业带来竞争优势。目前，绝大多数的电视机企业，在产品创新能力上都很强，但是都没有显著的能力差异化，因此互相都没有构成核心能力。没有核心能力的竞争，只好打"价格战"。

论点9：短期内，企业的竞争优势源于现有产品的性价比特性。与物质资本不同，企业的核心能力不仅不会在使用和共享中丧失，而且会在这一过程中不断成长。从长期来看，竞争优势取决于企业能否以比对手更低的成本和更快的速度构建核心能力，这些核心能力将为企业催生出意想不到的产品。核心能力与货币一样，其效用的大小不仅取决于企业有多少存量，还取决于其流通速度。虽然日本的佳能和本田在构成核心能力的技术和人才储备上逊色于欧美企业，但是它们却能以更快的速度把资源在事业部之间调进调出。只有充分利用核心能力，像佳能这样的企业才能与施乐这样的行业巨头相抗衡。

20.3.2 企业核心能力的特征

（1）价值性。这种能力首先能很好地实现客户所看重的价值，如能显著地降低成本、提高产品质量、提高服务效率、增加客户效用，从而给企业带来竞争优势。

（2）稀缺性。这种能力必须是稀缺的，只有少数的企业拥有它。

（3）不可替代性。竞争对手无法通过其他能力来替代，它在为客户创造价值的过程中具有不可替代的作用。

（4）难以模仿性。核心能力是企业所特有的，并且是竞争对手难以模仿的，也就是说，它不像材料、机器设备那样能在市场上购买到，而是难以转移或复制。这种难以模仿的能力能为企业带来超过平均水平的利润。

几乎没有企业能够打造5~6种世界一流的基本核心能力。如果一家企业列出20~30种能力，那么它列出的很可能就不是核心能力。列出这样一个清单并且把这些技能视为构建核心能力的基础不失为一种好的做法。

张维迎教授认为企业的核心能力有五大要素：偷不去、买不来、拆不开、带不走和流不掉。

核心能力最终要体现在企业的核心产品上：以本田汽车破解《马基斯法案》的发动机为例。100多项专利技术，就是企业的核心能力，融入这些专利技术的CVCC发动机是企业的核心产品，而本田汽车就是最终产品，如图20-2所示。

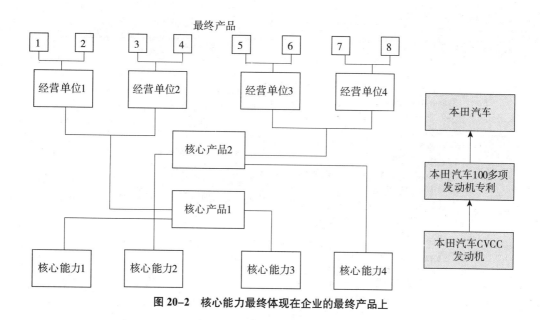

图 20-2 核心能力最终体现在企业的最终产品上

20.4 企业核心能力的识别与培育

企业应该在 4 个方面着力进行核心能力的识别与培育，见表 20-2。

表 20-2 企业核心能力的识别与培育

功能作用	主 要 内 容	具 体 实 施
核心能力的规划	规划内容： ①战略角度的规划，明确目标、方向、问题 ②目标：进入的领域，占领的市场，如何引入所需的能力 ③方向：掌握何种关键技术，核心竞争能力的形成 ④途径：通过什么方式形成核心竞争能力，并运用核心竞争能力 ⑤高层管理人员应该把大量的时间放在制定公司战略架构上，从而确定打造核心能力的目标	分析步骤： ①识别本企业在哪些方面做得最好 ②识别上述做得好的方面是在某些部门内部实现还是整个企业实现的 ③在上述方面与竞争对手比较是否具有优势 ④上述方面是否对企业竞争力和增加市场价值起到重要作用 ⑤上述优势能否持久 ⑥外部产业环境及产业寿命是否发生了变化 ⑦环境变化后，优势是否过时，要形成什么样的新能力 ⑧从哪些方面着手改进、拓宽、调整和获取能力
核心能力的识别	识别特征： ①"独一无二" ②"难以模仿" ③能够给企业带来竞争优势 同时具备上述 3 个特征的能力，才能称为核心能力	识别之问： ①企业具有独特的技能而难以为竞争对手所模仿？ ②是否是竞争差异化的有效来源？ ③是否是竞争战略的基础？ ④是否具有超越竞争对手的优势？ ⑤是否可以提供潜在的进入其他市场的途径？

续表

功能作用	主要内容	具体实施
核心能力的培育	培育来源： ①企业管理 ②企业组织中的集体学习 ③企业协调、把握相互关联的技术和市场变化趋势的创新能力 ④企业沟通、参与和对跨越组织边界的工作的把握能力 ⑤企业所具有的竞争优势和区别于竞争对手的知识体系 ⑥核心能力的作用不仅在制造业中表现明显，在服务业中也很明显	培育措施： ①加强企业管理体系的建设 ②组织学习的学习：干中学、知识、经验和技能的隐含性 ③培训体系，集体学习 ④员工技能体系建设 ⑤构建企业技术创新体系 ⑥加强企业创新文化体系建设
核心能力的运用	具体运用： ①竞争带来优势 ②核心能力具体体现在其核心产品上，核心产品决定最终产品的竞争性 ③核心能力并不会随着使用的增多而减少，核心能力却会随着应用和共享的增多而增强 ④核心能力也需要培养和保护 ⑤核心能力与货币一样，其效用的大小不仅取决于企业有多少存量，还取决于其流通速度 ⑥核心能力是整个企业的资源，理应由企业总部管理层重新进行调配	应用实践： ①整体统筹效应，充分发挥核心能力、核心产品、最终产品的竞争优势。建立核心能力与产品之间的联系 ②企业范围内的技术和生产体系融入核心产品之中 ③人的作用，关键性技术人员的稳定 ④组织决策的统一性，防止过度分权 ⑤能力的充分发挥：能力的不均匀问题，潜能的调动

20.5 案例分析：生死攸关的竞争

只有核心能力才能给企业带来竞争优势，在企业竞争的关键时刻，也只有核心能力才能挽救企业于危机之中。

【案例故事】生命攸关的竞争

两个人在森林里，遇到了一只大老虎。A 赶紧从背后取下一双更轻便的运动鞋换上。B 急死了，骂道："你干吗呢，再换鞋也跑不过老虎啊！"

A 说："我只要跑得比你快就好了。"

当老虎接近时，B 情急之下，噌噌地爬上了树，也逃过了一劫。

【案例分析】

在上述生存竞争的环境中，有三个竞争对象：A、B 和老虎。

分析1：谁有能力？

（1）显然 A 有能力，他不仅比 B 跑得快，而且他还有一双轻便的运动鞋。

（2）B也有能力，虽然他跑得慢，但是他会上树。

（3）三者中，老虎的能力无疑是最强的，不仅跑得最快，而且还能吃人。

分析2：谁有核心能力？

核心能力理论告诉我们：核心能力被描述为"独一无二""与众不同""难以模仿"或"竞争优势"。

（1）显然B上树的本领是"独一无二"的，是核心能力。

（2）老虎跑得最快，还能吃人，这种能力是"独一无二"的，是核心能力。

（3）只有A的本领不是"独一无二"的，尽管他比B跑得快，还有一双轻便的运动鞋，但是他跑不过老虎，因此这个能力不是核心能力。A没有核心能力。

分析3：独特的资源能不能形成核心能力？

A不仅具有能力，而且也有独特的资源——一双跑鞋，它可以使A比B跑得更快，但还是跑不过老虎，它并没有给A带来核心能力。

显然，竞争的结果：没有核心能力的A被老虎吃掉。

【案例启示】21世纪，企业的竞争、优胜劣汰将成为常态，当更多的老虎来临时，我们是否具备了"独一无二""难以模仿"的独特本领（核心能力）？这是生命攸关的竞争！

本章思考题

1. 结合GE及国内企业的多元化案例，如何认识多元化理论的实质？

2. 核心能力的本质是什么？

3. 如何识别企业的核心能力？

4. 综合实践题：结合所在企业的实践和本章理论，论述以下内容：

（1）本企业的核心能力。

（2）绘出本企业和竞争对手的价值主张图，分析企业独特的价值主张，并形成了优势。

（3）培育本企业核心能力的措施。

参考文献

[1] Jerome A. Katz. The Chronology and Intellectual Trajectory of American Entrepreneurship Education[J]. Journal of Business Venturing, 2002, 18（2）.

[2] 联合国教科文组织. 21世纪的高等教育：展望与行动世界宣言 [J/OL]. http: //old.moe.gov.cn//publicfiles/business/htmlfiles/moe/moe_236/200409/712.html.

[3] 杰弗里·蒂蒙斯，小斯蒂芬·斯皮内利. 创业学[M]. 第6版. 周伟民，吕长春，译. 北京：人民邮电出版社，2005.

[4] Katz.J.A.. The Chronology and Intellectual Trajectory of American Entrepreneurship Education 1876-1999[J]. Journal of Business Venturing, 2003（18）.

[5] Minniti M, Bygrave W D. Global Entrepreneurship Monitor. National Entrepreneurship Assessment: United States of America[EB/OI]. http: /www.babson.edu/ ESHIP/research-publications/gem.cfm.2003.

[6] 樊熙梦，徐俊杰. 美国、英国、日本高校创新创业教育现状[J]. 吉林医药学院学报，2019，40（6）.

[7] 常飒飒. 欧盟"创业型教师"教育研究[J]. 比较教育研究，2017.

[8] 施永川，王佳桐. 韩国高校创业教育发展的动因、现状及对我国的启示[J]. 华东师范大学学报（教育科学版），2019（1）.

[9] 徐佳. 韩国创业教育分析及启示[J]. 东方教育，2014（12）.

[10] 黄海明. 高校创业教育KAB与SYB比较研究[M]. 大学教育，2019（1）.

[11] 蔡莉，于海晶，杨亚倩，卢珊. 创业理论回顾与展望[J]. 外国经济与管理，2019，41（12）.

[12] 姜彦福. 创业理论及其架构分析[J]. 经济研究，2001（9）.

[13] Stevenson H H, Sahlman W A. Entrepreneurship A Process, Not a Person[R]. Working Paper, Cambridge, MA: Harvard Business School, 1987.

[14] Bygrave W., Hofer C. Theorizing about Entrepreneurship[J]. Entrepreneurship Theory and Practice, 1991, 16（2）.

[15] Drucker, Peter Ferdinand. Innovation and Entrepreneurship[M]. Harper Collins Publishers, 2006.

[16] Shane, Scott, S-Venkataraman. The Promise of Entrepreneurship as a Field of Research[EB/OL]. The Academy of Management Review, 2000（25）.

[17] Schumpeter J. The Theory of Economic Development[M]. Harvard University Press, 1934.

[18] Kourilsky M L. Entrepreneurship Education: Opportunity in Search of Curriculum[EB/OL]. http://www.entre/world.org/bookstore/pdfs/rc008 pdf, 1995.

[19] Christian B, Julien P A. Defining the Field of Research in Entrepreneurship[J]. Journal of Business Review, 2000(6).

[20] Gartner B, Mitchell T R, Vesper K H. A Taxonomy of New Business Ventures[J]. Journal of Business Venturing, 1989, 4(3).

[21] Reynolds P D, Michael C, Bygrave W, Erkko A, Michael H. Global Entrepreneurship Monitor 2001 Executive Report. Babson College, London Business School and Kauffman Foundation [EB/OL]. https://www.biceps.org//assets/docs/gem/GEM_2010_final.pdf.

[22] Reynolds P D, Bygrave W, Erkko A, Cox L W, Michael H. Global Entrepreneurship Monitor 2002 Executive Report. Babson College, London Business School and Kauffman Foundation [EB/OL]. https://www.biceps.org//assets/docs/gem/GEM_2009_EN_Final.pdf.

[23] Minniti M. Global Entrepreneurship Monitor 2005 Executive Report. Babson College London Business School and Kauffman Foundation.

[24] Carter N, Gartner W, Reynolds P. Exploring Start-up Event Sequences [J]. Journal of Business Venturing, 1996(11).

[25] Sahlman, William.Entrepreneurial Venture[M]. New York: Harvard Business Review Press, 1992.

[26] Wickham P A. Strategic Entrepreneurship[M]. New York: Social Science Electronic Publishing, 2007, 4(24).

[27] 林嵩, 张伟, 林强. 高科技创业企业资源整合模式研究[J]. 科学学与科学技术管理, 2005(3).

[28] 蔡莉, 彭秀青, Nambisan S, 等. 创业生态系统研究回顾与展望[J]. 吉林大学社会科学学报, 2016(1).

[29] Shane S, Venkataraman S. The Promise of Entrepreneurship as a Field of Research[J]. Academy of Management Review, 2000, 25(1).

[30] 姜彦福, 邱琼. 创业机会评价重要指标序列的实证研究[J]. 科学学研究, 2004(1).

[31] SHANE S. Reflections on the 2010 AMR Decade Award: Delivering on the Promise of Entrepreneurship as a Field of Research[J]. Academy of Management Review, 2012, 37(1).

[32] Timmons J. New Venture Creation [M]. 4th ed. Chicago: Irwin, 1994.

[33] Shane S A. A General Theory of Entrepreneurship: The Individual-Opportunity Nexus[M]. Northampton, MA, Edward Elgar Publishing, 2003.

[34] Alvarez A, Barney J. Discovery and Creation: Alternative Theories of Entrepreneurial Action[J]. Strategic Entrepreneurship Journal, 2007, 23(1).

[35] Alvarez S A, Barney J B, Anderson P. Forming and Exploiting Opportunities: The Implications of Discovery and Creation Processes for Entrepreneurial and Organizational Research[J]. Organization Science, 2013, 24(1).

[36] Wood M S, McKinley W. The Production of Entrepreneurial Opportunity: A Constructivist Perspective[J]. Strategic Entrepreneurship Journal, 2010, 4(1).

[37] Kirzner I M. Entrepreneurial Discovery and the Competitive Market Process: An Austrian Approach [J]. Journal of Economic Literature, 1997, 35(1).

[38] Timmons J. New Venture Creation [M]. 4ed.Chicago: Irwin, 1994.

[39] 启笛. 市场生命周期和市场开拓发展 [J]. 发展研究, 1997(5).

[40] Joseph A, Schumpeter. Theory of Economic Development[M]. New Jersey: Transaction Publishers, 1934.

[41] Shapero A. The Displaced Uncomfortable Entrepreneur[J]. Psychology Today, 1975, 9(6).

[42] Begley T M, Boyd D P. Psychological Characteristics Associated with Performance in Entrepreneurial Firms and Smaller Businesses[J]. Journal of Business Venturing, 1987, 2(1).

[43] Mitton D G. The Complete Entrepreneur[J]. Entrepreneurship Theory and Practice, 1989, 13(3).

[44] Vesalainen J, Pihkala T. Entrepreneurial Identity, Intentions and the Effect of the Push-factor[J]. Academy of Entrepreneurship Journal, 1999, 5(2).

[45] Thomas A S, Mueller S L. A Case for Comparative Entrepreneurship: Assessing the Relevance of Culture[J]. Journal of International Business Studies, 2000, 31(2).

[46] Suzuki K, Kim S H, Bae Z T. Entrepreneurship in Japan and Silicon Valley: a Comparative Study[J]. Technovation, 2002, 22(10).

[47] 科林·琼斯. 本科生创业教育 [M]. 王占仁, 译. 北京: 商务印书馆, 2016.

[48] 冯帆. 大学生创业者的社会支持对幸福感的影响研究 [D]. 郑州: 郑州大学, 2017.

[49] 陆雄文. 管理学大辞典 [M]. 上海: 上海辞书出版社, 2013.

[50] 李连慧, 中国经济增长的可持续评价——企业家精神视角 [J]. 产业经济学, 2010(2).

[51] 彼得·德鲁克. 管理的实践 [M]. 齐若兰, 译. 北京: 机械工业出版社, 2006.

[52] 胡静. 实用礼仪教程 [M]. 武汉: 武汉大学出版社, 2006.

[53] 刘加莹. 餐饮连锁引进"风投"划不划算 [J]. 中国商报, 2007.

[54] Joseph A Schumpeter. The Theory of Economic Development: An Inquiry into Profits, Capital, Credit, Interest and the Business Cycle[M]. New Brunswick: Transaction Publishers, 1934.

[55] Joseph A Schumpeter. Business Cycles: A Theoretical, Historical and Statistical Analysis of the Capitalist Process[M]. University Microfilms International, 1939.

[56] Freeman C. The Economics Industrial Innovation[M]. Massachusetts: The MIT Press, 1992.

[57] 道格拉斯·诺思. 经济史中的结构与变迁 [M]. 上海: 上海三联书店, 1991.

[58] 傅家骥. 技术创新学 [M]. 北京: 清华大学出版社, 1998.

[59] 许庆瑞, 王伟强. 技术进步系统内部构成论 [J]. 科学管理研究, 1992(4).

[60] Porter M E. The Competitive Advantage of Nations[M]. New York: Free Press, 1990.

[61] 李兆友. 技术创新主体论 [M]. 沈阳: 东北大学出版社, 2001.

[62] Cohen, Levinthal. Innovation and Learning:The Two Faces of R & D[J]. Economic Journal, 1989(99).

[63] 国家统计局，科技部，等. 第二次全国科学研究与试验发展（R&D）资源清查主要数据公报 [R]. 2010.

[64] Carolyn Shaw Solo. Innovation in the Capitalist Process：A Critique of the Schumpeterian Theory[J]. The Quarterly Journal of Economics，1951，65（3）.

[65] Mansfield. Social and Private Rates of Return from Industrial Innovations [J]. Quarterly Journal of Economics，1977（77）.

[66] Utterback J M. The Process of Technological Innovation Within the Firm[J]. The Academy of Management Journal，1971，14（1）.

[67] 理查德·福斯特. 创新：进攻者的优势 [M]. 北京：经济管理出版社，1991.

[68] Rosenberg N. Perspectives on Technology[M]. CUP Archive，1976.

[69] 菲利普·科特勒. 营销管理 [M]. 梅清豪，译. 上海：上海人民出版社，2003.

[70] Baines T. Exploring Service Innovation and the Servitization of the Manufacturing Firm[J]. Research Technology Management，2015，58（5）.

[71] Vandermerwe S，Rada J Servitization of Business：Adding Value by Adding Services[J]. European Management Journal，1988，6（4）.

[72] 詹姆斯·A. 菲茨西蒙斯，莫娜·J. 菲茨西蒙斯. 服务管理动作、战略与信息技术 [M]. 第7版. 张金成，范秀成，杨坤，译. 北京：机械工业出版社，2017.

[73] Robinson T，Clarke Hill，Clarkson R. Differentiation Through Service：A Perspective from the Commodity Chemicals Sector[J]. Service Industries Journal，2002，22（3）.

[74] Slack N. The Changing Nature of Operations Flexibility[J]. International Journal of Operations & Production Management，2005，25（12）.

[75] Baines T S，Lightfoot H W，Evans S，et al. Product-Service System[C]. Proceedings of the Institution of Mechanical Engineers Part B Journal of Engineering Manufacture，2013，221（10）.

[76] Opreserik D，Taisch M. The Manufacturer's Value Chain as a Service—the case of Remanufacturing[J]. Journal of Remanufacturing，2015，5（1）.

[77] Baines T，Bigdeli A Z，Bustinza O，et al. Servitization：Revisiting the State-of-the-art and Research Priorities[J]. International Journal of Operations & Production Management，2017，37（2）.

[78] 专利制度在我国科技进步中的作用及其政策研究 [R]. 中国专利局，1991.

[79] Nelson R，Winter S. In Search of a Useful Theory of Innovation[J]. Research Policy，1977（6）.

[80] Dosi G. Technological Paradigms and Technological Trajectories[J]. Research Policy，1982，11（3）.

[81] Schumpeter J. Business Cycle M. New York：Mc Graw-hill，1939.

[82] Debresson C. Breeding Innovation Clusters：A Sources of Dynamic Development[J]. World Development，1989，17（1）.

[83] Debresson C. An Entrepreneur Cannot Innovate Alone，Networks of Enterprises are Required [EB/OL]. Paper to Be Discussed at The Druid Conference on Systems of Innovation，1999.

[84] 范杜因. 经济长波与创新 [M]. 上海：上海译文出版社，1993.

[85] Freeman C, Soete L. New Exploration in the Economics of Technological Change[M]. London: London Pinter Publishers，1990.

[86] Rosenberg N, Frischtak C R. Technological Innovation and Long Waves[J]. Cambridge Journal of Economics，1984，8（1）.

[87] Asheim B T and Isaksen A. Regional Innovation Systems：the Integrationcal Sticky and Global Ubiquitous Knowledge Journal Technology Transfer，27，77-86.

[88] Schmookler J. Invention and Economic Growth[M]. New York: Harvard University Press，1966.

[89] 许庆瑞. 研究与发展管理 [M]. 北京：高等教育出版社，1985.

[90] 段云龙，杨立生. 企业持续创新动力模式及制度要素分析 [J]. 云南民族大学学报（哲学社会科学版），2007（2）.

[91] 李锐，鞠晓峰，刘茂长. 基于自组织理论的技术创新系统演化机理及模型分析 [J]. 运筹与管理，2010，19（1）.

[92] 吴霁虹. 跨越"死亡谷" [J]. IT 经理世界，2004（17）.

[93] 吴贵生. 创新技术管理 [M]. 北京：清华大学出版社，2000.

[94] Von Hippel Eric. Lead Users：A Source of Novel Product Concepts[J]. Management Science. 1986，32（7）.

[95] 虞有澄. 我看英特尔——华裔副总裁的现身说法 [M]. 北京：生活·读书·新知三联书店，1996.

[96] Wernerfelt B A. Resource-based View of the Firm [J]. Strategic Management Journal，1984（2）.

[97] Sirmon D G, Hitt M A, Ireland R D. Managing Firm Resources in Dynamic Environments to Create Value：Looking inside the Black Box[J]. Academy of Management Review，2007（32）.

[98] 傅家骥，姜彦福，雷家骕. 技术创新——中国企业发展之路 [M]. 北京：企业管理出版社，1991.

[99] Jens Froslev Christensen. Assets Profile for Technological Innovation[J]. Research Policy，1995（24）.

[100] Arrow K. Economic Welfare and the Allocation of Resources for Invention[J]. Nber Chapters，1972（12）.

[101] Kline S J，Rosenberg. An Overview of Innovation[M]. Washington: National Academy Press，1986.

[102] Freeman C. The Economics of Industrial Innovation[M]. London：Printer，1982.

[103] Rosenberg N. Science and Technology in the Twentieth Century[M]. 1992.

[104] Mansfield E. Industrial R&D in Japan and the United States：A Comparative Study[J]. American Economic Review，1988，78（2）.

[105] 杨武. 技术创新产权 [M]. 北京：清华大学出版社，2000.

[106] Barney J B. Firm Resources and Sustained Competitive Advantage[J]. Advances in Strategic Management，1991，17（1）.

[107] Penrose Edith. The Theory of Growth of the Firm[M]. New York：Oxford University Press，1959.

[108] Chandler A D. Response to the Contributors to the Review Colloquium on Scale and Scope[J]. Business History Review, 1990, 64（4）.

[109] 经济与合作发展组织, 科学技术部发展计划司·研究与发展调查手册[M]. 北京: 新华出版社, 2000.

[110] 经济合作发展组织欧盟统计局, 科学技术发展计划司·技术创新调查手册[M]. 北京: 新华出版社, 2000.

[111] 经济合作发展组织欧盟统计局, 科学技术发展计划司·科技人力资源手册[M]. 北京: 新华出版社, 2000.

[112] 经济与合作发展组织, 科学技术部发展计划司·专利科技指标手册[M]. 北京: 新华出版社, 2000.

[113] 经济与合作发展组织, 科学技术部发展计划司·技术国际收支手册[M]. 北京: 新华出版社, 2000.

[114] Stern S. How Companies Can be More Creative[J]. HR Magazine, 1998, 43（5）.

[115] James A, Christiansen. Building the Innovation Organization: Management Systems That Encourage Innovation[M]. New York: St. Martin's Press, 2000.

[116] Heine C, Higgins A. Is Your Company Innovative? [J]. Machine Design, 2001, 73（14）.

[117] William Lazonick. The Theory of the Market Economy and the Social Foundations of Innovative Enterprise in Economic and Industrial Democracy[M]. New Jersey: Sage Publication Ltd, 2003.

[118] Matos M A. The Creative Enterprise: Managing Innovative Organizations and People [J]. Journal of Business & Finance Librarianship, 2008, 13（4）.

[119] 伯格曼. 技术与创新的战略管理[M]. 陈劲, 等译. 北京: 机械工业出版社, 2004.

[120] 杨武. 基于开放式创新的知识产权管理理论研究[J]. 科学学研究, 2006, 24（2）.

[121] 杨武, 王玲. 基于专利权界定下的技术创新分类与产权关系研究[J]. 科学学与科学技术管理, 2005（7）.

[122] Ansoff H I. Corporate Strategy: An Analytic Approach to Business Policy for Growth and Expansion[M]. New York: McGraw-Hill, 1965.

[123] 陈劲, 阳银娟. 协同创新的理论基础与内涵[J]. 科学学研究, 2012, 30（2）.

[124] Farrell J, Saloner G. Installed Base and Compatibility: Innovation, Product Preannouncements, and Predation[J]. The American Economic Review, 1986（76）.

[125] Rainer Andreasen, Franeo Nardini. Endogenous Innovation Waves and Economic Growth[J]. Structural Change and Economic Dynamics, 2005, 16（4）.

[126] Edward L. Endogenous Innovation, the Organization of Work and Institutional Context[J]. Journal of Electronic Science and Technology of China, 2006（4）.

[127] 陈劲. 从技术引进到自主创新的学习模式[J]. 科研管理, 1994（2）.

[128] 傅家骥. 技术创新学[M]. 北京: 清华大学出版社, 1998.

[129] 财政部科研所调研组. 奇瑞汽车的自主创新之路——关于企业自主创新路径及政府扶持政

策的调研与思考[J]. 财政研究, 2008.

[130] 玖·迪德. 创新管理[M]. 陈劲, 等译. 北京: 清华大学出版社, 2002.

[131] Cooper R G, Kleinschmidt E J. Stage-gate Systems for New Product Success[J]. Marketing Management, 1993, 1 (4).

[132] 刘刚, 程熙鎔. 任正非的企业家精神与经营管理思想体系研究[J]. 中国人力资源开发, 2015 (12).

[133] Foss N J, Mahoney J T. Exploring Knowledge Governance[J]. International Journal Strategic Change Management, 2010, 2 (2/3).

[134] 郭晓峰. 华为轮值CEO胡厚崑: 华为创新核心非纯技术导向[EB/OL]. [2014-03-11]. http://tech.qq.com/a/20130717/010940.htm.

[135] Coase R H. The Nature of the Firm[J]. Economica, 1937, 4 (16).

[136] Williamson O E. Transaction-Cost Economics: The Governance of Contractual Relations[J]. Journal of Law and Economics. 1979, 22 (2).

[137] Porter M E. The Competitive Advantage of Nations[M]. New York: Free Press, 1990.

[138] Lijun B, Agostino C. Portfolio Selection under Market Risk—Risk Dependence\Fund Research[J]. Siam Journal of Control and Optimization, 2018, 56 (4).

[139] Porter M E. Technology and Competitive Advantage[J]. Business Strategy Magazine, 1985, 1 (3).

[140] 亚当·斯密. 国民财富的性质及其原因的研究[M]. 北京: 商务印书馆, 1972.

[141] Marshall. Principles of Economics[M]. London: Macmillan, 1965.

[142] Penrose E T. The Theory of the Growth of the Firm[M]. Oxford: Basil Blackwell Publisher, 1959.

[143] Prahalad C, Hamel G. The Core Competence of the Corporation[J]. Harvard Business Review, 1990, 68 (3).

[144] Maris A. De Betekenis Van Het Struktuurbeleid in De Landbouw[J]. De Economist, 1964, 112 (12).

[145] Nelson R, Winter S. In Search of a Useful Theory of Innovation[J]. Research Policy, 1977 (6).

[146] Cefis E, Marsili O. A Matter of Life and Death: Innovation and Firm Survival[J]. Industrial and Corporate Change, 2006, 14 (6).

[147] Cassia L, Colombelli A. Do Universities Knowledge Spillovers Impact on New Firm's Growth? Empirical Evidence From UK[J]. International Entrepreneurship and Management Journal, 2008, 4 (4).

[148] Coad A, Rao R. Innovation and Firm Growth in High-tech Sectors: A Quantile Regression Approach[J]. Research Policy, 2008, 37 (4).

[149] Birch D L, Gazelles M J. Labor Markets, Employment Policy and Job Creation[J]. Boulder: Westview, 1994.

[150] Evald M R, Senderovitz M. Exploring Internal Corporate Venturing in SMEs: Effectuation at Work in a New Context[J]. Journal of Enterprising Culture, 2013, 21 (3).

[151] Ahmad N. A Proposed Framework for Business Demography Statistics[M]. New York: Springer US,

2008.

[152] 杨武，田雪姣. 基于 SQI 模型的企业加速成长测度研究——以创业板上市企业为例[J]. 软科学，2018，32（4）.

[153] Adizes I. Communication Strategies for Leading Teams[J]. Leader to Leader, 2004（31）.

[154] Drucker P F. Structure of the Enterprise Economic, Governmental, Social[J]. Illinois Law Review, 1950, 44（6）.

[155] Barney Jay. Firm Resources and Sustained Competitive Advantage[J]. Journal of Management, 1991, 17（1）.

[156] Fuchs G, Parisi D, Collis B A. Flexibility and Instructional Approach: Increasing the Options for Organizing the Learning Process[J]. Deutsche Telekom Generaldirektion, 1995, 24（2）.

[157] Drucker P F. Social Innovation-Management-New dimension[J]. Long Range Planning, 1987, 20（6）.

[158] Reynolds P D, Michael C, Bygrave W, Erkko A, Michael H. Global Entrepreneurship Monitor 2001 Executive Report. Babson College, London Business School and Kauffman Foundation [EB/OL]. https：//www.biceps.org//assets/docs/gem/GEM_2010_final.pdf.

[159] Joe, Stenzel C. Performance Measurement and Management in the Reinsurance Industry[J]. Journal of Cost Management, 2004, 18（3）.

[160] Nussbaum B. The Best Product Design of 2006[J]. Business Week, 2006（3992）.

[161] Sara L, Rynes, et al. HR Professionals' Beliefs about Effective Human Resource Practices: Correspondence between Research and Practice[J]. Human Resource Management, 2010, 41（2）.

[162] Freeman C. The Economics of Industrial Innovation[M]. Cambridge: MIT Press, 1982.

[163] Medina, Carmen L. Discourse and Ideology in Writing in Role: Critical Discourse Analysis as a Tool for Interpretation[J]. Youth Theatre Journal, 2005, 19（1）.

[164] Zuniga P, Crespi G. Innovation Strategies and Employment in Latin American Firms[J]. Structural Change & Economic Dynamics, 2013（24）.

[165] 道格拉斯·C. 诺思. 经济史中的结构与变迁[M]. 上海：上海三联书店，上海人民出版社，1994.

[166] The Economist. Innovation's Golden Goose[J]. The Economist Technology Quarterly, 2002（365）.

[167] AMPAP, AAM, ANC, et al. Speech Errors and the Phonological Similarity Effect in Short-term Memory: Evidence Suggesting a Common Locus[J]. Journal of Memory and Language, 2007, 56（1）.

[168] Sandelin B, Sarafoglou N. Language and Scientific Publication Statistics: a Note[J]. Working Papers in Economics, 2003, 28（1）.

[169] Dávid-Barrett T, Behncke Izquierdo I, Carney J, et al.. Life Course Similarities on Social Networking Sites[J]. Advances in Life Course Research, 2016（30）.

[170] Hedman J, Kalling T. The Business Model Concept: Theoretical Underpinnings and Empirical

Illustrations[J]. European Journal of Information Systems, 2003, 12 (1).

[171] Rajala R, Westerlund M. Business Models—a New Perspective on Firms' Assets and Capabilities: Observations from the Finnish Software Industry[J]. International Journal of Entrepreneurship and Innovation, 2007, 8 (2).

[172] Barringer, Crystal. Teaching Beginning Reading Strategies in the School Library Media Center: A "How To" Guide[J]. Library Media Connection, 2006, 25 (1).

[173] Porter, Lyman W. A Study of Perceived Need Satisfaction in Bottom and Middle Management Jobs[J]. Journal of Applied Psychology, 1961, 45 (1).

[174] Rappa M A. The Utility Business Model and the Future of Computing Services[J]. IBM Systems Journal, 43 (1).

[175] Dube W V, Macdonald R P F, Renee C. Toward a Behavioral Analysis of Joint Attention[J]. The Behavior Analyst / MABA, 2004, 27 (2).

[176] Chesbrough H, Rosenbloom R S. The Role of the Business Model in Capturing Value from Innovation: Evidence from Xerox Corporation's Technology Spin-off Companies[J]. Social Science Electronic Publishing, 2002, 11 (3).

[177] Casadesus-Masanell R, Ricart J E. From Strategy to Business Models and onto Tactics[J]. Long Range Planning, 2010, 43 (2-3).

[178] Michael, McGrath. An Interview with Terrell Blodgett[J]. National Civic Review, 2001, 90 (1).

[179] Baden-Fuller C, Morgan M S. Business Models as Models[J]. Long Range Planning, 2010, 43 (2-3).

[180] George, Soklis. Shape of Wage-Profit Curves in Joint Production Systems: Evidence from the Supply and Use Tables of the Finnish Economy[J]. Metroeconomica, 2011, 62 (4).

[181] Shafer, Alan. Meta-analysis of the Brief Psychiatric Rating Scale Factor Structure.[J]. Psychol Assess, 2005, 17 (3).

[182] Amit R, Zott C. Business Models[J]. International Encyclopedia of the Social & Behavioral Sciences, 2015, 15 (6).

[183] Zott C, Amit R, Massa L. The Business Model: Recent Developments and Future Research[J]. Journal of Management, 2011, 37 (4).

[184] Acs S D, Zoltan J. Innovation and Social Capital: A Cross-Country Investigation[J]. Industry & Innovation, 2010, 17 (3).

[185] Ikujiro, Nonaka, Ryoko, et al. The Knowledge-creating Theory Revisited: Knowledge Creation as a Synthesizing Process[J]. Knowledge Management Research & Practice, 2017, 1 (1).

[186] Fred, et al. Een hemd in de wind by Huub Beurskens[J]. World Literature Today, 2000, 74 (4).

[187] 乌家培. 企业信息化的实质、问题与出路[J]. 信息系统工程, 1999 (3).

[188] Mcgee C, Chandler G. Benchmarking Administration: Universities Experience in Student an Australian[J]. Perspectives Policy & Practice in Higher Education, 1998, 2 (2).

[189] Fransman, Hilton J. Educational Development in Economics[J]. International Journal for Academic Development, 1999, 4 (2).

[190] Arrow K. The Rate and Direction of Inventive Activity[J]. Nber Chapters, 1962, 7 (6).

[191] Spence A M. Industrial Organization and Competitive Advantage in Multinational Industries[J]. American Economic Review, 1984, 74 (2).

[192] Schumpeter J A. Wesley Clair Mitchell (1874—1948) [J]. Quarterly Journal of Economics, 1950, 64 (1).

[193] Kislev, Yoav. The Process of an Innovation Cycle: Reply[J]. American Journal of Agricultural Economics, 1974, 56 (3).

[194] Griliches Z. Siblings Models and Data in Economics: Beginning of a Survey[J]. Journal of Political Economy, 1979, 87 (5).

[195] Boocock R B S S. The Japanese Social Structure: Its Evolution in the Modern Century by Tadashi Fukutake[J]. Contemporary Sociology, 1984, 13 (3).

[196] 吴贵生,张洪石,付玉秀.发达国家发展循环经济的实践及对中国的启示[J].技术经济,2006(1).

[197] 雷家骕.我国亟待建立重大事项对于国家经济安全的影响评估制度[J].国际关系学院学报,2006(S1).

[198] 柳卸林.对服务创新研究的一些评论[J].科学学研究,2005(6).

[199] 高旭东.WAPI与建设创新型国家的战略分析[J].移动通信,2006(5).

[200] 傅家骥.国有企业应从"要我创新"变为"我要创新"[J].中国高新技术企业,2000(1).

[201] Hammer M. Reengineer Work: Don't Automate, Obliterate[J]. Harvard Business Review, 1990 (67).

[202] Gallon M R, Stillman H M. Putting Core Competency Thinking into Practice[J]. Research Technology Management, 1995, 11 (3-4).